千字文

勅員外散騎侍郎

周興嗣次韻

天地玄黃宇宙洪荒

寒來暑往秋收冬藏

閏餘成歲律呂調陽

雲騰致雨露結為霜

墨到硯主有此珠還

穆克來珍李業業

重苔華波礙河法

鯨濤的翔龍阿火軍

色處人堂如些多字

乃於尤凳挂佳境

國之起閉爭無代

題跋

영어 속담과 함께 읽는

千字文

천자문

영어속담과 함께 읽는

 천자문

초판 1쇄 ┃ 2014년 8월 20일 발행

편저자 ┃ 이동진
펴낸곳 ┃ 해누리
고　문 ┃ 이동진
펴낸이 ┃ 김진용
편집주간 ┃ 조종순
디자인 ┃ 신나미
마케팅 ┃ 김진용·유재영

등록 ┃ 1998년 9월 9일(제16-1732호)
등록 변경 ┃ 2013년 12월 9일(제2002-000398호)

주소 ┃ 121-251 서울시 마포구 성미산로 60(성산동, 성진빌딩)
전화 ┃ (02)335-0414　팩스 ┃ (02)335-0416
E-mail ┃ haenuri0414@naver.com

ISBN 978-89-6226-050-2 (03710)

* 잘못된 책은 구입하신 서점에서 바꾸어 드립니다.

영어 속담과 함께 읽는

千字文

천자문

해누리

차 례

6

8

영어 속담과 함께 읽는

千字文

천자문

해누리

天地玄黃
[1] **천지현황** | 하늘은 검고 땅은 누렇다

宇宙洪荒
[2] **우주홍황** | 우주는 한없이 넓고 크다

天 (하늘 천) 하늘, 조물주, 자연, 군주, 아버지, 남편, 천체, 운명, 천성
地 (땅 지) 땅, 지구, 장소, 나라, 영토, 처지, 신분, 바탕
玄 (검을 현) 검다, 아득하다, 고요하다, 북쪽, 불가사의하다, 현손(玄孫)
黃 (누를 황) 누렇다, 어린애, 황금, 곡식, 앓다, 병들고 지친 모양
宇 (집 우) 집, 끝, 변방, 들판, 공간, 하늘, 덮다, 근처
宙 (집 주) 집, 하늘, 시간
洪 (넓을 홍) 넓다, 크다, 홍수, 여울 (통자: 鴻/ 동자: 浲)
荒 (거칠 황) 거칠다, 황무지, 흉년, 망하다, 멀다, 크다, 넓다

하늘에는 휴식이 있다. / In heaven there is rest.(로마 속담)

허무를 가지고는 아무것도 못 만든다.

Out of nothing, nothing is made.(로마 속담)

땅은 자기가 낳은 것을 모두 거두어들인다.

The earth takes everything which it has brought forth.(루카누스)

우주는 영원하다. / The universe is eternal.(루크레시우스)

■ 하늘은 너무나도 멀고 아득해서 검게 보이고, 땅은 흙의 색깔 때문에 누런 것이다. 맑고 가벼운 것은 위로 올라가 하늘이 되고 흐리고 무거운 것은 아래로 가라앉아 땅이 된다. 고대에는 하늘은 둥글고 땅은 네모난 것이라고 보았다. 노자는 하늘과 땅은 영원히 소멸하지 않는다고 말했다.

〈채근담〉에서는 천지는 고요하고 움직이지 않지만 잠시도 쉬지 않고 활동한다고 했다. 하늘, 땅, 물, 불, 바람은 만물을 이루는 가장 큰 다섯가지 요소가 된다. '홍황'은 세계의 시초, 천지가 창조되기 이전의 무질서한 상태, 태고 시대를 의미하기도 한다.

天地玄黃

■〈천자문〉은 천지와 우주에서 출발하여 의미심장한 인생 철학을 제시하고 있다. 하늘은 창조주를 의미하기 때문에 인류의 시작을 가리킨다. 땅은 사람이면 누구나 돌아가야 하는 어머니의 품이기 때문에 인류의 끝을 가리킨다. 그리고 우주는 현세뿐만 아니라 내세마저도 포함하는 인류의 광대한 미래이다.

지구를 1초에 한 바퀴 도는 비행기를 타고 태양계에서 가장 가까운 다른 은하계의 별에 간다면 100억 년 이상이 걸릴 것이다. 지구가 세 번은 더 태어나야 하는 시간이다.

그런데 우주에는 인류가 아직도 확인하지 못한 은하계가 수없이 많다. 우주란 얼마나 광대한 것인가! 얼마나 무한한 것인가! 그러나 인간은 무한이나 영원이라는 개념을 결코 이해할 수 없다.

그리스의 알렉산더 대왕은 10년 가까운 세월에 걸쳐서 정복을 계속했다. 그러나 인도의 서부 국경에 이르러서 더 이상 전진할 수 없다는 것을 알고는 눈물을 흘리며 울었다. 온 세상을 정복하지 못한 것이 원통했던 것이다. 그리고 얼마 후 죽었다. 설령 그가 지구 전체를 한때 정복했다 한들 그것이 무슨 의미가 있을까?

대왕의 호칭을 받은 알렉산더마저도 고작해야 그런 정도에 불과하다. 그런데 지구 전체는커녕 200여 개의 나라 가운데 한 나라의 대통령이 되어 4년 또는 8년 동안 으스댄다고 해서 그것이 무슨 의미가 있을까?

宇宙洪荒

日月盈昃 **[3] 일월영측** | 해는 서쪽으로 기울고
달은 한 달에 한 번 가득 차며

辰宿列張 **[4] 진숙열장** | 별들은 각각 제 자리가 있어서
하늘에 벌여져 있다

日 (날 일) 해, 햇빛, 하루, 날짜, 기한, 날마다, 접때, 달력
月 (달 월) 달, 한 달, 달빛, 세월, 다달이, 월경
盈 (찰 영) 가득 차다, 넘치다, 뜻대로 되다, 많다
昃 (기울 측) 해가 기울다, 오후 (통자: 仄)
辰 (별 진) 별의 총칭 (때 신) 때, 시대, 새벽, 날을 받다, 택일
宿 (잘 숙) 묵다, 머물다, 여관, 지키다, 숙직, 오래되다, 일찍
　 (성좌 수) 별자리
列 (벌일 렬) 늘어놓다, 여러, 줄, 행렬, 등급, 나누다, 덧붙이다, 참가하다
張 (베풀 장) 베풀다, 매다, 휘장을 치다, 그물질하다, 넓히다, 떠벌리다
　 뽐내다

어느 나라에서나 태양은 아침에 떠오른다.
In every country the sun rises in the morning.(서양 속담)
햇빛이 비치면 별들은 보이지 않는다.
Stars are not seen by sunshine.(서양 속담)
지는 해에 대해서는 사람들이 문을 닫아 버린다.
Men shut their doors against a setting sun.(셰익스피어)

■ 신화에 따르면 해에는 세 발 달린 까마귀가 살기 때문에 해를 금오(金烏)라고 부른다. 해는 아침에 부상(扶桑)에서 나와서 저녁에 함지(咸池)로 들어간다. 부상은 중국 동쪽 바다 속에 있는 나무로 뽕나무와 비슷하고 높이가 이천 길, 둘레가 이천 아름이나 된다고 한다.

함지는 해가 목욕하러 들어가는 곳이다. 달에 사는 옥토끼는 다리가 셋인 두꺼비 은섬(銀蟾)이라고 한다. 그래서 달을 옥토(玉兔) 또는 섬여라고도 부른다. 해는 양기를 의미하기 때문에 동쪽에서 뜨고 달은 음기를 의미하기

때문에 서쪽에서 뜬다.

별이 자리잡는 하늘의 공간인 진(辰)은 각도에 따라 12진으로 나뉜다. 그리고 별이 쉬는 곳인 숙(宿)은 위치에 따라 28수(宿)로 나뉘는데 동서남북에 각각 일곱 별이 있다. 동쪽의 것은 창룡(蒼龍), 서쪽의 것은 백호(白虎), 남쪽의 것은 주작(朱雀), 북쪽의 것은 현무(玄武)의 모습이다. 이 28개의 별을 거느리는 것이 북극성이다.

■ 시작이 있으면 반드시 끝이 있는 법이다. 이스라엘 역사상 최고의 부귀영화를 누린 솔로몬 왕은 태양 아래 영원한 것은 하나도 없다고 탄식했다. 왕조든 나라든 흥망을 겪게 마련이다. "내가 곧 법이다."라고 프랑스의 루이 14세는 태양왕을 자처하며 큰소리쳤다.

그러나 그의 손자인 루이 16세는 프랑스 대혁명 때 단두대에서 목이 잘리고 부르봉 왕가는 멸망하고 말았다. 대재벌도 번성할 때가 있으면 사라질 때가 있다. 권력도 잡을 때가 있으면 잃을 때가 오는 법이다. 사람은 누구나 태어났으면 죽는 것이다. 모든 법칙에는 예외가 있다지만 여기에서만은 절대로 예외가 없다.

대자연의 현상은 인류의 영원한 교과서이다. 종교적으로 본다면 신의 계시를 명확하게 전달하는 충실한 메신저이다. 해가 뜨면 지고 달이 차면 기우는 것은 흥망성쇠와 생자필멸의 이치를 날마다 말없이 가르쳐 주고 있는 것이다.

辰 宿 列 張

寒來暑往 [5] 한래서왕 | 추위가 오면 더위는 물러가고

秋收冬藏 [6] 추수동장 | 가을에는 거두어들이고
                      겨울에는 저장한다

寒 (찰 한) 차다, 춥다, 식히다, 오싹하다, 얼다, 가난하다, 쓸쓸하다, 겨울
來 (올 래) 오다, 돌아오다, 이르다, 부르다, ~부터, 장래
暑 (더울 서) 덥다, 무덥다, 더위, 여름
往 (갈 왕) 가다, 시간이 지나다, 죽다, 달아나다, 옛, 지난 일
秋 (가을 추) 가을, 결실, 성숙한 때, 시기, 연세, 세월
收 (거둘 수) 거두다, 모으다, 징수하다, 떠맡다, 차지하다, 여물다
            수확하다
冬 (겨울 동) 겨울, 동면하다, 겨울을 나다
藏 (감출 장) 감추다, 품다, 저장하다, 숨다, 저축, 매장하다, 장물, 창고

겨울이 가면 봄이 온다.
Spring follows winter.(로마 속담)
겨울은 여름의 상속자이다.
Winter is summer's heir.(영국 속담)
가을은 우리에게 과일을 주고 겨울은 불의 따뜻함으로 추위가 누그러진다.
Autumn gives us fruit and winter is alleviated by fire.(오비디우스)
추수를 많이 하면 잡초가 약간 섞여 있어도 만족한다.
He that has a good harvest may be content with some thistles.
(영국 속담)

■ 주역(周易)에서는 "추위가 가면 더위가 오고 더위가 가면 추위가 온다.
간다는 것은 굽힌다는 것이고 온다는 것은 편다는 것"이라고 했다(계사전
繫辭傳). 봄에는 만물이 태어나고 여름에는 자라며 가을에는 익으니 이것을
모두 거두어들인다. 그리고 겨울에는 기후가 매우 가혹하기 때문에 저장해
두는 것이다.
    네 계절은 만물에 미치는 그 성질에 따라서 각각 별칭이 있다. 봄은 청양

(青陽), 여름은 주명(朱明), 가을은 백장(白藏), 겨울은 현영(玄英)이라고 한
다. 사기(史記)에는 네 계절에 순응하는 것이 하늘의 도리이며 이것을 거역
하면 온 나라의 기강이 무너진다고 했다(태사공 자서 太史公 自序). 그리고
예기(禮記)에서는 "봄에 태어나서 여름에 자라는 것은 인(仁)이고 가을에 거
두고 겨울에 저장하는 것은 의(義)"라고 했다. 말하자면 인의가 세상을 다스
리는 근본이라는 뜻이다.

■ 늙은 부모를 산에다 내다버려 죽게 만드는 고려장(高麗葬)을 하
던 시대가 있었다. 먹을 것이 모자라면 경제를 발전시켜서 나라 전
체의 먹을 것을 증가시키는 것이 급선무다. 그런데 하늘의 도를 거
역하는 짓을 한 것이다.

그런 짓을 강요한 지도자는 자격이 없다. 그리고 그런 지시를 따
른 백성도 인간의 자격이 없다. 부모를 내다버린 자식은 머지않아
자기 자신도 늙어서 자식에게 버림을 받을 것이 뻔하다.

사회와 직장에서 벌어지고 있는 퇴출, 정리해고, 정년단축, 세대
교체는 아무리 그럴듯한 명칭으로 포장을 해도 역시 현대판 고려
장이나 다름이 없다.

직장이 모자라서 청년 실업자가 늘어난다면 경제를 활성화시켜
서 직장을 많이 만들어내는 것이 정치가들의 기본 임무이다. 지난
해보다 더 매서운 겨울이 곧 다시 돌아온다. 선배들이 저장해 둔
곡식을 다 파먹고 나면 그들은 자기 자식들과 더불어 굶거나 얼어
죽을 것이다.

秋收冬藏

閏餘成歲 [7] 윤여성세 | 윤달로 한 해를 채우고
律呂調陽 [8] 율려조양 | 율려를 가지고 음양을 조절한다

閏 (윤달 윤) 윤달, 윤년
餘 (남을 여) 남다, 여유, 결말, 결국, 여가, 모조리
成 (이룰 성) 이루다, 성숙하다, 구비되다, 정성
歲 (해 세) 해, 일년, 세월, 풍년, 나이, 일생, 해마다
律 (법 률) 법, 법칙, 비율, 가락, 음률(音律), 풍류
呂 (법칙 려) 법칙, 음률(陰律)
調 (고를 조) 고르다, 조절하다, 어울리다, 길들이다
陽 (볕 양) 햇볕, 밝다, 바깥, 크다, 따뜻하다, 낮

새해는 열두 달 만에 한 번 찾아온다.
New Year comes but once a twelve-month.(스코틀랜드 속담)
음악이 있는 곳에는 나쁜 것이 있을 수 없다.
Where there is music there can be nothing bad.(스페인 속담)
노래를 부르면 근심이 사라진다.
He that sings drives away his troubles.(스페인 속담)
철학은 최고의 음악이다.
Philosophy is the highest music.(플라톤)

■ 음력에는 큰 달(30일)과 작은 달(29일)이 각각 여섯이기 때문에 12달이
354일이다. 그런데 1년은 365과 4분의 1일이기 때문에 음력으로는 매년
11일과 4분의 1일이 남게 된다. 그래서 3년에 한 번, 5년에 두 번, 19년에
일곱 번의 윤달을 둔다.

  율려는 중국 음악의 12가지 곡조인데 양(陽)의 소리인 여섯 홀수의 가락
이 육률(六律)이고, 음(陰)의 소리인 여섯 짝수의 가락이 육려(六呂)이다. 그
리고 율과 여가 어울려서 음양의 기운을 조화시킨다고 보았다.

육률은 황종(黃鐘), 태주(太簇), 고선(姑洗), 유빈(蕤賓), 이칙(夷則), 무역(無射)이고, 육려는 대려(大呂), 협려(夾鐘), 중려(仲呂), 임종(林鐘), 남려(南呂), 응종(應鐘)이다. '조양'의 양은 조음양(調음陽)에서 음을 생략한 것 또는 음양을 의미하는 것이라고 본다.

■ 춤과 음악이란 원래가 조상을 모시는 제사와 나라를 다스리기 위한 예식에 쓰기 위해 생긴 것이다. 그런데 언제부터인지 이것이 먹고 마시고 노는 데 곁들이는 액세서리로 전락했다.

변질과 타락이란 한번 시작하면 가속도가 붙어서 걷잡을 수 없게 된다. 가무(歌舞)의 기능과 형식이 얼마나 심하게 변질되었는지는 노래방과 댄스홀이 잘 증명해 준다.

마음을 푸근하게 만들고 정신적 피로를 씻어 주는 좋은 음악도 있기는 하다. 그러나 요즈음에는 오로지 돈벌이만을 목적으로 하는 노래들이 판을 친다. 그나마 평소에 제대로 정신을 차리지 못하고 비틀거리며 사는 사람들의 정신을 난폭하게 뒤흔들어 마비시키는 노래들이 전파를 거의 독점하고 있는 것이다. 명경지수나 요산요수라는 말만 들어도 고개를 내저으며 케케묵은 소리는 집어치우라고 소리치는 세상이다.

춤이든 노래든 궁극적으로는 사람을 행복하게 만들어 주어야 한다. 그런데 춤을 만들어 내거나 추는 사람들, 작곡가와 가수들은 과연 행복할까? 그들을 우상으로 섬기는 일반 대중도 과연 행복할까? 음악을 통해서 천지의 기운을 조화시키고 나라의 질서를 바로잡겠다는 옛사람들의 철학은 정말 헛소리에 불과할까?

律呂調陽

雲騰致雨

[9] 운등치우 | 구름이 위로 올라가서 비가 되고

露結爲霜

[10] 노결위상 | 이슬이 엉겨서 서리가 된다

雲 (구름 운) 구름, 은하수, 하늘
騰 (오를 등) 오르다, 비싸지다, 뛰어넘다
致 (이를 치) 이르다, 주다, 다하다, 극치
雨 (비 우) 비, 은혜가 두루 미치다, 적시다
露 (이슬 로) 이슬, 적시다, 은혜를 베풀다, 드러나다
結 (맺을 결) 맺다, 매다, 끝내다, (이을 계) 잇다, 상투
爲 (할 위) 하다, 되다, 있다, 위하다, 만들다
霜 (서리 상) 서리, 세월, 날카롭다, 엄하다

비는 누구에게나 똑같이 내린다.
When it rains it rains on all alike.(인도 속담)

비가 오면 흉년이고 눈이 오면 풍년이다.
Under water, famine; under snow, bread.(서양 속담)

처음과 마지막 서리가 가장 지독하다.
The first and last frost is the worst.(서양 속담)

■ 하(夏)나라의 폭군 걸왕(桀王)을 타도하고 은(殷)나라를 세운 탕왕(湯王) 초기에 7년 동안 심한 가뭄이 계속되었다. 토지와 곡식을 주관하는 사직(社稷)의 신에게 기도했지만 아무 소용이 없었다. 역사와 천문을 담당하는 대신이 산 사람을 불에 태워 제물로 바치는 것이 좋겠다고 건의했다.

그러자 왕은 자기에게 덕이 없어서 흉년이 계속됐으니 자신이 제물이 되겠다고 말했다. 그리고 장작을 쌓은 제단에 스스로 올라간 뒤 사방에 불을 붙이게 했다. 맹렬한 불길이 제단에 가까이 다가갔을 때 먹구름이 일고 비가 내렸다. 왕은 목숨을 구했고 백성들은 자신마저 희생하려던 왕의 덕을 칭송했다. 왕은 사직의 신에게 매년 2월과 8월에 제사를 바치라고 지시했다.

雲騰致雨

■ 백성 대부분이 농민이던 시절에 가뭄이 심하고 흉년이 들면 임금을 비롯한 고위 관리들은 자신들의 덕이 부족해서 하늘이 재앙을 내렸다면서 기우제를 지냈다.

덕이 부족하다는 말을 뒤집어 보면 그것은 정치를 잘못했다고 솔직히 시인하는 말이다. 기우제가 얼마나 효과가 있었는지는 의문이다. 그러나 예전의 지도자들은 최소한 그 정도의 양심은 있었고, 다른 한편으로는 백성들의 마음을 달래 주려는 구체적인 노력을 보였던 것이다. 현대는 농업의 비중이 극히 미미하기 때문에 기우제가 필요 없다고 말할 것이다.

식량이 부족하면 외국에서 수입하면 된다고 말한다. 그렇다면 불황이 장기간 지속되고 회복의 기미도 보이지 않는 경우, 대학을 졸업해도 취직할 자리가 없는 경우에 나라의 지도자들은 무엇을 해야 하는가? 나라 경제의 기반이 무너진 것도 하늘 탓으로 돌릴 것인가? 탕왕의 모범을 본받기를 기대하는 것은 무리일 것이다.

露 結 爲 霜

金生麗水 [11] 금생여수 | 황금은 여수 일대에서 생산되고
玉出崑岡 [12] 옥출곤강 | 옥은 곤륜산(崑崙山)에서 나온다

金 (쇠 금) 쇠, 황금, 돈, 귀하다. (성 김) 성씨, 지명
生 (날 생) 낳다, 살다, 자라다, 목숨, 생활, 날것, 나, 저절로
麗 (고울 려) 곱다, 빛나다, 화려하다, 깨끗하다, 짝
水 (물 수) 물, 강, 호수, 바다, 홍수, 물을 긷다, 국물
玉 (옥 옥) 옥, 아끼다, 갈다
出 (날 출) 나다, 나타나다, 태어나다, 뛰어나다, 나가다, 내놓다
崑 (산 이름 곤) 곤륜산
岡 (언덕 강) 언덕, 산등성이, 산봉우리 (속자: 崗)

황금은 천당 문을 제외한 모든 문을 열고 들어간다.
Gold goes in at any gate, except Heaven's.(영국 속담)
황금이 지배하는 곳에서는 악이 판친다
Vice rules where gold reigns.(영국 속담)
진주는 쓰레기더미에서 나온다.
A pearl from the dunghill.(라틴어 속담)

■ 여수는 금사강(金沙江)이라고도 하는데 지금의 운남성 보산현(保山縣)에 있다. 이곳에서 생산되는 금이 다른 곳의 금보다 품질이 우수하다는 의미라고 본다. 곤강은 곤륜산(崑崙山), 즉 중국 서쪽에 있다고 믿어온 전설상의 산인데 양자강 중류인 남초(南楚)의 형산(荊山)에 있는 계곡, 즉 곤강곡(崑岡谷)으로 해석하기도 한다.

전국시대 때 초 나라 변화씨(卞和氏)가 산에서 옥의 광석을 발견하여 왕에게 바쳤는데 왕이 전문가에게 감정을 시켰더니 보통 돌이라고 했다. 그래서 그는 발뒤꿈치가 잘리는 형벌을 받았다. 무왕을 거쳐서 문왕이 즉위하자 그는 옥돌을 끌어안은 채 산에서 사흘 동안 밤낮으로 울어 나중에는 눈물이

마르고 피가 나왔다. 그는 이렇게 말했다.

"형벌을 받은 것이 슬퍼서가 아니라, 옥을 돌이라 하고 올바른 사람을 미친놈이라고 욕하는 것이 슬퍼서 우는 것이다."

문왕이 그 광석을 갈고 닦게 하니 천하에 둘도 없는 옥 '화씨지벽(和氏之璧)'을 얻었다. 왕이 변화씨에게 영양후(零陽侯)라는 제후의 작위를 내리려고 했지만 그는 받지 않았다. 화씨지벽은 연성지옥(連城之玉), 연성지진(連城之珍)이라고도 부른다.

그 후 문왕은 조나라의 왕녀를 아내로 맞이할 때 이 구슬을 조나라 왕에게 선물로 주었다. 진나라 소왕이 15개의 성을 주겠다는 미끼로 이 구슬을 얻으려다가 조나라 수상 인상여의 꾀에 넘어가 실패한 일에서 '완벽(完璧)'이라는 고사성어가 나오기도 했다.

■ 금이든 옥이든 광산 지하에 광맥이 있어야만 나올 수 있다. 광산 자체가 없거나, 광산은 있어도 광맥이 없다면 아무리 땅을 파야 헛수고만 하고 만다.

21세기의 세계는 첨단 기술의 개발, 경영 혁신, 거대 자본의 축적, 그리고 우수한 두뇌의 양성 등 각 분야에서 200여 개의 국가가 무한 경쟁을 벌이고 있다. 유엔을 비롯한 수많은 국제 기구가 있어도 국제 사회란 냉혹한 경쟁 체제이다. 거기에는 어떤 종류의 평준화도 통하지 않는다. 분배의 정의는 잠꼬대이다. 심하게 말하자면 아직도 약육강식은 계속되고 있는 것이다.

변화씨가 바치는 옥을 알아보지 못한 예전의 관리들처럼 어리석은 지도자들이 다스리는 나라는 몰락하게 마련이다. 품질이 낮은 금광석을 생산한다고 해서 그나마 몇 안 되는 광산마저 문을 닫게 만든다면 그것은 스스로 미래를 포기하는 짓이다. 어느 나라든 우수한 두뇌를 길러내는 학교야말로 그 나라의 금광이 아닌가!

玉 出 崑 岡

劍號巨闕 [13] 검호거궐 | 조나라의 국보인 거궐이라는 칼이 있다

珠稱夜光 [14] 주칭야광 | 밤에도 빛나는 야광주라는 구슬이 있다

劍 (칼 검) 칼, 검법, 찌르다, 베다, (동자: 劍)
號 (이름 호), (부를 호) 부르다, 일컫다, 이름, 암호, 호령하다, 울부짖다
巨 (클 거) 크다, 많다, 거칠다, 어찌, 곡척(曲尺)
闕 (대궐 궐) 대궐, 문, 모자라다, 제외하다, 실수, 결원
珠 (구슬 주) 구슬, 진주, 보석, 알, 아름다운 것
稱 (일컬을 칭) 일컫다, 칭찬하다, 명성, 명칭, 들다, 저울질하다, 저울
  (약자: 称)
夜 (밤 야) 밤, 한밤중, 해가 지다, 어둡다, 쉬다
光 (빛 광) 빛, 색, 비치다, 빛나다, 영광, 위엄

세상의 권력은 칼과 정신, 두 가지뿐이다. 길게 보면 정신이 항상 칼을 이긴다.
There are but two powers in the world, the sword and the mind.
In the long run the sword is always beaten by the mind.(나폴레옹)
칼을 가지고 다니는 사람은 평화를 가지고 다닌다.
Who carries a sword, carries peace.(프랑스 속담)

■ 조나라 왕이 다섯 자루의 보검을 가지고 있었는데 그 명칭은 순검(純劍, 또는 순균 純鈞), 둔구 鈍鈞), 담로(湛盧), 막야(莫耶), 어복(魚腹, 또는 어장 魚腸), 거궐(巨闕)이었다. 이 가운데 거궐이 가장 우수한 칼이었다. 막야에 관해서는 "간장막야"(干將莫耶)라는 고사성어가 있다. 순자 성악편은 총(葱), 궐(闕), 녹(錄), 물(曶), 간장, 막야, 거궐, 벽려(辟閭) 등 명검을 나열한 뒤 이러한 칼도 숫돌에 갈아야만 날카로워지고 사람의 힘을 빌리지 않으면 아무것도 베지 못한다고 했다.

초 나라의 수후(隨侯)가 길을 가다가 목동들에게 얻어맞아 죽어 가던 뱀을 치료해서 구해 준 적이 있다. 그 후 뱀이 그에게 한밤중에도 빛나는 구

슬을 물어다 주었다. 뱀은 동해 용왕의 아들인데 은혜에 보답하기 위해 그 구슬을 가져다주는 것이라고 말했다.

수후는 구슬을 왕에게 바쳤다. 왕은 밤에도 찬란하게 빛나는 구슬이라고 해서 야광주라고 이름을 붙였다. 야광주는 수후지주(隨侯之珠), 영사주(靈蛇珠), 경목(鯨目)이라고도 한다.

■ 로마 공화국을 뒤엎고 황제가 되려고 한 줄리어스 카이사르는 자기 양아들 브루투스의 칼에 쓰러졌다. 대포의 힘으로 일개 하급 장교에서 일약 프랑스의 황제로 몸을 일으킨 나폴레옹은 불과 10년 만에 워털루에서 연합군의 대포 앞에서 모든 것을 잃었다.

폭력과 선동으로 권력을 쥔 히틀러는 불과 10여 년 사이에 수천만 명을 희생시킨 뒤 권총 자살을 하고 말았다. 무력으로 중국 천하를 통일한 진시 황제의 권력도 10년을 가지 못했다. 칼로 일어난 일본 제국은 결국 원자탄으로 끝났다.

고려시대 말기에 권력이 여러 무신의 손으로 공처럼 넘어간 것은 무엇을 의미하는가? 조선시대 당쟁에서 정적의 가족들마저 죽이고 한때 부귀를 누리던 당파 가문의 운명은 어떠했던가? 조선 말기 소위 개혁파들의 삼일천하는 무엇인가? 광주의 시위 군중을 총칼로 진압한 군부 세력은 어떻게 되었던가? 돈, 재산, 지위, 명예, 미모, 엄청난 인기 등도 모두 명검과 마찬가지다. 명검을 제대로 쓸 줄 모르는 사람에게는 그가 가지고 있는 명검 자체가 그에게 파멸을 초래하는 가장 위험하고 불행한 도구일 뿐이다.

珠稱夜光

果珍李柰 **[15] 과진이내** | 과일 중에는 자두와 사과가
맛이 매우 좋고

菜重芥薑 **[16] 채중개강** | 나물 가운데서는 겨자와 생강이
소중하다

果 (실과 과) 열매, 결과, 과연, 결실을 맺다, 결단하다
珍 (보배 진) 보배, 진귀하다, 맛 좋다, 귀중하다
李 (오얏 리) 자두, 자두나무, 추천하다, 역마, 벼슬아치, 심부름꾼, 보따리
柰 (능금나무 내) 능금나무, 사과, 어찌
菜 (나물 채) 나물, 반찬, 채취하다
重 (무거울 중) 무겁다, 무게, 위세, 짐, 거듭하다, 소중하다, 엄숙하다
芥 (겨자 개) 겨자, 갓, 티끌, 작다
薑 (생강 강) 생강, 새앙

담 너머 저쪽의 사과가 제일 달다.
The apples on the other side of the wall are sweetest.(서양 속담)
매일 사과를 한 개 먹으면 의사의 신세를 질 일이 없다.
An apple a day keeps the doctor away.(영국 속담)
좋은 향료는 작은 상자에 담아 둔다.
It is in small boxes that one places fine spices.(프랑스 속담)
고기는 많을수록 좋고 겨자는 적을수록 좋다.
More meat and less mustard.(서양 속담)

■ 오얏은 자두를 말하는데 녹리(綠李), 황리(黃李), 자리(紫李), 우리(牛李),
수리(水李) 등 다섯 가지가 있다. 진(晉)나라의 왕융(王戎)은 죽림칠현의 한
사람인데 집에서 나는 자두가 매우 크고 맛이 좋아서 사람들에게 팔았다.
그런데 그 종자가 전파되는 것을 두려워하여 씨에 구멍을 뚫어서 팔았다.
능금은 말려서 먹으면 맛이 좋은데 백내(百柰), 자내(紫柰), 녹내(綠柰) 등
세 가지가 있다. 겨자는 위장에 따뜻한 기운을 주는 약재이고 생강은 반찬
의 탁한 맛을 없애서 맛을 담박하게 만든다.

果珍李柰

■ 구약성서의 창세기에 따르면 인류의 시조 아담과 하와는 낙원에서 태어났다. 그리고 죽지 않고 영원히 거기서 살 수 있는 행운을 누렸다. 그런데 그만 금지된 사과를 따 먹은 죄로 쫓겨나서 죽고 말았다. 그 후손도 지금까지 고통의 바다를 헤매고 있다. 사과의 맛이란 그토록 무시무시한 유혹의 마력을 지닌 것인가? 아니면 온 인류에게 죽음의 운명과 고통이라는 대가를 치르게 할 만큼 귀하고 비싼 것인가?

아담과 하와가 따 먹은 사과는 어쩌면 오늘날 우리 각자가 품고 있는 지나친 욕망일지도 모른다. 어떠한 욕망이든 지나치면 죽음을 초래하기 때문이다. 그리고 음식의 맛을 조절해 주는 겨자와 생강 같은 향료는 인간의 욕망을 억제 또는 조절해 주는 지혜다.

지혜가 없다면 사람은 짐승으로 전락하고 그의 삶도 짐승의 삶처럼 무의미한 것이 되고 만다. 날마다 사과를 먹으면서도 금지된 사과의 교훈을 까맣게 잊고 사는 사람들은 얼마나 어리석은가! 게다가 권력, 출세, 돈, 쾌락 등에 눈이 먼 사람이 우리 주변에는 그 얼마나 많은가!

菜重芥薑

海醎河淡 [17] 해함하담 | 바닷물은 짜고 냇물은 싱거우며

鱗潛羽翔 [18] 인잠우상 | 비늘 있는 물고기는 물에 잠기고 날개 있는 새는 하늘을 난다

海 (바다 해) 바다, 바닷물, 세계, 많다, 크다, 넓다
醎 (짤 함) 짜다, 짠맛, 쓰다, 쓴맛
河 (물 하) 내, 강, 운하, 황하, 은하, 복통
淡 (맑을 담) 맑다, 싱겁다, 묽다, 거친 음식, 맛없는 음식
鱗 (비늘 린) 비늘, 물고기, 이끼
潛 (잠길 잠) 잠기다, 숨다, 몰래, 자맥질하다, 깊다
羽 (깃 우) 깃, 날개, 깃털 장식, 새
翔 (날 상) 빙빙 돌며 날다, 날다, 배회하다, 놀다, 머무르다, 선회하다

바다는 모든 강을 받아들인다. The sea refuses no river.(서양 속담)

태양과 소금보다 더 유익한 것은 없다.

Nothing more useful than the sun and salt.(로마 속담)

가장 우수한 물고기는 바닥에 있다.

The best fish swim near the bottom.(서양 속담)

날개가 없으면 날지 못한다.

No flying without wings.(영국 속담)

■ 바다는 냇물이 모여서 흩어지지 않는 곳이니 물이 소금기를 머금어 짜다. 그래서 바닷물을 끓여서 소금을 만든다. 황하는 곤륜산에서부터 흘러내리는데 물맛이 담백하다. 비늘 달린 것은 물고기와 용인데 종류가 360가지이고 용이 우두머리다. 날개 달린 것도 종류가 360가지이며 봉황이 우두머리인데 반드시 하늘을 날아다닌다.

■ 소금은 썩는 것을 방지하고 맛을 내며, 생명 그 자체를 유지시켜 주는 것이다. 그래서 예수는 제자들에게 세상의 소금이 되라, 소금이 싱거워지면 무엇으로 다시 짜게 만들겠느냐고 말했다. 소금이 짠맛을 잃으면 이미 소금이 아니다. 제 구실을 못할 뿐만 아니라 자기 자신마저도 썩어 버리는 하찮은 물건에 불과하다.

남을 가르치거나 이끌어 주는 사람들, 즉 종교인, 교사, 학자, 언론인, 정치인 등 각계 각층의 지도자들은 세상의 소금이 되지 않으면 안 된다. 회사의 최고경영자, 노조나 시민단체의 간부, 사회사업가 등도 마찬가지다. 그런데 만일 이들이 부패하거나 무능하다면 그것은 짠맛을 잃은 소금과 같이 밖에 버려지고 길가는 사람들의 발에 밟히는 쓰레기가 될 뿐이다.

그리고 그것은 그들 자신의 불행에 그치는 것이 아니다. 그들을 바라보고 희망을 걸고 있는 무수한 사람들마저, 그리고 그들의 후손마저도 심한 고통과 불행에 몸부림을 쳐야만 하는 것이다. 사회나 국가의 존립 자체가 심각한 위협에 직면할 수도 있다. 이것은 결코 사소한 문제가 아니다.

더욱 큰 문제는 세상의 소금이 되는 인물이란 염전에서 소금을 생산하듯 하루아침에 대량 생산될 수가 없다는 점이다. 수십 년 동안, 그것도 날마다 열심히 자신을 반성하고 수양을 거듭해야만 소금다운 소금이 된다.

鱗潛羽翔

龍師火帝

[19] 용사화제 | 고대 중국의 제왕에는 관직 명칭에 용을 붙인 용사(복희씨 伏羲氏)와 관직 명칭에 불을 붙인 화제(신농씨 神農氏)가 있었고

鳥官人皇

[20] 조관인황 | 관직 명칭에 새를 붙인 조관(소호씨 少昊氏)과 문화를 처음 일으킨 인황씨가 있었다

龍 (용 룡) 용, 임금, 뛰어난 인물, 호걸, 크다
師 (스승 사) 스승, 본받다, 어른, 군대, 많은 사람, 많다, 벼슬아치
火 (불 화) 불, 화재, 타다, 빛나다, 불에 익히다
帝 (임금 제) 임금, 제왕, 하느님, 크다
鳥 (새 조) 새, 봉황
官 (벼슬 관) 벼슬, 관청, 직무, 담당하다, 임관하다
人 (사람 인) 사람, 백성, 타인, 인품, 인물
皇 (임금 황) 임금, 조물주, 크다, 바르다

새로운 군주는 새로운 법을 만든다.
New lords, new laws.(영국 속담)
관리의 옷을 입은 사람은 사사로운 이익을 버려야 한다.
He that puts on a public gown must put off a private person.
(서양 속담)
보수 없는 관직은 도둑들을 만든다.
Unpaid office makes thieves.(독일 속담)

■ 복희씨(태호 太昊)는 당시에 황룡이 하도(河圖)를 지고 황하에서 나오는 것을 보고 팔괘를 처음 그리고 관직 명칭에 용이라는 글자를 붙였다. 그래서 그를 용사라고 부른다. 그의 자손은 15대에 걸쳐서 86,700년을 다스렸다고 한다.
　신농씨는 머리는 소, 몸은 사람, 발은 새라고 한다. 팔괘를 64괘로 만들

龍師火帝

었고 관직 명칭에 화(火)라는 글자를 붙였다. 그래서 그를 화제 또는 염제(炎帝)라고 한다. 그의 자손은 8대에 걸쳐서 3,760년을 다스렸다고 한다.

　소호씨는 당시에 봉황이 나타났다고 해서 관직 명칭에 조(鳥)라는 글자를 붙였기 때문에 조관이라고 부른다. 인황씨는 전설상의 인물로 삼황(天皇, 地皇, 人皇)의 하나인데 문화를 처음 일으켰고 대대로 46,500년을 다스렸다고 한다. 시대 순서로 보면 용사보다 인황씨가 먼저 나와야 하지만 운을 맞추기 위해 인황씨가 뒤에 적힌 것이다.

■ 나라를 다스리는 데 반드시 필요한 것은 왕이나 최고지도자를 정점으로 하는 피라미드 형태의 관료 조직이다. 그런데 관료 조직에서 그 명칭이 중요한 것은 아니다. 관리들이 실질적으로 백성을 위해 어떤 일을 했고 어떤 혜택을 베풀었는가 하는 점이 가장 긴요한 핵심이다. 살상, 착취, 수탈, 압제를 일삼았다면 그런 관리들은 처음부터 없었거나 빨리 없어지는 것이 낫다.

　그런데 관리란 묘한 착각 속에서 산다. 어깨에 별을 많이 달거나 남보다 더 큰 모자를 쓰면 자기 자신이 한층 더 위대한 인물로 변신한다고 착각하는 것이다. 자기가 명령만 내리면 아랫사람들이 모두 문자 그대로 충성을 바친다고 믿는 것이다.

　물론 자리가 사람을 만든다는 속담도 있다. 그러나 허울만 번드르하고 실권은 없는 관직이 얼마나 많은가! 실권을 주어도 제대로 사용하지 못하고 허수아비 노릇을 하는 인물은 또 얼마나 많은가! 말단 관리들 가운데 오히려 고위층보다 더 자기 이익을 잘 챙기는 두더지들은 얼마나 많은가!

鳥官人皇

始制文字 **[21] 시제문자** | 복희씨 또는 창힐(蒼頡)이
글자를 최초로 만들어 냈으며

乃服衣裳 **[22] 내복의상** | 이어서 황제가 사람들에게
옷을 입도록 했다

始 (비로소 시) 비로소, 시작하다, 근본
制 (지을 제) 짓다, 억제하다, 법도, 정하다, 속박하다
文 (글월 문) 글, 책, 무늬, 조리, 법도, 꾸미다, 채색하다
字 (글자 자) 글자, 이름 이외의 호칭, 기르다
乃 (이에 내) 이에, 바꾸어 말하면, 너, 저번 때, 겨우
服 (옷 복) 옷, 입다, 복종하다, 항복하다, 다스리다, 약을 마시다, 직업
衣 (옷 의) 옷, 윗도리, 예복, 싸는 것, 덮는 것, 입다, 입히다, 덮다
裳 (치마 상) 치마, 낮에 입는 옷, 왕성하다

모든 것은 시작이 있어야만 한다.
Everything must have a beginning.(이탈리아 속담)
필요는 발명의 어머니다.
Necessity is the mother of invention.(서양 속담)
옷을 입은 뒤부터 우리는 서로 모른다.
Ever since we wear clothes we know not one another.(서양 속담)
옷이 없으면 발가벗은 여왕도 길쌈을 한다.
Need makes a naked queen spin.(영국 속담)

■ 고대에는 노끈을 묶거나 나무에 형상을 새기거나 해서 의사를 전달했다. 그러다가 복희씨가 문자를 만들어 냈다. 또는 창힐이 새의 발자국을 보고 처음으로 문자를 만들어 냈다고도 한다. 옷을 처음 만든 사람은 황제(黃帝) 때의 기백(岐伯) 또는 호조(胡曹)라고 한다. 기백은 탁월한 의사로서 의학서적의 원조로 알려져 있다.

始 制 文 字

■ 문자의 출현으로 경험과 지식의 축적이 비로소 가능해졌다. 그리고 시간으로나 거리로 멀리 떨어진 사람들 사이에 정보가 전달될 때 엄청난 장애물로 작용하던 시간과 공간이 그 힘을 잃기 시작했다. 그래서 인류는 원시시대라는 장구한 잠에서 깨어나 문명이라는 것을 지상에 탄생시켰다. 중국, 인도, 메소포타미아, 이집트 등 소위 4대 문명이 그것이다.

지구가 무수한 별들 가운데서도 생명체를 가진 유난히 아름다운 진주라면, 문명은 수백만 년에 걸친 인류의 역사에서 가장 찬란하게 빛나는 보석이다. 그런 면에서 본다면 문자의 발명은 참으로 놀라운 제2의 창조이다.

불의 이용, 바퀴의 발명, 기술의 발전 등은 그 다음에 이어지는 부산물에 불과하다. 어쨌든 우주시대에 이른 오늘날 인간은 '신의 모습으로 창조된 존재'라는 사실을 증명하려는 듯 생명의 신비마저 지배할 단계에 도달했다.

한편 옷은 단순히 추위를 막는 수단에 그치는 것이 아니라 인간에게 수치심과 허영심이라는 양면의 칼을 주었다. 그래서 수치심을 위장하려는 예의와 허영심을 만족시키려는 사치가 나타났다.

그러면 문명, 예의, 사치가 인간을 행복하게 만들었던가? 문명은 정복과 노예제도를 강화시키지 않았던가? 예의는 강한 자가 약한 자를 지배하는 위선적이고 매우 가혹한 수단으로 전락되지 않았던가?

乃服衣裳

推位讓國 [23] 추위양국 | 남에게 천자의 자리를 맡기고 나라를 양보한 사람이 있는데

有虞陶唐 [24] 유우도당 | 그것은 유우(순임금)와 도당(요임금)이다

推 (밀 추), (밀 퇴) 밀다, 물려주다, 옮다, 추천하다, 받들다, 추측하다
位 (벼슬 위) 자리, 벼슬, 등급, 위치, 순서, 위치하다
讓 (사양할 양) 사양하다, 넘겨주다, 물러나다, 사양
國 (나라 국) 나라, 고향, 세상, 수도
有 (있을 유) 있다, 가지다, 소유물, 알다, 친하다, 과연, 또한
虞 (염려할 우) 염려하다, 헤아리다, 유지하다, 편안하다, 갖추다, 잘못
陶 (질그릇 도) 질그릇, 도자기 굽다, 교화하다
唐 (당나라 당) 당나라, 황당하다, 저축되다, 갑자기, 둑, 복도

왕은 결코 죽지 않는다.
The king never dies.(서양 속담)
왕의 총애는 상속되지 않는다.
The king's favor is no inheritance.(서양 속담)
좋은 포도주는 큰소리로 선전할 필요가 없다.
Good wine has no need of a public crier.(스페인 속담)

━ 위(位)는 여러 신하가 늘어 서 있는 자리, 즉 벼슬 자리를 말한다. 도당은 요임금을 말하는데, 그가 도(陶)라는 곳과 당(唐)이라는 곳에 살았기에 붙은 이름이다. 그는 52년간 나라를 다스렸다. 유우는 순임금이 살던 곳 지명인데, 그는 이것을 자신의 성(姓)으로 삼았다. 그는 82년간 나라를 다스렸다. 요임금은 자기 아들이 못난 것을 알고 나라를 순임금에게 넘겼다. 순임금은 자기를 죽이려던 아버지와 계모에게도 극진히 효도한 인물이다. 또한 순임금도 자기 아들이 나라를 다스릴 인물이 못 되는 것을 보고는 천자의 자리를 신하인 우(禹)에게 넘겨주었다. 이렇게 왕이 아들이 아닌 현명한 신하에게 자리를 넘겨주는 것을 선양(禪讓)이라고 한다.

推 位 讓 國

■ 아무리 작은 회사라 해도 사장이 자기 아들이 아닌 부하 직원에게 그 회사의 소유권을 무상으로 넘겨준다거나, 재벌 회장이 전 재산을 사회에 환원하고 죽는 경우는 거의 없다.

그런데 나라를 통째로 넘겨주다니! 그것도 코딱지만 한 나라가 아니라 중국 천하를! 순임금은 공짜로 나라를 받았으니까 공짜로 우임금에게 넘길 수도 있었을 것이라고 이해가 간다. 그러나 맨 처음 선양을 한 요임금은 정말 보통 인물이 아니다. 우임금 이후로는 선양이 없다.

요순은 그 누구보다도 정상적인 인물이었다. 그들은 백성을 자기 몸처럼 아꼈기 때문에 선양을 한 것이다. 정치란 나라의 가장 중대한 사업이다. 반드시 어질고 유능하고 백성을 진심으로 사랑하는 인물이 맡지 않으면 안 되는 것이다. 요순은 바로 그 점을 간파하고 있었던 것이다.

각종 선거 때마다 요임금이나 순임금 같은 어진 지도자가 나오기를 백성들은 갈망한다. 그리고 번번이 실망한다. 어쩌면 절망하고 있는지도 모른다. 하늘은 무심하기만 한가?

有虞陶唐

弔民伐罪 **[25] 조민벌죄** | 백성을 가엽게 여겨 구하고 죄 지은 임금을 정벌했는데

周發殷湯 **[26] 주발은탕** | 그것은 주나라의 무왕과 은나라의 탕왕이다

弔 (조문할 조) 조문하다, 위문하다, 불쌍히 여기다
民 (백성 민) 백성, 뭇 사람, 서민
伐 (칠 벌) 치다, 베다, 죽이다, 공적, 자랑하다, 정벌하다
罪 (허물 죄) 허물, 죄, 형벌, 처벌하다
周 (두루 주) 두루, 널리, 둘레, 두르다, 한 바퀴 돌다
發 (펼 발) 펴다, 쏘다, 일어나다, 떠나다, 보내다, 내다, 비롯하다
殷 (성할 은) 성하다, 번성하다, 많다, 몹시, 바로잡다
湯 (끓을 탕) 끓이다, 끓다, 목욕탕, 온천, 목욕하다, 탕약, 국

신하들의 미움을 받는 왕은 왕이라고 할 수 없다.

He that is hated of his subjects cannot be counted a king.

(스코틀랜드 속담)

왕의 권한은 오로지 좋은 목적만을 위해 주어진 것이다.

The power of a king is only given for good purposes.(로마법 격언)

━ 하(夏)나라의 걸왕(桀王)은 말희(妹姬)에게, 은(殷)나라의 주왕(紂王)은 달기(妲己)에게 눈이 멀어 극도의 사치와 방탕에 빠져 백성들을 괴롭히다가 멸망했다. 탕왕(성명: 자척 子陟)은 걸왕을 타도하고 은나라를 세웠다. 무왕(성명: 희발 姬發)은 주왕(紂王)을 타도하고 주나라를 세웠다.

원래 주왕은 머리가 비상하게 좋고 힘도 천하장사였다. 그러나 달기에게 빠진 뒤로는 그녀가 원하는 것을 무엇이든지 들어주었다. 그는 언덕 위에 별궁을 짓는가 하면 술로 연못을 만들고 고기를 매달아 숲을 이루게 했다. 발가벗은 남녀들이 주지육림(酒池肉林)에서 먹고 마시며 놀았다. 그리고 바른 말을 하는 신하들을 포락지형(炮烙之刑)에 처했다. 숯불 위에 기름칠한 구리 기둥을 걸쳐 놓고 그 기둥 위를 걸어가게 한 것이다. 물론 신하들은

미끄러운 기둥에서 떨어져 불에 타죽었다.

탕왕과 무왕처럼 폭군을 거꾸러뜨리고 새로운 왕조를 여는 것을 역성혁명(易姓革命)이라고 한다. 맹자도 역성혁명을 인정했다. 폭군에게는 충성을 바칠 의무가 없다는 것이다.

■ 혁명이란 그 앞에 어떠한 수식어를 붙인다 해도 역시 기존의 정권을 타도하는 것이다. 권력을 쥔 쪽에서 반대 세력을 붕괴시키거나 일망타진하는 것은 탄압 또는 숙청이지 결코 혁명이 아니다. 그런 것을 혁명의 이름으로 미화하거나 위장한다면 그것은 역사와 백성 앞에 중대한 범죄를 저지르는 것이다. 한편, 혁명이라고 해서 모두 정당한 것도 아니다.

백성의 생명과 재산, 그리고 인간다운 삶을 보장해 주지 못하는 정권은 하루라도 빨리 무너지는 것이 나라와 백성을 위해서 좋다. 스스로 물러나는 것이 최상의 방법이다. 그러나 악착스럽게 끝까지 버티려고 한다면 기존 권력을 뒤엎어도 좋다는 것이 바로 맹자의 사상이다. 그리고 그런 혁명을 일으킬 힘이 있으면서도 방관만 하는 사람들이 있다면 그들은 백성을 불쌍히 여길 줄도 모르는 소인배라는 말이다.

周 發 殷 湯

坐朝問道 [27] 좌조문도 | 임금은 조정에 앉아 나라를 다스리는 도를 구하며

垂拱平章 [28] 수공평장 | 옷을 드리우고 두 손을 맞잡고 나라를 공평하게 다스린다

坐 (앉을 좌) 앉다, 무릎 꿇다, 죄를 뒤집어쓰다, 자리
朝 (아침 조) 아침, 찾아 뵙다, 조회하다, 조정, 관청, 왕조
問 (물을 문) 묻다, 조사하다, 논의하다, 질문, 편지
道 (길 도) 길, 이치, 방법, 제도, 다니다, 말하다
垂 (드리울 수) 드리우다, 후세에 전하다, 베풀다
拱 (꽂을 공) 두 손을 맞잡다, 팔짱을 끼다
平 (평평할 평) 평평하다, 바르다, 평정하다, 쉽다, 보통
章 (글 장) 글, 조목, 밝다, 드러나다, 무늬, 도장

법이 왕이다.

Law is king.(스코틀랜드 속담)

관습도 법이다.

Custom is another law.(로마 속담)

영국은 논리가 아니라 의회의 법률로 통치된다.

England is not governed by logic, but by Acts of Parliament.

(영국 속담)

■ 한나라의 문제(文帝)가 신하들에게 노자 도덕경을 전부 암기하도록 지시했다. 그리고 노자의 내용을 훤히 안다는 하상공(河上公)을 불러오게 했다. 그러나 하상공은 응하지 않고 왕더러 직접 자기에게 오라고 했다. 왕이 갔지만 그는 앉은 자리에서 일어나지도 않았다.

왕은 그에게 자신은 그를 죽일 수도 있고 살릴 수도 있고 부자를 만들 수도 가난뱅이를 만들 수도 있는데 왜 그렇게 거만하게 구느냐고 질책했다. 하상공은 몸을 공중에 뜨게 만든 뒤 자기는 부귀영화 따위를 조금도 부러워하지 않는다고 대꾸했다. 그 모습을 보고 왕이 두려워하며 수레에서 내려

坐 朝 問 道

사과했다. 그제야 하상공이 땅에 내려와서 도덕경을 해설해 주었다. '좌조문도'는 왕이 조정에 앉아서 노자의 도덕경에 관해 질문했다는 뜻이다.

'수공'은 임금이 옷을 드리우고 두 손을 마주 잡은 채 편안하게 있다는 뜻이다. 임금이 그렇게 지내면 백성은 덕을 실천하고 평화롭게 살며, 천하는 태평해진다. 요임금이나 순임금의 통치와 같은 것이다.

■ 황제, 왕, 대통령, 총통, 최고회의 의장 등과 같은 호칭은 별로 중요하지 않다. 실권을 쥔 사람이 바로 국가의 최고지도자인 것이다. 역사적으로는 왕이나 황제를 누르고 실권을 휘두른 장군, 환관, 왕비들도 적지 않다.

실권자라 해도 누구나 결점을 지니고 있다. 아침저녁으로 생각이 바뀌고 어제와 오늘이 다르다. 정신이상자, 무능하고 나약한 자, 오만하고 잔인한 인물이 최고지도자가 된다면 그 밑에 있는 백성은 죽을 맛이다. 천재라 해도 혼자서는 나라를 편안하고 공평하게 다스리는 것이 불가능하다. 천재는 일반적으로 불행하다. 그러나 천재 흉내를 내는 소인배들은 더욱 불행하다.

바로 그런 이유 때문에 올바른 법과 관습과 전통이 필요한 것이다. 그리고 지혜로운 신하들의 충정 어린 의견을 널리 들어야만 하는 것이다. 법에 규정이 없다고 해서 제멋대로 행동하거나 법조문을 아전인수 식으로 해석해서 엉뚱한 조치를 취한다면, 그것은 이미 법을 무시하는 것이다.

垂拱平章

愛育黎首　**[29] 애육여수** | 임금이 백성을 사랑하고 기르니

臣伏戎羌　**[30] 신복융강** | 융이나 강과 같은 오랑캐도 엎드려 그의 신하가 된다

愛 (사랑 애) 사랑, 사랑하다, 사모하다, 아끼다
育 (기를 육) 기르다, 낳다, 자라다
黎 (검을 려) 검다, 동트다, 많다, 무리, 무렵, 늙다
首 (머리 수) 머리, 먼저, 시초, 선두, 우두머리, 첫째, 자백하다
臣 (신하 신) 산하, 섬기다, 하인, 포로, 백성, 신하의 자칭
伏 (엎드릴 복) 엎드리다, 숨다, 굴복하다, 복종하다, 기어가다
戎 (서쪽 오랑캐 융) 중국 서쪽 오랑캐, 무기, 전투용 수레, 전쟁, 군대
　　　　　　크다, 돕다, 너
羌 (서쪽 오랑캐 강) 티베트족, 굳세다, 빛나다 (동자: 羗)

사랑은 칼 없이도 왕국을 다스린다.

Love rules his kingdom without a sword.(서양 속담)

그 왕에 그 백성이다.

Such a king, such a people.(라틴어 속담)

높은 사람이 낮은 사람을 보살피면 양쪽 다 오래 잘 산다.

If great men would have care of little ones, both would last long.

(서양 속담)

원수를 친구로 만드는 사람은 지혜롭다.

He is wise that can make a friend of a foe.(스코틀랜드 속담)

■ '여수'는 갓을 쓰지 않은 검은 머리카락의 수많은 백성을 의미한다. 주나라의 문왕이 영대(靈臺, 천문대 또는 전망대)를 세울 때 땅에서 사람의 뼈가 나오면 이것을 정중하게 장사지내 주었다.

그래서 80만 가구가 그에게 몸을 의탁했다. 또한 그는 옷이 없는 사람에게는 옷감을 주고, 먹을 것이 없는 사람에게는 자기 창고를 열어서 곡식을

愛育黎首

나누어주었다. 그래서 백성들은 번영하고, 서로 양보하면서 평화롭게 살았다.

주나라 무왕이 폭군 걸왕(桀王)을 타도하고 임금이 되자 동이(東夷), 서융(西戎), 남만(南蠻), 북적(北狄) 등 모든 오랑캐가 그에게 항복하고 신하가 되었다. 홀로 버티던 정후(丁侯)도 결국은 무릎을 꿇고 말았다.

■ 군주든 백성이든, 문명인이든 야만인이든, 하늘 아래 모든 인간은 본질적으로 똑같은 인간이다. 고통을 당하지 않고 인간답게 살기 위해서 태어난 것이다. 그런데 군대라는 조직의 힘을 배경으로 군주가 백성을 괴롭힌다면 하늘은 그를 버릴 것이다. 아니, 하늘이 버리기 전에 백성이 먼저 그를 버릴 것이다.

오랑캐라고 해서 바보인 것은 결코 아니다. 오히려 문명인보다 눈치와 판단력이 더 예민할 수도 있다. 본능적으로 사리를 파악하는 것이다. 그러니까 자기 백성을 사랑하지 않고 돌보지 않는 군주에게 그들이 자진해서 귀순할 턱이 없다.

반면에 군주가 덕이 있고 훌륭한 인물이라면, 무력으로 정복하지 않아도 변방의 다른 민족들이 그에게 복종할 것이다. 물론 이 과정에서는 반드시 막강한 군사력을 갖추고 있어야만 한다. 다만 그 군사력을 정복하는 데 사용하지 않을 뿐이다.

그러면 현대의 국제 사회는 어떨까? 초강대국이 무력으로 약한 나라를 점령한다면 과연 변방의 국가들이 흔쾌하게 복종할까? 초강대국은 아니라 해도, 무력으로 이웃 나라를 위협하는 나라가 있다면 그들 사이에 진정한 평화와 우호 관계가 유지될 수 있을까?

臣伏戎羌

遐邇壹體

[31] 하이일체 | 먼 것도 가까운 것도 한 몸을 이루고

率賓歸王

[32] 솔빈귀왕 | 모두 이끌고 와서 복종하고 왕에게 돌아온다

遐 (멀 하) 멀다, 멀리, 오래되다, 어찌
邇 (가까울 이) 가깝다, 통속적이다, 이웃
壹 (한 일) 하나, 오로지, 한결같이, 모두, 같다
體 (몸 체) 몸, 용모, 법, 도리, 본성, 몸소, 용납하다, (약자: 体)
率 (거느릴 솔) 거느리다, 복종하다, 실행하다, 경솔하다 (비율 률) 비율
賓 (손 빈) 손님, 숙박하다, 대접하다, 복종하다
歸 (돌아갈 귀) 돌아가다, 돌아오다, 돌려보내다, 의탁하다
王 (임금 왕) 임금, 제후, 우두머리, 몸체가 매우 큰 것, 왕이 되다, 패왕

부드러운 지배에는 강력한 힘이 숨어 있다.
There is great force hidden in a sweet command.(서양 속담)
자비는 자비를 낳는다. / Mercy begets mercy.(서양 속담)
용서는 승리의 가장 멋진 꽃이다.
Pardon is the choicest flower of victory.(아랍 속담)
단결은 힘이다. / Union is strength.(서양 속담)
양보는 모든 전쟁을 막는다. / Giving way stops all war.(서양 속담)

━ '솔빈'은 모두 거느려 복종한다는 뜻이고 '귀왕'은 왕에게 돌아가서 복종한다는 뜻이다.

임금은 천하의 머리이고 오랑캐는 천하의 손발이다. 천하가 아무리 넓어도 가까운 곳과 먼 곳이 연결되어 사람의 몸처럼 하나가 된다. 훌륭한 임금이 나라를 다스리면 먼 곳이든 가까운 곳이든 모든 사람들이 몰려와서 복종하고 그에게 귀순하는 것이다.

■ '솔빈귀왕'은 국제 사회에서 평화가 확립되기를 염원하는 말이라고 해석된다. 물론 21세기로 접어든 오늘날에도 국지전과 유혈 사태는 곳곳에서 계속되고 있다. 테러라는 새로운 괴물도 출현했다. 유엔이나 초강대국의 군사력만 가지고는 세계 평화가 확립될 리가 없다. 인류가 지상에 나타난 이래 수백만 년에 걸쳐서 경험해 온 것은 무엇인가? 그것은 약육강식이라는 단순한 논리가 아니었던가? 너무나도 뿌리 깊은 이 논리가 고매한 이상주의의 외침으로 하루아침에 사라질 것이라고 믿는가? 인간 본성은 그렇게 단순한 것이 절대로 아니다.

제국주의라는 우상을 내세워서 특정 국가들만 비난해 봤자 아무 소용이 없다. 약소국가들도 기회가 닿고 힘만 있다면 서슴지 않고 다른 나라를 괴롭히지 않았던가? 또한 약육강식이 과거에는 흔히 전쟁과 정복이라는 형태로 나타났지만, 오늘날에는 기술, 금융, 무역장벽, 독점, 기업합병 등 다양한 형태로 지속된다.

평화적인 수법으로 보이지만 그 뒤에는 결국 막강한 군사력의 측면 지원을 받고 있다. 말로만 떠드는 평화와 국제 정의라는 것이 왜 항상 공염불에 그치는지 그 이유가 여기 있는 것이다.

率賓歸王

鳴鳳在樹
白駒食場

[33] 명봉재수 | 봉황새는 나무 위에서 울고

[34] 백구식장 | 흰 망아지는 마당에서 풀을 먹는다

鳴 (울 명) 울다, 울리다, 명성이 날리다
鳳 (봉황새 봉) 봉황새(수컷은 鳳, 암컷은 凰)
在 (있을 재) 있다, 살다, 보다, 살피다, 자유자재하다, 물어보다, 곳
樹 (나무 수) 나무, 초목, 담, 심다, 세우다, 두다
白 (흰 백) 희다, 깨끗하다, 날이 밝다, 밝히다, 아뢰다, 술잔, 술
駒 (망아지 구) 망아지, 말, 젊은이, 아이, 새끼
食 (먹을 식) 먹다, 먹이다, 밥, 마시다, 기르다, 증식하다
場 (마당 장) 마당, 평지, 장소, 시험장, 무대, 경우, 들판, 빈 터, 시장

신이 보내 주는 사람은 제때에 온다.
In time comes he whom God sends.(서양 속담)
백 년 동안 일어나지 않을 일도 한순간에 일어날 수 있다.
That may happen in a moment which will not happen in
a hundred years.(이탈리아 속담)
선한 사람들은 나라의 재산이다.
Good men are a public good.(서양 속담)

━ 임금이 나라를 잘 다스려 태평하게 만들면 훌륭한 신하들과 탁월한 인재들이 모여들게 마련이다. 그래서 시경 대아 권아편(大雅 卷阿篇)에서는 "봉황은 저 높은 언덕에서 울고 오동나무는 저 아침 햇살 속에서 자란다."고 했다. 상서로운 조짐을 보여주는 봉황은 오동나무나 대나무에서만 살고 오로지 그 열매만 먹는다고 한다. 탁월한 인재는 백마 또는 준마를 타고 와서 왕에게 자신의 뜻을 아뢰고 말은 마당에서 풀을 먹는 것이다. 여기서 마당은 추수한 곡식을 타작하는 마당을 의미한다.

■ 훌륭한 인재들이 없었기 때문에 아테네가 스파르타에게 망한 것은 아니다. 당시 직접 민주주의를 실시하던 아테네는 시민들을 달콤한 이론으로 부추기거나 돈으로 매수해서 정권을 잡은 데마고그, 즉 선동 정치가들이 장악하고 있었다.

그들은 소크라테스마저 죄를 씌워서 죽였다. 로마 제국도 훌륭한 장군이나 학자들이 없어서 망한 것은 아니다. 오랫동안 궁중의 음모와 권력 투쟁으로 유능한 인재들이 차례차례 제거되었던 것이다.

임진왜란 당시 조선 왕국에는 유성룡도 있었고 이순신, 권률 등 쟁쟁한 장수들이 있었다. 조선 말기와 일제시대에 얼마나 많은 인재들이 등장했던가? 6 · 25를 전후한 그 시절에도 훌륭한 인재들은 참으로 많았다. 그들은 입으로만 나라 사랑, 동포 사랑을 외치지 않았다. 몸으로 실천했던 것이다.

왕이 왕답지 못하면 어진 신하들과 탁월한 인재들은 그의 곁에 모이기는커녕 산 속으로 숨는 법이다. 바로 그러한 현상이 그 나라가 머지않아 쇠망할 것이라는 확실한 조짐이다.

명봉재수! 유대인들이 메시아를 고대하던 애절한 심정을 이보다 더 분명하게 표현한 말이 어디 있는가! 백구식장! 이것은 어느 원로가 중용을 지키라고 충고할 때 바라던 풍경이 아닌가!

白駒食場

化被草木
賴及萬方

[35] **화피초목** | 풀과 나무마저도
어진 임금의 덕을 입으며

[36] **뇌급만방** | 그 혜택은 온 천하에 가득 찬다

化 (될 화) 화하다, 되다, 변화하다, 가르치다, 이치, 죽다, 요술
被 (입을 피) 입다, 덮다, 상처받다, 당하다, 옷, 겉, 이불, 두르다
草 (풀 초) 풀, 풀이 나다, 초원, 잡초, 풀을 베다, 거칠다, 시초, 초안
木 (나무 목) 나무, 나무로 만든 기구, 널, 관, 꾸밈이 없다, 무명, 뻣뻣하다
賴 (힘입을 뢰) 힘입다, 믿다, 의지하다, 얻다, 의뢰, 이득
及 (미칠 급) 미치다, 닿다, 및, 합격, 가득 차다, 때가 오다
萬 (일만 만) 일만, 많다, 여럿, 크다, 반드시, 만약
方 (모 방) 모, 각, 사방, 방위, 뗏목

모든 것은 위에서 내려온다.
All things are from above.(로마 속담)

우물이 가득 차면 물이 넘친다.
When the well is full it will run over.(스코틀랜드 속담)

선한 사람이 번영하면 모든 사람도 함께 번영한다.
If a good man thrive, all thrive with him.(서양 속담)

좋은 목장이 양들을 살찌게 한다.
Good pastures make fat sheep.(서양 속담)

■ 요임금 때 뜰의 섬돌 사이에서 상서로운 자색의 풀인 명협(蓂莢) 또는
역협(歷莢)이 돋아났다고 한다. 어진 임금의 덕은 백성뿐만 아니라 지상의
만물에게도 미치는 법이어서 풀과 나무마저도 잘 자라게 된다.

또한 그가 베푸는 혜택은 온 천하에 퍼져서 아름다운 풍속이 자리잡고 백
성들이 순해진다. 서경 여형(書經 呂刑)에는 "임금이 어질고 선하다면 그 덕
분에 모든 백성이 편안하게 된다."고 했다.

化被草木

■ 시어머니는 흔히 자신이 한때는 며느리였다는 사실을 잊는다고 한다. 그래서 모진 시어머니 밑에서 고생만 하던 며느리가 나중에는 자신이 더욱 모진 시어머니가 된다.

독재와 맞서 싸우던 사람이 어느덧 독재자가 되는 경우가 많은 것도 그런 맥락에서 이해가 된다. 19세기 때 남미에서 종주국 스페인의 군대를 몰아낸 볼리바르 장군은 백성의 자유를 외쳤지만 결국은 자기 자신이 독재자가 되었다.

바티스타 독재를 타도한 쿠바의 카스트로는 무엇인가? 러시아 제국을 무너뜨린 레닌과 스탈린은 또 무엇인가? 자유 평등 박애를 외치던 프랑스 혁명의 지도자들, 마라, 당통, 로베스페엘 등은 한때 단두대로 프랑스를 지배하던 독재자가 아닌가? 나폴레옹도 결국은 피의 독재자였다.

고대 중국의 백성들은 걸왕과 주왕을 비롯한 수많은 폭군들에게 시달렸다. 그러한 경험에서 언제나 요순과 주공을 찬미하고 어진 임금이 다스려 주기를 염원한 것이다.

따라서 이러한 슬픈 염원이 간절할수록 그 사회는 더욱 어지럽고 고달프다는 이야기가 된다. 오죽하면 어진 임금의 은덕이 풀과 나무에까지 미치기를 바랐겠는가!

賴及萬方

蓋此身髮 [37] 개차신발 | 대개 사람의 몸과 머리카락, 즉 온몸은
四大五常 [38] 사대오상 | 사대와 오상으로 이루어진 것이다

蓋 (덮을 개) 덮다, 뚜껑, 우산, 대개 (동자: 盖)
此 (이 차) 이, 이곳, 이것, 이에
身 (몸 신) 몸, 나, 신분, 칼날, 몸소, 임신하다
髮 (터럭 발) 터럭, 머리털, 초목
四 (넉 사) 넷, 사방, 네 번
大 (큰 대) 크다, 심하다, 강하다, 중요하다, 넓다, 위대한
五 (다섯 오) 다섯, 다섯 번
常 (항상 상) 항상, 보통 때, 늘 하다, 법, 도리

사람은 거품이다. / Man is a bubble.(그리스 속담)

인간은 만물의 척도이다.

Man is the measure of all things.(프로타고라스)

사람은 습관 덩어리다. / Man is a bundle of habits.(서양 속담)

제일 좋은 금속은 쇠, 제일 좋은 곡식은 밀, 제일 나쁜 동물은 사람이다.

The best metal is iron, the best vegetable wheat, the worst animal man.(서양 속담)

━ '신발'은 신체발부(身體髮膚)를 줄인 말이니 온몸을 의미한다. '사대'는 만물의 근본이 되는 네 가지 큰 것, 즉 흙, 물, 불, 바람이다. 흙은 사람의 뼈와 살이 되고, 물은 피가 되며, 불은 따뜻한 기운이 되고, 바람은 서늘한 기운(또는 움직이는 기운)이 된다.

그리고 사람이 죽으면 네 가지 요소가 각각 원래의 모습으로 돌아간다. 이것은 불교 사상에서 나온 말이다. 노자가 말하는 '사대'는 하늘, 땅, 도(道) 그리고 왕이다. 한편 하늘, 땅, 도, 사람, 또는 하늘, 땅, 왕, 부모를 '사대'로 부르기도 한다.

蓋 此 身 髮

'오상'은 언제나 떳떳한 다섯 가지 덕, 즉 인의예지신(仁義禮智信)이다. 다시 말하면 어진 것, 의로운 것, 예의, 지혜, 신의를 말한다. 어질다는 것은 사람을 살리는 것을 기뻐하고 죽이는 것을 미워하는 것이다. 의롭다는 것은 행동이 이치에 맞는다는 뜻이다. 예의는 윗사람을 공경하고 아랫사람을 사랑하는 것이다. 지혜는 사정의 변화에 따라 그때 그때 일을 잘 처리하는 것이다. 신의란 자기 입으로 말한 것을 뒤집지 않는 것이다. 사람은 이 다섯 가지를 실천해야만 올바른 사람이 된다. 임금이라고 해서 예외는 아니다.

■ 사람의 기본적인 구성 요소를 '사대'라고 하는 것은 유물론적 접근법으로 보인다. 기운이라는 말에서 혼백을 상상할 수는 있다. 그러나 이것은 플라톤의 영혼불멸이나 이데아 원리하고는 거리가 너무 멀다. 만일 문자 그대로 사람이 '사대'로 만들어졌다가 죽으면 각각 네 가지 요소로 분해되고 마는 존재라면, 나무에 사과가 열렸다가 땅에 떨어져서 썩어 버리는 것과 무엇이 다른가?

그런 자연 현상 또는 물질적 존재 안에 매우 세련되고 비물질적인 가치관인 '오상'이 어떻게 깃들 수가 있는가? '오상'이란 당연히 깃들어 있는 것이 아니라 마땅히 깃들게 해야만 하는 것인가? 그러면 '사대'와 '오상'을 연결해 주는 고리는 있는가? 있다면 그것은 무엇인가?

이것은 '사람이란 무엇인가'라는 모든 철학의 근본 명제를 제기하는 것이다. 한두 마디로 해답을 제시하기란 불가능하다. 수천 년을 거쳐온 서양 철학도 아직 이 명제를 해결하지 못했다.

사람이 무엇인지 철학적으로 해명하지 못한다고 해서 실망할 것은 없다. 각자 마음의 소리에 따라 사람답게 살면 그만이다. 철학자가 되기 이전에 사람이 되는 것이 더 중요하다.

四大五常

恭惟鞠養 [39] 공유국양 | 부모가 자기 몸을 길러 준 사실을 공손하게 생각한다면

豈敢毀傷 [40] 기감훼상 | 어찌 감히 몸을 더럽히거나 상하게 할 수 있겠는가?

恭 (공손할 공) 공손하다, 섬기다, 공경하다, 엄숙하다
惟 (오직 유) 오직, 홀로, 유독, 생각하다, 꾀하다, 마땅하다
鞠 (공 국) 공, 궁하다, 심문하다, 삼가다, 기다, 기르다, 몸을 구부리다
養 (기를 양) 기르다, 치료하다, 회유하다, 살찌다, 봉양하다
豈 (어찌 기) 어찌, 그, 일찍이 (즐길 개) 즐기다, 개선의 노래
敢 (감히 감) 감히, 구태여, 과감하다, 감행하다, 용맹하다, 범하다
毀 (헐 훼) 헐다, 무너지다, 헐뜯다, 상처를 입히다, 망치다, 야위다
傷 (상할 상) 상하다, 해치다, 패배하다, 욕하다, 상처, 아프다, 근심하다

자기를 보존하는 것은 대자연의 첫째 법칙이다.
Self-preservation is Nature's first law.(서양 속담)
나는 존재한다. 그러므로 만물이 존재한다.
I am, therefore all things are.(로마 속담)
살아날 수 있는데도 자기 목숨을 구하지 않는 자는 살인을 하는 것이다.
He kills a man that saves not his own life when he can.(서양 속담)

━ 부모가 자기를 어려서부터 업어 기른 것을 항상 생각한다면 그것이 최고의 효행이 된다는 뜻이다. 시경 소아(小雅)에서는 "아버지는 나를 낳아 주셨고 어머니는 길러 주셨다. 부모의 은혜는 하늘처럼 끝이 없다."고 했다.

또한 효경(孝經)에서는 "몸과 터럭과 피부는 모두 부모에게서 받은 것이다. 이것을 감히 더럽히거나 상하게 하지 않는 것이 효도의 시작이다."라고 했다.

옛날에 심한 흉년이 들었을 때 장례(張禮)는 매일 들에 나가 채소를 주워서 그것으로 죽을 쑤어 늙은 어머니를 받들었다. 어느 날 집으로 돌아가는 길에 도적들을 만났다. 도적들은 그를 잡아서 먹으려고 했다. 장례는 어머니에게 죽을 바친 뒤에 돌아와서 잡혀 먹겠다며 애걸했다.

그 말을 듣고 도적들이 그를 놓아주었다. 그는 집에 돌아가 어머니가 놀랄까 두려워 즐거운 표정으로 죽을 드렸다. 사정을 알고 난 어머니는 그가 도적들에게 돌아가는 것을 반대했다. 그러나 그는 자기가 안 가면 그들이 와서 어머니마저 해칠 것이라고 걱정했다. 그런 말을 들은 그의 동생이 몰래 산으로 가서 도적들에게 자기를 잡아먹으라고 간청했다.

뒤이어 달려온 장례는 자기가 마땅히 죽어야 한다고 나섰다. 도적들은 그들의 효성에 감동해서 둘 다 풀어주었다. 그리고 쌀과 소금도 주었다. 후한서(後漢書)에서는 이것을 유평(劉平)의 일화라고 한다.

■ 인간뿐만 아니라 모든 생물에게 가장 소중한 것은 자신의 몸, 즉 생명이다. 그러나 여기서 강조하는 것은 자신의 안일만을 도모하면서 살라는 뜻이 아니다. 부모, 군주, 나라, 친구, 신념, 진리, 신앙 등을 위해 기꺼이 목숨을 내던진 사람들이 무수히 많다. 그들은 자신의 생존보다도 한층 더 높은 가치가 있다고 열변을 토하고 있다.

그런데 현대인들, 특히 젊은 계층에서는 남의 목숨이든 자기 목숨이든 버려도 그만이라고 여기는 경향이 늘어 간다. 과외학습이 버릇이 되어서 그런지 자살마저도 혼자서는 못하고 집단으로 한다. 누가 그들에게 삶이 무가치한 것이라고 가르쳤는가?

豈敢毁傷

女慕貞烈

[41] 여모정렬 | 여자는 정조와 굳은 마음을 사모하고

男效才良

[42] 남효재량 | 남자는 재능이 있고 어진 것을 본받아야 한다

女 (계집 녀) 여자, 딸, 처녀, 너, 시집 보내다
慕 (사모할 모) 사모하다, 뒤따르다, 바라다, 탐내다
貞 (곧을 정) 곧다, 단단하다, 안정되다, 정조, 정성
烈 (세찰 렬) 세차다, 사납다, 위엄, 맵다, 사나운 기상
男 (사내 남) 사내, 아들, 젊은이, 남작
效 (본받을 효) 본받다, 힘쓰다, 밝히다, 효과, 보람, 공적, (속자: 効)
才 (재주 재) 재주, 기량, 능하다, 바탕
良 (어질 량) 어질다, 착하다, 좋다, 편안하다, 진실로

정숙한 여자는 눈도 귀도 없다.
Discreet women have neither eyes nor ears.(서양 속담)
여자와 거울은 언제나 위험한 처지에 놓여 있다.
A woman and a glass are ever in danger.(서양 속담)
웃는 여자는 절반은 자기를 내준 것이다.
A maid that laughs is half taken.(영국 속담)

■ 패(沛) 지방 사람인 주도(周都)가 조영(趙英)의 딸을 아내로 맞아 살다가 2년 뒤에 죽었다. 그의 아내는 칼로 자기 코를 베어서 재혼하지 않겠다는 결의를 보여 주었다. 남자는 재능이 탁월할 뿐만 아니라 어질고 착한 마음도 갖추어야만 한다. 학문을 배우고 도덕을 실천해야 하는 것이다.

한나라의 소제(昭帝), 즉 촉한을 세운 유비(劉備)가 천하의 학자들을 불러 모았다. 그때 일남국(日南國, 베트남 북부 지방)의 14세 소년인 장중(張重)도 황제 앞에 나아갔다. 재능이 탁월한 그는 어려운 질문을 척척 받아내어 중국의 학자 가운데 최고 지위인 구주 대학사(九州 大學士)라는 칭호를 얻었다.

女慕貞烈

■ 이 말은 일부다처제 사회에서 남편이 죽은 뒤에도 여자에게 재혼을 사실상 금지하는 것처럼 들린다. 조선시대에는 과부의 재혼이 금지되어서 별별 편법이 동원되기도 했고 부작용도 심했다.

세상이 어지럽게 변할수록 순결에 대한 동경은 더욱 커지는 법이다. 로마는 공화국 시절부터 베스타 신전의 여자 사제들이 순결의 의무를 어기면 가차없이 목을 베었다.

여자들이 결혼식장에서 흰색 웨딩 드레스를 입는 이유는 무엇인가? 자기만은 아직도 순결한 처녀라는 것을 과시하려는 것은 아닐까? 그리고 독신 성직자들에 대해 한층 더 신뢰를 두는 것은 무슨 이유일까? 독신이라고 모두 성스럽고 고결한 인물은 아니지만, 그들이 지키는 순결에 대해 저절로 존경심이 생기는 것은 아닐까?

남자에게 실력을 쌓고 덕을 갖추라는 말도 요즈음같이 돈이 판치는, 미치고 환장하는 '돈 세상'에서는 케케묵은 헛소리처럼 들릴 것이다. 그러나 과연 그럴까?

男效才良

知過必改 [43] 지과필개 | 자기 잘못을 알게 되면 반드시 고치고
得能莫忘 [44] 득능막망 | 잘하는 것을 얻게 되면 그것을 잊지 말아야 한다

知 (알 지) 알다, 깨닫다, 기억하다, 듣다, 보다, 사귀다, 통지, 지식, 지혜
過 (지날 과), (허물 과) 지나가다, 잘못하다, 허물, 실패, 거치다, 들르다
必 (반드시 필) 반드시, 오로지, 소홀히, 그러하다, 기약하다, 이루어내다
改 (고칠 개) 고치다, 바로잡다, 바꾸다, 거듭하다, 다시금, 새롭게 하다
得 (얻을 득) 얻다, 잡다, 이익, 덕, 만나다, 만족하다, 뜻이 통하다, 이루다
能 (능할 능) 능하다, 잘하다, 할 수 있다, 능히, 재능, 뛰어나다
莫 (말 막), (없을 막) 없다, 허무하다, 쓸쓸하다, 넓다, 옳지 않다, 앓다
忘 (잊을 망) 잊다, 건망증, 다하다, 끝나다, 잃다

잘못을 고치는 데는 너무 늦는 경우란 없다.
It is never too late to mend.(서양 속담)
지혜로운 사람은 남의 잘못을 가지고 자기 잘못을 고친다.
By others' faults wise men correct their own.(서양 속담)
너의 장점을 활용하라.
Give place to your betters.(서양 속담)
자기가 제일 잘 아는 것을 가장 많이 사용해야 한다.
That which a man knows best he must use most.(서양 속담)

■ 논어에서 공자는 "잘못을 저지르면 즉시 고치기를 꺼리지 말라.(과즉물탄개 過則勿憚改)"고 했다. 진나라의 목공(秦穆公)이 잃어버린 준마를 도적 다섯 명이 잡아먹었는데 발각이 되어 목공 앞에 끌려갔다. 목공은 그들을 죽이지 않았다. 오히려 말고기를 먹은 뒤에 술을 마시지 않으면 병에 걸린다면서 좋은 술을 주어서 말고기의 독을 해소하라고 했다. 감복한 그들은 새사람이 되었고, 나중에 진(秦)나라와 진(晉)나라가 싸울 때 목숨을 아끼지 않고 선두에 나서서 싸워 은혜를 갚았다. 목공은 숨은 덕이 드러나 보답을

받았다고 말했다.

능(能)은 도를 마음속에 얻어서 실행하는 것이다. 일을 잘한다는 뜻이기도 하다. 공자의 제자 자공(子貢)은 자기 집을 방문한 자하(子夏)에게 음식을 대접했다. 자하가 그것을 낭비라고 지적하자 자공은 음식 한 상 정도는 낭비가 아니며, 진짜 낭비는 따로 있다고 대꾸했다. 젊을 때 배운 것을 늙어서 잊어버리는 것, 젊을 때 서로 알고 지내다가 늙어서 관계가 끊어지는 것, 윗사람으로서 올바르지 못하고 아랫사람으로서 윗사람을 공경하지 않는 것이 그것이라고 했다.

■ 로마의 클라우디우스 황제는 절름발이에 역사가였다. 폭군 칼리굴라가 암살되자 친위대가 그를 황제로 삼았다. 그는 자기의 네 번째 부인 아그리피나가 음탕하게 논다는 것을 알고도 묵인했다. 결국 그는 부인 손에 독살되고 말았다.

줄리어스 카이사르는 이집트 여왕 클레오파트라의 애인이 되어 그녀를 로마로 불러 개선했다. 그것이 결국은 그가 암살당하는 원인 가운데 하나가 되었다. 그들 사이에 태어난 아들은 카이사르 자신의 양자인 옥타비아누스(나중에 아우구스투스 황제가 됨)에게 살해되었다.

그런데 이번에는 카이사르의 오른팔이던 안토니우스가 그녀와 결혼했다. 그러나 그들의 연합함대는 악티움에서 옥타비아누스의 해군에게 크게 패배하고 둘 다 자살했다. 이것은 모두가 잘못을 알고도 고치지 않은 비참한 결과다. 역사에는 이러한 예가 한둘이 아니다.

得能莫忘

罔談彼短 靡恃己長

[45] **망담피단** | 남의 단점을 비난하는 말을 하지 말고

[46] **미시기장** | 자기의 장점을 믿지 말라

罔 (없을 망) 없다, 아니다, 어리석다, 속이다, 그물
談 (말씀 담) 말, 말하다, 담화, 농담하다
彼 (저 피) 저, 저 사람, 저것, 그
短 (짧을 단) 짧다, 키가 작다, 오래되지 않다, 결점
靡 (아닐 미) 아니다, 쓰러지다, 쏠리다, 복종하다, 없다
恃 (믿을 시) 믿다, 의지하다
己 (자기 기) 자기, 사삿일, 사욕
長 (길 장) 길다, 오래다, 늘, 늘이다, 키, 우수하다, 어른, 우두머리

사람은 누구나 약한 곳이 있다.
Every man has his weak side.(서양 속담)
험담하는 혀에는 가위가 약이다.
For a bad tongue, the scissors.(포르투갈 속담)
누구나 남의 단점을 찾아낼 수 있지만 자신도 남보다 나을 게 없다.
Everyone can find fault, few can do better.(서양 속담)
유능한 뱃사람도 캄캄한 밤에는 실수할 수 있다.
A good sailor may mistake in a dark night.(서양 속담)

■ 군자는 남의 단점을 들어서 비난하지 않고 자기의 장점을 자기 입으로 떠벌리지 않는다. 남의 좋은 점을 들으면 기뻐하고 나쁜 점을 들으면 걱정해 준다. 악을 누르고 선을 일으킨다. 공자의 제자 안연(顔淵)이 자장(子張)에게 세상살이에서 무엇이 걱정거리인지 물었다.

자장은 천한 사람에게 원한을 품게 하는 일, 다른 사람과 말다툼을 하거나 남에게 이기려고 하는 일, 그리고 남의 나쁜 점을 보기만 하면 질책하는 일이라고 대답했다. 문선(文選)에는 "남의 결점에 관해 말하지 말라. 자기의

罔 談 彼 短

장점에 관해 기뻐하지 말라. 남에게 준 물건은 생각하지 말고 남에게 받은 물건은 잊지 말라. 세상의 명예란 부러워할 것도 없고 오로지 어진 일만 근본으로 삼으라."는 구절이 있다(최자옥 崔子玉의 좌우명).

■ 그리스 신화의 이카루스는 크레타 섬의 미궁을 탈출한 뒤 밀랍으로 붙인 날개를 달고 하늘로 날아갔다. 그는 사람 가운데 최초로 하늘을 난 인물이었다. 그러나 태양에 너무 가까이 다가가서 밀랍이 녹는 바람에 바다로 추락했다. 자기 재주를 과신해서 벌을 받은 것이다.

11세기 신성로마제국의 황제 하인리히 4세는 자기 세력을 과신해서 교황 그레고리우스 7세에 대항했다. 결국 그는 교황의 세력에 밀려서 카노사의 눈 덮인 마당에서 4일 동안 무릎을 꿇고 교황에게 용서를 빌었다.

그 교황도 자기 세력을 과신해서 극단적인 교회 개혁을 추진하다가 유배지에서 죽었다. 권력이란 변덕스러운 운명의 여신과 같이 여기저기 옮겨 다니는 고약한 버릇이 있다. 아무리 막강한 권력을 잡아도 대개는 일장춘몽으로 끝난다. 그 말로는 비참한 것이다.

靡恃己長

信使可覆　　[47] 신사가복 | 신의가 있는 일은 거듭해야 마땅하고
器欲難量　　[48] 기욕난량 | 자신의 기량은 남이 헤아릴 수 없을 정도로 크게 길러야 한다

信 (믿을 신) 믿다, 진실, 성실, 편지, 증명, 위임하다
使 (하여금 사) 하여금, 시키다, 사신, 심부름꾼, 가령
可 (옳을 가) 옳다, 찬성하다, 마땅하다, 가능하다, 허락하다
覆 (덮을 복) 덮다, 뒤집다, 도리어, 거듭, 복병
器 (그릇 기) 그릇, 재능, 도구, 생물의 기관
欲 (하고자 할 욕) 하려고 하다, 바라다, 욕심, 욕정, (통자: 慾)
難 (어려울 난) 어렵다, 고생하다, 근심, 전쟁, 괴롭히다
　(우거질 나) 우거지다, 액막이 행사, 구나(驅儺)
量 (헤아릴 량) 헤아리다, 무게를 달다, 되, 분량, 수효, 역량

지켜진 약속은 청산된 빚이다.
A promise attended to is a debt settled.(서양 속담)
정직한 사람은 그 누구보다도 더 지혜롭다.
He is wiser than most men are that is honest.(서양 속담)
신뢰할 수 있는 사람 한 명은 비겁한 자들로 구성된 대군보다 더 낫다.
One man you can trust is better than an army of cowards.
(이집트 속담)
신뢰하라. 그러나 지나치게 신뢰하지는 말라.
Trust, but not too much.(서양 속담)

■ 신의가 있는 일이란 약속한 것을 말한다. 군자는 약속을 반드시 지킨다. 한번 승낙한 일은 절대로 뒤집지 않는다. 전국시대 때 위나라의 문후(文侯)가 우인(虞人, 산림관리인)과 사냥을 하기로 약속했는데 약속한 날짜에 폭우가 쏟아졌지만 그는 약속을 지켰다.
　한나라 때 곽급(郭伋)이 지방 장관의 임기를 마치려 할 때 길에서 놀던

信使可覆

어린아이들이 그에게 언제 떠나는지 물었다. 환송을 해 주겠다는 것이다. 며칠 후 아이들이 그에게 가자 그는 바로 수레를 타고 떠났다. 아이들에게 한 약속마저도 잘 지키는 그를 사람들은 군자라고 칭송했다.

후한시대의 장원백(張元伯)과 범거경(范巨卿)은 절친한 친구였는데 서로 천 리나 떨어져 있으면서도 약속한 것을 반드시 지켰다. 후한의 곽임종(郭林宗, 이름은 태 太)은 기량이 탁월하다는 평판이 높은 원고봉(袁高鳳, 이름은 굉 宏)과 토론을 해 본 뒤에 "고봉의 그릇은 깊고 넓고 헤아리기 어렵다. 나는 그와 비교도 되지 않는다."고 감탄했다.

■ 약속이란 참으로 다양한 형태가 있다. 모든 계약은 약속이다. 결혼 서약도 그렇다. 평생 동지를 서약하고 정당을 만들거나 정당에 가입하는 것도 마찬가지다. 수시로 당적을 옮기거나 판잣집처럼 3-4년이 멀다 하고 정당을 부수거나 새로 만드는 행위는 약속이 무엇인지도 모르는 자들의 짓이다.

무엇보다도 사회에서 가장 중대한 약속은 법이다. 누구나 다 똑같이 지키겠다고 묵시적으로 약속한 것이 바로 법인 것이다. 또한 법은 문자로 표현된 조문보다 그 조문이 내포하는 법 정신이 한층 더 중요한 약속이다. 궤변이나 불순한 동기로 법 정신을 짓밟는 것은 중대한 범죄이다.

약속은 상호 신뢰를 바탕으로 성립된다. 약속을 지키지 않으면 신뢰 관계가 깨지고 불신이 강화된다. 이런 일이 자주 일어나면 사회의 근본 바탕이 흔들리는 위험한 상태에 이른다.

器欲難量

墨悲絲染 [49] 묵비사염 ┃ 묵자는 흰 실이 염색되는 것을 보고 슬퍼했고

詩讚羔羊 [50] 시찬고양 ┃ 시경(詩經)은 어린 양과 큰 양을 찬미했다

墨 (먹 묵) 먹, 검다, 더러워지다, 묵형
悲 (슬플 비) 슬프다, 동정, 가엽게 여기는 마음
絲 (실 사) 실, 잣다, 명주, 현악기, 가늘고 길다
染 (물들일 염) 물들이다, 적시다, 더럽히다, 칠하다
詩 (시 시) 시, 시경, 악보, 노래
讚 (기릴 찬) 기리다, 밝히다, 기록하다
羔 (염소 고) 새끼 양, 염소
羊 (양 양) 양, 상서롭다, 배회하다

양 한 마리가 병들면 다른 양들도 병이 든다.
One sickly sheep infects the flock.(영국 속담)
썩은 사과는 주변의 사과까지 썩게 한다.
The rotten apple injures its neighbor.(영국 속담)
석탄은 타지 않으면 다른 것을 검게 만든다.
If coals do not burn they blacken.(서양 속담)
스스로 양이 되는 사람은 늑대에게 먹힌다.
He that makes himself a sheep shall be eaten by the wolf.(서양 속담)

■ 묵자(墨子, 墨翟)는 전국시대 때의 사상가이다. 겸애설을 주장한 그는 '묵자'라는 저서를 남겼다. 어느 날 어떤 사람이 흰 실을 물들이는 것을 보고 그는 울면서 이렇게 말했다. "이 흰 실은 푸르게 물들이면 푸르게 되고 노랗게 물들이면 노랗게 된다. 사람도 물들여지는 데 따라서 착하게도 되고 악하게도 된다."

덕이 아무리 뛰어난 사람도 더럽고 속된 사람들과 어울리면 그들과 같아지고 어리석은 사람들과 어울리면 현명해질 수 없다. 더러운 것을 가까이하

면 저절로 악취가 나고 난초를 가까이하면 향기로워진다. 먹을 가까이하면 검어지고 인주를 가까이하면 붉어지는 것이다.

시경 고양편은 문왕의 덕이 널리 퍼진 것을 찬양한 것이다. 소남국(召南國)의 관리들은 검약하고 정직하며 양처럼 온순했다. 어린 양이 젖을 먹을 때 무릎을 꿇고 먹는데, 이것을 예의가 있는 것이라고 찬양했다. 또한 소남의 여인들도 문왕의 덕을 흠모하여 검약하고 정직하게 살았다.

■ 맹모삼천(孟母三遷)이라는 고사성어를 모르는 부모라 해도 자기 자녀가 주위 환경의 영향을 받는다는 것쯤은 다 안다. 대부분의 부모는 자기 자녀를 끔찍하게도 아낀다. 그런데 그들은 자기들이 사는 집 그리고 자녀가 다니는 학교의 주변 환경에 대해서는 얼마나 심각하게 염려하고 있는가?

또한 부모 자신은 가정에서 어떠한 모범을 보여 주고 있는가? 순자처럼 눈물을 흘리면서 슬퍼할 필요까지는 없다. 그러나 무엇이 진정으로 자녀들에게 도움이 되는지는 생각하고 염려해야 할 것이다.

시찬고양! 문왕의 덕을 지닌 지도자가 나오고 관리들이 검소하고 정직하기를 바라는 것은 어느 나라에서나 백년하청(百年河淸) 격인 불가능한 꿈일까?

詩 讚 羔 羊

景行維賢　[51] 경행유현 | 빛나게 행동하면 어진 사람이고
克念作聖　[52] 극념작성 | 깊이 생각하면 성인(聖人)이 된다

景 (볕 경) 햇볕, 해, 밝다, 크다, 우러르다, 경치
行 (갈 행) 가다, 돌아다니다, 행하다, 일하다, 여행, 행동, 일
　(항렬 항) 항렬, 같은 또래, 대열
維 (벼리 유) 벼리, 밧줄, 매다, 개혁, 유지
賢 (어질 현) 어질다, 착하다, 낫다, 많다, 존경하다
克 (이길 극) 이기다, 극복하다, 참고 견디다
念 (생각할 념) 생각하다, 옳다, 삼가다
作 (지을 작)) 짓다, 만들다, 행하다, 일으키다, 작품, 몸가짐
聖 (성인 성) 성인, 거룩하다, 슬기롭다, 지극하다, 착하다

지혜는 어진 사람의 재산이다.
Wisdom is the wealth of the wise.(서양 속담)
초라한 옷 안에 고귀한 마음이 감추어진 경우가 많다.
There is often a royal heart under a torn cloak.(덴마크 속담)
어진 사람은 볼 수 있는 것이 아니라 보아야만 하는 것을 본다.
A wise man sees as much as he ought, not as much as he can.
(서양 속담)

━ '경행'은 모든 사람이 우러러볼 만한 훌륭한 덕행을 의미한다. 밝은 해를 누구나 우러러보는 것과 같다. 노나라의 어진 여인 칠실(漆室, 또는 차실 次實)은 학문이 깊고 나라의 정세를 잘 알고 있었다. 그녀는 "임금이 늙고 태자는 어리니 간신들이 날뛸 것이다. 집 안에 고양이가 없으니 쥐가 대낮에도 멋대로 돌아다니는 것과 같다."고 말하고 눈물을 흘렸다.
　일 년 후 노나라는 권력 다툼으로 극도의 혼란에 빠졌다. 공자는 "둥지에 있는 새는 바람을 알고 굴에 있는 짐승은 비를 아는 것처럼 어진 여인은 미

景 行 維 賢

래를 안다."고 말했다.

'극념'은 깊이 생각하여 마음을 닦는 것이다. 서경에서는 "성인마저도 마음의 수양을 하지 않으면 난폭한 자가 되고 난폭한 자도 깊이 생각하여 마음을 닦으면 성인이 된다."고 했다.

문왕은 본래 성인이 아니었지만 도(道)를 깊이 생각하여 성인이 되었다. 반면 은나라의 주왕은 처음부터 폭군은 아니었지만 성인의 도를 생각하지 않았기 때문에 폭군이 되었다. 극념의 길은 부지런히 공부하는 것뿐이다.

■ 개천에서 용이 나온다는 속담이 있다. 그렇다고 해서 개천의 미꾸라지들이 모두 용이 되는 것은 아니다. 백 년에 한 번이나마 나온다면 천만다행이다. 국회의원, 장관, 재벌 회장, 심지어 대통령의 자리마저도 아버지, 아들, 손자 등이 대를 이어서 차지하는 경우도 있다. 그렇다고 해서 2세가 반드시 어진 인물이거나 탁월한 인재라는 법은 없다. 엄청난 돈을 주고 과외공부를 했다고 해서 둔재가 천재로 둔갑할 리는 없다.

청출어람(靑出於藍)이란 예외적인 경우를 가리키는 것이지, 언제나 어디서나 통하는 만고불변의 진리는 아닌 것이다. 그 어떠한 사회적, 가정적, 개인적 형편에 처했다 해도 인격과 지혜를 갖춘 훌륭한 인물이 되는가 못 되는가 하는 문제는 결국 본인의 노력 여하에 달려 있는 것이다. 팔자나 운명을 탓하는 것은 어리석다. 사회의 제도가 나빠서 자신이 불운해졌다고 말하는 것은 더욱 비겁하다.

克念作聖

德建名立 [53] **덕건명립** | 덕을 쌓으면 명성을 떨치게 되고

形端表正 [54] **형단표정** | 생김새가 바르면 겉에 나타나는
 그 형태도 바르다

德 (덕 덕) 덕, 인품, 덕택, 현자, 능력
建 (세울 건) 세우다, 마련하다, 이루어지다, 열쇠
名 (이름 명) 이름, 평판, 외형, 뛰어나다, 지칭하다
立 (설 립) 서다, 세우다, 이루다, 벼슬에 나아가다
形 (모양 형) 모양, 상태, 몸, 형세, 이치, 나타나다
端 (바를 단) 바르다, 곧다, 진실, 끝, 실마리, 근본
表 (겉 표) 겉, 나타내다, 뛰어나다, 우두머리, 특징
正 (바를 정) 바르다, 바로잡다, 품위가 있다, 정당하다, 네모

정신의 재산이 유일하게 참된 재산이다.
The wealth of the mind is the only true wealth.(그리스 속담)
몸이 병들면 마음도 병든다.
A sickly body makes a sickly mind.(독일 속담)
굽은 지팡이는 그림자도 굽는다.
A crooked stick will have a crooked shadow.(서양 속담)

■ 큰 덕을 갖춘 사람은 반드시 그의 명성을 떨친다. 요순과 문왕은 밝은
덕을 갖추었기 때문에 그 명성을 길이 떨친다. 공자는 최고의 덕을 갖추고
가르침을 베풀었기 때문에 영원한 모범으로 존경을 받는다. 여씨춘추에서는
"도(道)를 실천하면 명성이 따르지 않을 수가 없다. 이것은 물체와 그림자가
서로 떨어질 수 없는 것과 마찬가지다."라고 했다(중춘기 仲春紀).

 군자는 곧은 절개를 지키는 사람이다. 아무리 급한 사정이 닥친다 해도
지조를 굽히지 않는다. 전국시대 때 노나라의 안숙자(安叔子)는 과부였다.
어느 날 밤 폭우가 쏟아져 이웃집이 무너져서 그 집에 살던 과부가 그녀를
찾아왔다. 공자의 제자인 그녀는 다른 사람들이 자기를 의심할까 두려워 밤

새도록 촛불을 밝혔다.

춘추시대 때 노나라의 고관인 유하혜(柳下惠)는 회의에 참석했다가 집에 돌아가지 못하고 성문 밖에서 머물렀다. 몹시 추운 날이라 어느 여인과 이불을 함께 덮었지만 날이 밝도록 아무 일도 없었다. 이것은 올바른 마음가짐이 밖으로 바르게 나타난 사례이다.

■ 무슨 수를 쓰든지, 대중에게 인기를 얻기만 하면 명성도 재산도 권력도 얼마든지 손아귀에 쥘 수가 있는 시대에 큰 덕을 갖추고 절개를 지킨다는 것이 무슨 의미가 있을까?

당장 눈앞에 보이는 이익에 따라서 수시로 표변하는 일반 대중은 요순 같은 인물은 고사하고 자기보다 조금이라도 우수해 보이는 사람도 전혀 인정하지 않는다. 그들은 오로지 자기 이익이나 욕구를 당장 채워 주는 선동가나 아첨꾼들만 바란다. 거짓말이라 해도 솔깃한 말을 자주 떠들어대는 자들이 인기를 누린다. 시대의 흐름이란 무서운 것이다.

그렇다면 미덕과 수양이 정말 아무 짝에도 쓸모가 없는 것일까? 아니다. 종교, 국적, 나이를 초월해서 마더 데레사 같은 인물이 추앙을 받는 현대가 아닌가!

形端表正

空谷傳聲 [55] 공곡전성 | 빈 골짜기에서 소리가 퍼지듯
옳은 말은 멀리 퍼지고

虛堂習聽 [56] 허당습청 | 빈방에서 하는 말도
신(神)은 잘 듣는다

空 (빌 공) 비다, 없다, 부질없이, 하늘, 공간, 공허하다, 빈 틈
谷 (골 곡) 골짜기, 홈통, 좁은 길, 앞이 막히다
傳 (전할 전) 전하다, 옮기다, 전해 내려오다, 전기, 주해
聲 (소리 성) 소리, 음악, 말, 명예, 기리다, 소식
虛 (빌 허) 비다, 없다, 드물다, 빈 틈, 헛되다, 거짓말, 하늘
堂 (집 당) 집, 궁전, 마루, 사무실, 의젓하다, 친척
習 (익힐 습) 익히다, 복습하다, 숙달하다, 길들이다, 습관
聽 (들을 청) 듣다, 순종하다, 살피다

적대적인 신문 넷은 군사 천 명보다 더 무섭다.
Four hostile newspapers are more to be feared than a thousand
bayonets.(나폴레옹)
속담은 길거리의 지혜이다.
Proverbs are the wisdom of the streets.(서양 속담)
인간의 행동은 신들을 결코 속일 수 없다.
Mortal deeds never deceive the gods.(로마 속담)

■ 깊은 계곡에서는 소리가 반드시 메아리를 낸다. 삼국시대 때 위나라의
조식(曹植, 진사왕 陳思王)이 양산(梁山, 또는 어산 魚山)에 간 적이 있는데
갑자기 바위굴 속에서 경문을 읊는 소리가 맑게 들려왔다. 그가 그 소리를
배워서 세상에 전했는데 이것이 범음(梵音, 범패 梵唄)이다.
　'허당'은 고요한 방이다. 거기서 나는 소리를 듣고 배운다는 것이다. 노나
라의 공왕(恭王, 共王)이 공자의 옛집을 헐고 궁전을 지으려고 했다. 그런데
빈집에서 관악기와 현악기를 연주하는 소리가 들려왔다. 사람을 시켜 벽을
조사하게 했더니 선왕(先王)의 책들이 쏟아져 나왔다. 그래서 그 집을 헐지

空谷傳聲

못하게 했다.

　문선(文選)에서는 "깊이 생각하면 성인이 된다. 그의 옳은 말은 천 리까지 미친다. 그러나 그의 말이 옳지 않으면 이불을 같이 덮는 사람마저도 의심한다. 말소리를 아무리 낮추어도 거기에는 영욕이 따른다. 소리가 없는 드넓은 광야에서도 신은 듣는다."고 했다(장화여사잠 張華女史箴). 언제나 어디서나 말을 조심하라는 뜻이다.

■ 권력, 특히 독재 권력도 백성의 입은 막을 수 없다는 중구난방(衆口難防)의 진리를 깨닫지 못한다. 그래서 언제나 언론의 자유를 억제, 통제, 심지어는 말살하려고 벼른다.

　비밀경찰은 아니라 해도 공식적, 비공식적 정보 요원들을 사방에 풀어놓는다. 인터넷도, 휴대전화도 도청을 한다. 나폴레옹마저도 적대적 언론이 무섭다고 말했다. 소련이 한창 세력을 떨치던 시절에 공산당 지도자들이 교황의 말 한마디가 10개 사단의 위력과 맞먹는다고 한탄한 까닭은 무엇이겠는가?

　어떠한 권력이든 백성들의 눈과 귀를 가리고 입을 막을 궁리를 하는 것이다. 필요하다면 언제든지 회유, 매수, 협박, 폭력을 동원한다. 바로 그러니까 언제나 어디서나, 자나 깨나 입 조심을 하라는 것이다. 민주주의가 실현되는 사회라고 해서 안심할 것도 못 된다.

虛堂習聽

禍因惡積 [57] 화인악적 | 악한 일을 거듭하면 재앙을 받게 되고

福緣善慶 [58] 복연선경 | 선하고 기쁜 일을 하면 거기서 복이 나온다

禍 (재화 화) 재앙, 재난, 불행, 근심
因 (인할 인) 말미암다, 원인, 연고, 인연, 의지하다
惡 (악할 악) 악하다, 더럽다, 불길하다, 흉년, 잘못, 재난
　　(미워할 오) 미워하다, 욕하다, 부끄럽다
積 (쌓을 적) 쌓다, 저축하다, 포개다, 오래되다, 부피, 면적
福 (복 복) 복, 행복, 돕다, 아름답다, 착하다, 상서롭다, 음복하다
緣 (인연 연) 인연, 연유하다, 따르다, 두르다, 가선, 가장자리
善 (착할 선) 착하다, 완전한 덕, 훌륭하다, 좋다
慶 (경사 경) 경사, 기뻐하다, 칭찬하다

선행의 씨를 뿌리면 기쁨을 추수한다.
Sow good work and you shall reap gladness.(서양 속담)
선한 일은 하고 또 하라.
Do good, and then do it again.(영국 속담)
젊어서 저지른 죄는 늙어서 그 대가를 치른다.
The sins we commit as young men we pay the penalty for as old men.(라틴어 격언)
사악한 심보는 수많은 사람의 목을 벤다.
An evil conscience breaks many a man's neck.(영국 속담)

■ 역경(易經)에서는 "착한 일을 많이 한 집에는 경사가 있고 악한 일을 많이 한 집에는 재앙이 닥친다."고 했다(곤문언 坤文言). 강태공은 "그물에 걸린 새는 좀더 높이 날지 않은 것을 후회하고 낚시바늘에 걸린 물고기는 배고픔을 좀더 참지 않은 것을 후회한다. 사람은 일이 잘못되면 세 번 깊이 생각해 보지 않은 것을 후회한다."고 했다(태공가교 太公家敎).

禍因惡積

진나라 영공(靈公)은 요리가 늦게 나온다고 요리사를 죽이고 옳은 말로 건의하는 충신도 죽였다. 그리고 신년하례 때는 신하들을 모욕했다. 결국 그는 암살되고 말았다.

오나라의 손종(孫鐘)은 선행을 많이 했다. 나그네 셋이 지나가다가 그에게 참외를 좀 달라고 했다. 그는 그들을 원두막에 앉히고 참외를 따다 주었다. 그들은 보답으로 좋은 묏자리를 가르쳐 주었다. 그리고 거기서 장사를 지내면 그 집안 4대에 걸쳐서 임금이 나온다고 말했다. 그의 아들 손견(孫堅)이 오나라의 임금 무제가 되었고, 그 자손도 대대로 임금이 된 것이다.

■ 선은 상을 받고 악은 벌을 받는다는 상선벌악(償善罰惡)이 절대 진리가 되기 위해서는 하늘 또는 신의 정의가 선행조건이 되지 않으면 안 된다. 선한 사람들은 억울하게 죽거나 비참한 생활을 하는 반면, 악인들은 오히려 거만하게 으스대면서 부귀영화를 누린다면 누가 하늘이나 신을 믿겠는가? 억울하게 생식기를 잘리는 궁형을 받은 사마천은 하늘의 도가 옳은가 그른가 하고 한탄했다.

악행을 장려하고 선행을 벌하는 나라나 부모는 없다. 그러나 현실에서는 악인들이 상을 받고 출세하는 반면, 정직하고 선한 사람들은 몰락하는 경우가 적지 않다. 법이라는 것이 강한 자에게는 솜방망이고 약한 자에게는 철봉 구실을 하기 때문이다. 돈이나 연줄이 없으면 사람 취급도 못 받는 경우가 어디 한둘인가?

사마천이 오늘날 다시 태어난다고 해도 그는 역시 예전처럼 탄식할 것이다. 소크라테스도 올바른 해답은 제시하지 못할 것이다. 선행이란 상이나 복을 받기 위한 것이 아니라 사람이 사람다운 삶을 계속하기 위한 것이다.

福緣善慶

尺璧非寶　**[59] 척벽비보** | 길이가 한 자나 되는 구슬도 보배가 아니고

寸陰是競　**[60] 촌음시경** | 한 치의 짧은 시간이라도 다투어야 마땅하다

尺 (자 척) 자, 법도, 길이, 가깝다
璧 (구슬 벽) 구슬, 둥근 옥, 아름다운 것
非 (아닐 비) 아니다, 그르다, 거짓, 사악, 잘못, 없다, 비방하다
寶 (보배 보) 보배, 돈, 옥새, 자녀, 몸, 귀하다
寸 (마디 촌) 마디, 한 치, 약간, 마음, 헤아리다, 촌수
陰 (그늘 음) 그늘, 가리다, 음기, 흐려지다, 치부, 몰래, 성교, 세월
是 (옳을 시) 옳다, 곧다, 다스리다, 이, 이것, 대저
競 (겨룰 경) 다투다, 나아가다, 쫓다, 갑자기

시간보다 더 귀한 것은 없다.
There is nothing more precious than time.(스코틀랜드 속담)
우리 것이란 시간뿐이다.
Nothing is ours but time.(서양 속담)
시간도 돈도 낭비하지 말라.
Never have an idle hour, nor an idle pound.(서양 속담)

━ 회남자(淮南子)에서는 "성인은 한 자나 되는 큰 보배를 귀하게 여기지 않고 오히려 한 치의 짧은 시간을 소중하게 여긴다. 시간이란 얻기 어렵고 잃기 쉬운 것이기 때문이다."라고 했다(원도훈 原道訓). 예기(禮記)에서는 "선비는 충성과 신의를 보배로 삼는다."고 했다. 또한 사기(史記)에서는 "탐욕스러운 사람은 재물에, 열사는 이름에 목숨을 건다."고 했다.

오나라 왕이 욕심을 내서 초나라를 치라고 명령했다. 반대하는 자는 9대에 걸쳐서 처형하겠다고 말했다. 그때 신하인 곽경(郭慶)이 손뼉을 치면서 웃었다. 화가 난 왕이 이유를 물었다. 그러자 그는 이렇게 말했다. "이웃집 청년이 아내와 같이 일을 하다가 지나가는 미인을 보고는 아내를 버리고 미

尺璧非寶

녀의 뒤를 따라갔습니다. 그러나 미녀를 손에 넣지 못하자 집으로 돌아왔지만 아내는 이미 떠난 뒤였습니다. 그는 동네 사람들의 조롱거리가 되었습니다. 이런 일을 생각하고 웃었던 것입니다." 이 말을 들은 왕은 초나라와 전쟁하려던 계획을 취소했다.

진(晉)나라의 도간(陶侃)은 "우임금은 성인이면서도 한 치의 시간을 아꼈다. 그러니 우리도 시간을 아끼는 것이 마땅하다."고 말했다. 전국시대 조나라의 영월(寧越)은 15년 동안 밤낮으로 열심히 공부하여 훌륭한 학자가 되었다. 임금이 그를 왕궁으로 불러 비서로 삼았다.

■ 예전에는 지조를 목숨보다 더 귀한 보물로 여기며 살아간 선비들이 많았다. 요즈음 소위 지식인이나 학자들 가운데는 신념이나 지조 따위를 우습게 여기고 권력과 인기에 영합하는 사람이 많다. 어릿광대처럼 매스컴의 줄을 잘 타는 곡학아세(曲學阿世) 스타일이 증가하는 추세이다.

어제는 권력의 불의를 비판하면서 정의, 진리, 자유를 외치던 교수와 언론인이 오늘은 국회의원, 장관, 위원장의 자리에 앉아 딴소리를 한다. 그렇게 해서는 안 된다는 법은 없다. 그러나 법이 없다고 해서 함부로 그렇게 해도 된다는 것은 결코 아니다.

지조와 시간의 상관관계는 참으로 절묘하다. 한번 지나간 시간은 그것으로 끝이다. 한번 더럽혀진 지조도 그것으로 끝이다. 누구나 유한한 삶을 살다가 언젠가는 반드시 죽는 것이기 때문에 변함없이 지키는 충성과 절개와 지조는 한없이 귀한 것이다.

寸 陰 是 競

資父事君　[61] 자부사군 | 아버지를 섬기는 자세로
　　　　　　　　　　　임금을 섬겨야 하는데

曰嚴與敬　[62] 왈엄여경 | 그것은 임금을 공경하고
　　　　　　　　　　　엄숙하게 대하는 것이다

資 (재물 자) 재물, 밑천, 가지다, 매매하다, 저장하다, 돕다
父 (아비 부) 아버지, 하느님, 임금, 늙은이의 경칭
事 (섬길 사), (일 사) 일, 사고, 기능, 현상, 제사, 정치, 섬기다, 다스리다
君 (임금 군) 임금, 영주, 부모, 남편, 아내, 그대, 자네
曰 (가로 왈) 말하다, 일컫다, 가라사대, 이에, 왈패
嚴 (엄할 엄) 엄하다, 절박하다, 범하기 어렵다, 삼가다, 혹독하다, 타이르다
與 (더불어 여), (줄 여) 주다, 동아리가 되다, 편들다, 및, 함께, 더불어
敬 (공경할 경) 공경하다, 정중하다, 삼가다, 훈계하다, 감사하는 예의

아버지의 사랑보다 더 큰 사랑은 없다.
No love to a father's.(서양 속담)
내가 잘 지낼 수 있는 그곳에 나의 조국이 있다.
Where it is well with me, there is my country.(로마 속담)
두 마음을 품지 않는 사람은 거의 없다.
Few hearts that are not double.(서양 속담)

━ 효경에서는 "아버지를 섬기는 마음으로 임금을 섬겨야 하는데 공경하는
것은 양쪽이 다 같다."고 했다. 그래서 충신을 효자의 집안에서 구한다. 초
나라 혜왕(惠王) 때 왕의 형의 아들 백공(白公)이 반란을 일으켰다.

왕은 효자로 이름난 신명(申明)을 토벌군 대장으로 삼았다. 백공이 그의
아버지를 인질로 잡고 자기에게 투항할 것을 권했지만 그는 거절했다. 그러
자 백공이 그의 아버지를 죽였다. 신명이 죽기를 무릅쓰고 싸워서 백공을
잡아다가 왕에게 바쳤다. 왕은 백공의 목을 베고 신명의 아버지의 장사를
후하게 치렀다. 3년상을 마친 후 신명은 "내가 비록 나라에 공을 세우기는
했지만 아버지를 구하지 못했으니 부끄럽다."고 탄식하며 자결했다.

資父事君

■ 예전에는 군주와 나라가 동일시되었다. 사직을 지킨다는 것은 그런 의미다. 그러니까 이 말은 부모에게 효도하는 마음으로 나라 또는 사회 전체를 위해 봉사하라는 뜻으로 풀이된다. 물론 무조건의 충성과 복종을 강요하는 나치즘이나 공산주의 같은 전체주의는 여기 끼어들 틈이 전혀 없다. 자녀가 부모의 소유물이 아니듯 국민은 나라의 소유물이 아니기 때문이다.

효도는 부모와 자녀 양쪽의 행복을 위한 것이다. 충성이란 국민에게는 편안한 삶을, 나라에는 안전과 번영을 확보해 주는 것이 아니면 안 된다. 자녀나 국민에게 일방적인 희생만 강요하는 효도나 충성은 무의미하다. 중용에서 벗어난 오류인 것이다.

효도란 받은 은덕에 대한 보답이다. 효도를 의무로 본다면 그것은 부모의 일차적 의무에 대한 반사적 개념에 불과하다. 왜냐하면 부모가 자녀를 학대하거나 버렸을 때도 효도의 의무가 있다고 하기는 어렵기 때문이다. 국가도 마찬가지다. 국민이 모여서 나라가 되는 것이다.

日嚴興敬

孝當竭力 [63] 효당갈력 | 효도는 있는 힘을 다해야 마땅하고

忠則盡命 [64] 충즉진명 | 충성은 목숨이 다할 때까지 바치는 것이다

孝 (효도 효) 효도, 부모의 상을 입다
當 (마땅할 당) 마땅하다, 적당하다, 대적하다, 당면하다
竭 (다할 갈) 다하다, 물이 마르다, 망하다, 모두
力 (힘 력) 힘, 효험, 힘쓰다, 부지런하다, 힘들다, 일꾼
忠 (충성 충) 충성, 곧다, 공변되다
則 (곧 즉) 곧, 만일
　(법 칙) 법, 법칙, 본받다, 모범
盡 (다할 진) 다하다, 극진하다, 죽다, 정성, 모두
命 (목숨 명) 목숨, 운수, 명령, 규정,

자기 부모를 봉양하지 않는 자녀들은 감옥에 처넣으라.

Let children support their parents or be imprisoned.(로마 법)

모든 힘을 다하라.

With all one's power.(로마 속담)

하느님과 부모와 주인의 은혜는 결코 모두 갚을 수 없다.

God, and parents, and our master, can never be requited.(서양 속담)

왕 또는 백성을 위해서가 아니라, 양쪽을 위해서.

Neither for a king nor for people, but for both.(로마 속담)

■ 공자의 제자 자하(子夏)는 "부모를 섬기는 데는 있는 힘을 다해야 하고 임금을 섬기는 데는 그 몸을 다해야 한다."고 말했다(논어 학이편 學而篇). 후한의 동영(董永, 천승인 千乘人)은 효도가 극진했다. 어머니가 일찍 죽고 아버지마저 죽자 부잣집에서 1000냥을 빌려 장사를 치렀다.

그러나 기한이 되어도 돈을 갚을 수가 없어서 종이 될 신세가 되었다. 아버지의 무덤에서 구슬프게 통곡하고 돌아가는 도중에 나무 아래에서 쉬고

있는데 갑자기 한 여인이 다가와서 자기를 아내로 삼아 달라고 말했다. 그 두 사람은 부잣집에 함께 갔다. 주인은 여자가 명주 300필을 짜서 바치면 동영을 종의 신분에서 풀어 주겠다고 했다. 여자는 한 달 안에 옷감을 짜서 바쳤다.

얼마 후 동영이 예전의 그 나무 아래서 여인을 만났다. 여인은 자기가 하늘나라의 직녀인데 그의 효성에 감동해서 도운 것이라고 말하고 사라졌다.

한나라를 세운 유방(劉邦, 고조 高祖)이 영양성에서 항우에게 포위되어 사태가 매우 위급했다. 그때 유방과 얼굴이 비슷한 기신(紀信)이 유방의 수레를 타고 동쪽 문으로 나가서 항복하겠다고 외쳤다.

항우의 군대는 포위망을 풀고 그가 오기를 기다렸다. 그 틈에 유방은 서쪽 문으로 달아났다. 속았다고 깨닫고 화가 난 항우는 기신을 불에 태워 죽였다. 그는 목숨을 바쳐서 충성한 것이다.

■ 부모가 부모답다면 효도를 강조하지 않아도 자녀는 있는 힘을 다해서 부모를 모실 것이다. 나라 역시 모든 사람이 법 앞에 평등하고 정의가 올바로 실시되는 제대로 된 나라라면 백성들은 조국이 위기에 처했을 때 자진해서 목숨을 바칠 것이다.

그러나 만일 부모가 부모답지 못하다면, 평소의 말과 행동이 올바르지 못하다면, 언젠가 자녀들에게 외면을 당한다 해도 그것은 자업자득이다.

자녀에게 얻어맞거나 버림받는 일까지 당할 수도 있다. 나라의 지도자들이 썩거나 무능하다면, 오만에 젖어 횡포를 부리거나, 법질서를 무너뜨리고 불의의 무리와 야합하여 민초들을 한없이 괴롭게 만든다면, 정작 위기가 닥쳤을 때 그들도 백성들에게서 버림을 받을 것이다.

忠 則 盡 命

臨深履薄

[65] 임심리박 | 깊은 연못가에 있는 듯 살얼음을 밟는 듯 조심해서 부모와 임금을 섬겨야 하고

夙興溫凊

[66] 숙흥온정 | 아침 일찍 일어나서 추우면 따뜻하게, 더우면 서늘하게 부모를 섬겨야 한다

臨 (임할 림) 임하다, 지키다, 누르다, 뵙다, 그 일에 당하다
深 (깊을 심) 깊다, 심하다, 후하다, 무성하다, 숨기다
履 (밟을 리) 신발, 신다, 밟다, 겪다, 행동, 영토
薄 (엷을 박) 얇다, 가볍다, 천하다, 낮다, 깔보다, 줄이다
夙 (일찍 숙) 이르다, 빠르다, 일찍, 옛날부터
興 (일어날 흥) 일어나다, 왕성하게 하다, 좋아하다, 흥취
溫 (따뜻할 온) 따뜻하다, 온화하다, 원만하다
凊 (서늘할 정) 서늘하다, 춥다, 차다

사랑이 많으면 복종도 잘한다.
He who loves well obeys well.(서양 속담)
절반만 바치는 성의는 무성의다.
Half heart is no heart.(서양 속담)
근면하면 불가능한 것이 없다.
Nothing is impossible to industry.(로마 속담)
근면은 위대한 스승이다.
Diligence is a great teacher.(아랍 속담)

■ 시경에서는 "두려워하고 조심하는 것이 마치 깊은 연못가에 있는 것 같고 엷은 얼음을 밟는 것과 같다."고 했다(소아 소민편 小雅 小旻篇). 이것은 부모나 임금을 섬기는 사람은 매사에 항상 조심해야 한다는 뜻이다.

시경에서는 또한 "아침에 일찍 일어나고 저녁에 늦게 자며 너의 부모를 욕되게 하지 말라."고 했다. 그리고 예기(禮記)에서는 "자식된 도리는 겨울에는 따뜻하게 해 드리고 여름에는 시원하게 해 드리며, 해가 지면 자리를

臨深履薄

펴 드리고 새벽에는 문안을 드리는 것이다."라고 했다(곡례상 曲禮上). 주나라의 문왕은 태자 시절에 항상 새벽닭이 울 때 부모의 침전에 가서 문안을 드렸다. 후한의 황향(黃香)은 아침저녁으로 부모를 극진히 모신 효자로 널리 알려졌다.

■ 아침저녁으로 문안을 드리며 냉난방을 잘 해 드리는 것으로 충분하다는 말은 결코 아니다. 이렇게 하는 사람들은 너무나도 많다. 문제는 대부분이 이권 또는 지위를 노려서 아첨하기 위해, 아니면 체면이나 다른 이유 때문에 마지못해서 그렇게 한다는 것이다.

요즈음은 주거 환경이 예전에 비해서 무척 편리하게 되어 있다. 일반적인 경우에는 냉난방은 문제도 안 된다. 그런데 연로한 부모들은 왜 마음이 편안하지 못할까? 노년을 바라보는 부부들은 왜 미리 걱정을 하기 시작할까? 양로원에 들어가는 한이 있어도 자식 신세는 지지 않겠다고 모질게 마음을 먹는 이유는 무엇일까? 무자식이 상팔자라는 속담은 왜 생겼을까? 전국적으로 노인 홈이니 양로원이니 하는 것이 성업 중인 이유는 또 뭘까?

참된 마음이 따르지 않는 봉양이란 위선에 불과하다. 연로한 부모를 극진히 모시지 않는 사람은 자기 자신도 곧 자식에게 그런 푸대접을 받는다. 할아버지의 복수를 손자가 해 준다고 하지 않았던가! 그래서 할아버지와 할머니는 손자 손녀를 무조건 귀여워해 주는 것이 아니겠는가! 이 문제는 나라에서 장려금을 준다고 해결될 성질의 것이 아니다. 가정, 학교, 종교 등이 평소에 인성 교육을 제대로 시키는 길밖에는 없다.

夙 興 温 凊

似蘭斯馨 [67] 사란사형 | 군자의 명성은 난초 향기처럼 멀리 퍼지고
如松之盛 [68] 여송지성 | 소나무가 무성한 것과 같다

似 (같을 사) 같다, 비슷하다, 흉내내다, 계승하다, 바치다
蘭 (난초 란) 난초, 모란꽃, 목련, 차단하다, 떠돌다, 얼룩
斯 (이 사) 이, 곧, 즉, 쪼개다, 떠나다, 희다, 잠시
馨 (향기 형) 향기, 명성
如 (같을 여) 같다, 만약, 그러하다, 짐작되다
松 (소나무 송) 소나무, 향기로운 풀
之 (갈 지) 가다, 이르다, 이, 이것, ~의, ~에서
盛 (성할 성) 무성하다, 많다, 강하다, 번성하다, 절정

오로지 스스로 빛나는 사람만이 눈부시다.
He is only bright that shines by himself.(서양 속담)
올바르게 사는 사람이 설교를 잘하는 것이다.
He preaches well who lives well.(스페인 속담)
덕은 명성을 가져오고 명성은 허영을 가져온다.
Virtue brings honor and honor vanity.(서양 속담)

■ 공자가어에서는 "착한 사람과 어울리는 것은 난초가 있는 방에 들어가는 것과 같다."고 했다. 군자가 훌륭한 이름을 후세에 남기는 것은 난초가 향기를 멀리 퍼뜨리는 것과 같다.

춘추시대 때 진나라의 진헌공(晉獻公)이 매우 사치스러운 9층탑을 세우는 공사를 시작했는데 수많은 사람을 동원해서 백성들의 원성이 자자했다. 그때 순식(荀息, 또는 순숙 荀叔)이 죽음을 무릅쓰고 헌공에게 나아가서 말했다. 자기는 바둑알을 12개 포갠 뒤 그 위에 달걀을 9개 쌓을 수 있는 재주가 있다는 것이었다. 헌공이 그것은 매우 위태로운 일이라고 대꾸했다. 그러자 그는, 3년이 지나도 9층탑은 완성되지 않아 백성들이 이웃 나라로 도

似蘭斯馨

망가고 이웃 나라가 공격을 도모하니 헌공은 위기에 처해 있으며, 이것은 바둑알 위에 달걀을 쌓아올리는 것보다 더 위험한 일이라고 충고했다. 이 말에 헌공이 자기 잘못을 깨닫고 공사를 중지했다. 그리고 창고를 열어 백성들을 구제했다. 모든 백성이 순식을 칭송했다.

■ 명성은 덕과 인품 또는 탁월한 재능에 바탕을 둔 것이다. 특히 참된 명성은 수많은 사람들에게 풍성한 혜택을 베풀어 주기 때문에 난초의 향기처럼 은은하게 멀리 퍼진다. 또한 아무리 세월이 지나도 퇴색하지 않는다.

소크라테스, 석가, 공자, 예수, 기타 무수한 성자들은 가장 뛰어난 모범을 인류에게 보여 주었기 때문에 불멸의 명성을 얻었다. 위대한 학자, 발명가, 예술가, 문학가들도 마찬가지다. 그러나 정복자들의 명성은 피비린내를 풍기기 때문에 참된 명성이 아니다.

인기란 물거품이다. 권모술수, 속임수, 선동, 매수, 조작 등으로 인기를 얻을 수는 있어도 그리 오래가지 못한다. 미모나 독특한 재주로 인기를 누릴 수도 있다. 그러나 미모도 시들고 재주도 더 뛰어난 재주에 밀리게 마련이다.

참된 명성의 자격을 구비한 사람은 명성을 얻지 못해도 별로 개의치 않는다. 그에게는 명성이 필요가 없을 뿐만 아니라 오히려 거추장스러운 짐에 불과하다.

如松之盛

川流不息 [69] 천류불식 | 냇물은 쉬지 않고 흘러가고
淵澄取映 [70] 연징취영 | 연못물은 맑아서 그림자가 비친다

川 (내 천) 내, 하천, 물귀신, 굴, 들판, 느릿느릿한 모양
流 (흐를 류) 흐르다, 귀양 보내다, 근거 없다, 갈래, 학파, 계급, 패거리
不 (아니 불), (아니 부) 아니다, 아니하다, 없다, 하지 말라
息 (쉴 식) 쉬다, 그치다, 숨쉬다, 살다, 아이, 자식, 이자, 자라다, 키우다
淵 (못 연) 연못, 깊다, 고요하다, 방, 집, 북소리
澄 (맑을 징) 맑다, 맑게 하다, 술 이름
取 (취할 취) 취하다, 가지다, 구다, 채용하다, 받아들이다, 다스리다
映 (비칠 영) 비치다, 덮다, 햇살

물은 흐르지 않으면 썩는다.
Water becomes corrupted unless it is kept in motion.(로마 속담)
구르는 돌에는 이끼가 끼지 않는다.
A rolling stone gathers no moss.(서양 속담)
말이 없는 사람은 고요한 물처럼 깊고 위험하다.
Silent men, like still water, are deep and dangerous.(서양 속담)
남들보다 너 자신을 더 조심하라.
Beware of no man more than yourself.(서양 속담)

■ 냇물이 밤낮을 쉬지 않고 흐르듯이 군자는 항상 자기 수양을 계속한다. 또한 연못물이 맑아서 그림자가 비치듯이 군자는 사물의 옳고 그름을 분명하게 알아보는 것이다.

　문선에서는 "운명론을 물에 비유하자면 이렇다. 운이 통하면 냇물처럼 흘러 한없이 뻗고, 운이 막히면 연못처럼 고여 멈추고 만다."고 했다(이소원 운명론 李蕭遠 運命論). 한서(漢書)에서 가의(賈誼)는 "군자가 담담한 것은 깊은 못의 고요함과 같다."고 했다.

川流不息

■ 아무리 최고의 경지에 오른 사람이라 해도 끊임없이 자기 반성을 거듭하고 진리를 탐구하는 공부를 계속하지 않으면 자기도 모르는 사이에 퇴보하고 만다.

무수한 사람의 칭찬을 받는다고 해서 더 이상 정진할 필요가 없을 정도로 완벽한 인간이 된 것은 결코 아니다. 진리나 최상의 경지는 다수결로 결정되는 것이 아니다. 무수한 칭찬이 그것을 유지시켜 주는 것도 아니다.

살아 있는 동안에는 누구나 불완전한 상태에서 벗어날 수 없다. 세상의 그 누구보다도 지혜가 탁월하다고 칭송받은 솔로몬 왕의 지혜도 결코 완벽한 것은 아니다. 그도 역시 죽을 때까지 불완전한 인간에 불과했다.

위대한 인물의 위대성은 재능에서 오는 것이 아니다. 뛰어난 업적에서 오는 것도 아니다. 잠시도 쉬지 않고 자기 발전을 위해 정진하는 노력, 바로 그 노력 자체가 위대한 것이다. 그는 자신에 대한 세평에 마음이 흔들리지 않는다. 자신의 현재 상태에 관해서는 자기가 가장 잘 알고 있기 때문이다.

그래서 그는 항상 마음이 고요하다. 고요한 마음에는 사물의 참모습이 비친다. 그래서 그는 시비, 선악, 가치와 무의미 등을 자연스럽게 깨닫게 된다. 온 세상의 부귀영화를 다 준다고 해도 그는 자기 마음과 바꾸지 않을 것이다.

淵澄取映

容止若思 [71] 용지약사 | 모든 동작은 사물을 생각하듯이 신중해야 하고

言辭安定 [72] 언사안정 | 말은 침착하고 확실하게 해야 한다

容 (얼굴 용) 얼굴, 몸가짐, 담다, 용서하다, 용량, 내용
止 (그칠 지) 그치다, 끝나다, 억제하다, 거동, 오직
若 (같을 약) 같다, 너, 만약
思 (생각 사) 생각하다, 원하다, 사모하다, 생각, 마음
言 (말씀 언) 말, 말하다, 묻다, 논의하다, 소송하다
辭 (말씀 사) 말, 성구(成句), 사퇴하다, 사양하다
安 (편안 안) 편안하다, 즐기다, 안일하다, 어찌
定 (정할 정) 정하다, 바로잡다, 다스리다, 반드시

행동이 훌륭하면 훌륭한 사람이다.

He is noble who does nobly.(서양 속담)

서두르면 언제나 재앙을 만난다.

A hasty man never wants woe.(서양 속담)

생사는 혀에 달려 있다.

Death and life are in the hands of tongue.(로마 속담)

말하기는 쉬워도 실천은 어렵다.

Easier said than done.(서양 속담)

■ 예기에서는 "행동은 마치 사물을 생각하듯이 엄숙히 하고, 말은 안정되게 해야 한다."고 했다(곡례상 曲禮上). 군자는 말과 행동에 있어서 예가 아니면 하지 않고 예가 아니면 움직이지 않는 법이다. 역경에서는 "말과 행동은 군자의 기본이다."라고 했다(계사상 繫辭上).

잘 짖는다고 해서 반드시 좋은 개인 것은 아니다. 입을 닫고 있어도 그 말을 이루는 것이 세 가지가 있다. 하늘은 말이 없어도 사계절을 순환시키고, 땅은 말이 없어도 만물을 낳으며, 사람은 말이 없어도 인재를 기른다.

容止若思

■ 사람은 언제나 어디서나 잘못을 저지를 수가 있다. 그러니까 사람이다. 그러나 말과 행동을 신중하게 하면 잘못을 피할 수도 있다. 신중함은 수서양단(首鼠兩端) 식으로 눈치나 보면서 기회주의적 또는 우유부단한 태도를 취하는 것이 아니다.

오히려 확고한 원칙과 가치관에 따라 깊이 생각한 뒤에 말하고 행동한다는 의미다. 원칙과 가치관이란 복잡한 것이 아니다. 오히려 단순하다. 그것은 올바른 것을 추구하는 올바른 사람이 되겠다는 것뿐이다.

요즈음 자기가 한 말을 태연하게 뒤집는 사람들이 많다. 말의 진의가 잘못 전달되었다고 매스컴을 비난하면서 구차한 변명을 늘어놓는 경우도 적지 않다. 변절과 배신도 서슴지 않는다. 다른 사람들은 더 큰 잘못을 저질렀으니 자기의 작은 잘못은 잘못도 아니라는 식으로 궤변을 늘어놓는 사람들도 한둘이 아니다.

이런 부류는 지위가 아무리 높고 대중적 인기를 누린다 해도 역시 소인배에 불과하다. 왜냐하면 그들은 자신의 이익과 안일을 추구할 뿐, 올바른 사람이 되려는 의지가 없기 때문이다.

이러한 소인배들이 사회의 지도자 행세를 한다면 그 사회는 혼란이 심하고 불행해질 수밖에 없다.

言辭安定

篤初誠美 **[73] 독초성미** | 처음에 독실하게 하는 것은
참으로 아름답지만

愼終宜令 **[74] 신종의령** | 끝맺음을 잘하도록 삼가는 것이
마땅하다

篤 (도타울 독) 돈독하다, 인정 많다, 신실하다, 위독하다
初 (처음 초) 처음, 시작, 비로소
誠 (정성 성) 정성, 삼가다, 공경하다, 자세하다, 참으로
美 (아름다울 미) 아름답다, 예쁘다, 좋다, 맛있다
愼 (삼갈 신) 삼가다, 순종하다, 훈계하다, 이끌다
終 (마칠 종) 마치다, 끝나다, 죽다, 끝, 마침내
宜 (마땅할 의) 마땅하다, 화목하다, 아름답다, 과연
令 (으뜸 령) 우두머리, 명령, 하여금, 부리다, 가령

문지방을 넘는 첫걸음이 가장 힘들다.
The hardest step is over the threshold.(이탈리아 속담)
시작을 잘하는 것은 좋지만 끝을 잘 맺는 것은 더 좋다.
Good to begin well, better to end well.(영국 속담)
끝이 좋으면 모든 것이 좋다.
All's well that ends well.(셰익스피어)
마지막에 웃는 사람이 제일 크게 웃는다.
He laughs best who laughs last.(서양 속담)
훌륭한 죽음은 일생을 명예롭게 장식한다.
A fair death honors the whole life.(서양 속담)

■ 시경에서는 "훌륭한 시작은 많지만 훌륭한 마무리는 매우 드물다."고 했
다(대아 탕편 大雅 蕩篇). 서경에서는 "시작할 때와 마찬가지로 끝맺음을 신
중하게 하라."고 했다(중훼지고 仲虺之誥). 당나라 태종 때 방현령(房玄齡)은
시작도 훌륭하고 끝맺음도 역시 훌륭한 선비였다.

■ 끝맺음을 아름답게 하는 것이 유종지미(有終之美)다. 애써 벌여 놓은 일이 막판에 가서 흐지부지되거나 실패로 끝난다면 그처럼 허망한 것도 없다. 오랫동안 땀 흘려서 노력한 것이 모두 물거품으로 변하기 때문이다.

물론 일을 처음에 시작하는 것도 쉽지는 않다. 그러나 대단원을 멋지게 장식하는 것은 더 어렵다. 바로 그 이유 때문에 유종지미를 거두는 것이 한없이 보람 있는 일이라는 것이다.

누구에게나 마지막에 가서 '가장' 중대한 일은 평생 동안 자기 자신을 어떠한 사람으로 가꾸어 왔느냐 하는 것이다. 올바른 사람으로 살았는가, 아니면 올바르지 못한 사람이 되었는가? 바로 그것이, 오로지 그것만이 가장 중대한 일이다. 여기서 유종지미를 거두는 사람만이 가장 크게 웃을 수 있다. 과거에 몇 번 크게 웃은 것은 아무것도 아니다.

愼 終 宜 令

榮業所基 [75] 영업소기 | 위에서 말한 모든 것은 큰 사업,
즉 높은 관직의 기초가 되고

籍甚無竟 [76] 자심무경 | 명성은 자자해서 끝이 없게
해 준다

榮 (영화 영) 영화, 영달, 꽃, 번성하다
業 (업 업) 일, 기예, 직업, 소행, 생계, 기초, 시작
所 (곳 소) 곳, 바, 지위, 경우, 기초, 도리, 관청
基 (터 기) 터, 기초, 사업, 꾀하다, 근거하다
籍 (온화할 자) 온화하다, 너그럽다
　 (문서 적) 문서, 서적, 장부, 호적, 기록하다
甚 (심할 심) 심하다, 지나치다, 몹시
無 (없을 무) 없다, 아니다, 말다, 비다, 무엇, 비록, 무릇, 대체로, 모두
竟 (마침내 경) 다하다, 끝나다, 끝내다, 끝, 마침내, 도리어, 두루 미치다

명성은 자기를 피하는 사람을 따라간다.
Honor follows him who flees from it.(로마 속담)
성공한 사람은 명성을 잃지 않는다.
A successful man loses no reputation.(서양 속담)
명예가 없는 사람은 시체보다 못하다.
A man without honor is worse than dead.(스페인 속담)

■ '영업'은 큰 사업 또는 위대한 공적을 뜻한다. 자(籍)는 예전에 '藉'로
표기했는데 같은 뜻이다. '자심'은 평판이나 명성이 높다는 뜻이다. 군자는
덕을 기초로 해서 영예로운 관직을 얻는 것이다. 한나라 무제 때 사마상여
(司馬相如)는 어려서 부모를 사별하고 남의 집에서 돼지 키우는 일을 했다.
그런데 돼지들을 버려둔 채 매일 서당에 가서 글 읽는 소리에 귀를 기울였
다. 선생은 그의 사람됨을 알아보고는 초막을 지어 주고 공부를 하도록 했
다. 그는 10년 동안 열심히 공부해서 대단한 실력을 갖추고 자허상림부(子
虛上林賦)를 지었고 나중에 무제의 비서가 되었다.

■ 관직이란 국가 권력을 유지하는 그물이다. 관리가 아무리 번쩍이는 제복을 입고 위세를 부린다 해도 그 관직 자체가 명예로운 것은 아니다. 다만 훌륭한 덕과 인격을 갖춘 유능한 인재가 관직을 차지하고 수많은 백성에게 혜택을 베푼다면, 비로소 그 관직에 명예가 따르게 되는 것이다. 그렇지 못한 관직은 백성들에게는 저주의 대상이고 본인에게는 치욕의 샘터이다.

최고의 자리에 앉은 군주들조차도 제 구실을 못하고 백성들을 괴롭힌 경우에는 살아서도 죽어서도 명예를 얻지 못했다. 역사상에는 수천수만 명의 군주들이 있었다.

군주를 섬긴 수상이나 장관 따위는 바닷가의 모래알처럼 많았다. 요즈음도 전 세계에는 200명 이상의 국가 원수가 있고, 그 밑의 각료와 장관급 관리들은 수십만 명에 이른다. 말단 관리까지 합치면 인류의 3분의 1이 관리일 것이다.

籍甚無竟

學優登仕

[77] 학우등사 | 배운 것이 넉넉하면
벼슬길에 오르고

攝職從政

[78] 섭직종정 | 직책을 맡아서 나라를 다스리는
일에 참여할 수 있다

學 (배울 학) 배우다, 학문, 학자, 학교, 학파, 가르침
優 (넉넉할 우) 넉넉하다, 후하다, 뛰어나다, 광대
登 (오를 등) 오르다, 싣다, 등용하다, 더하다
仕 (벼슬할 사) 벼슬, 벼슬하다, 섬기다
攝 (당길 섭) 당기다, 잡다, 다스리다, 보좌하다
職 (벼슬 직) 벼슬, 다스리다, 직분, 직위, 직업, 공물
從 (좇을 종) 좇다, 나아가다, 다가서다, 하다, 말미암다, 세로
政 (정사 정) 정사(政事), 바로잡다, 법규, 관직

먼저 자격을 갖춘 뒤에 자리를 바라도록 하라.
First deserve and then desire.(영국 속담)
좋은 머리는 스스로 모자를 얻는다.
A good head will get itself hats.(서양 속담)
지식은 보물이지만 실천은 보물 상자를 여는 열쇠이다.
Knowledge is a treasure, but practice is the key to it.(서양 속담)
지혜로운 사람에게는 주어지는 기회보다 스스로 만드는 기회가 더 많다.
A wise man will make more opportunities than he finds.(서양 속담)

■ 자하는 "배워서 실력이 우수하면 벼슬길에 나선다."고 했다(논어 자장편
子張篇). 군자는 학문의 수준이 매우 높아진 뒤에 비로소 관리가 되고 작위
와 봉록을 받는다.

　전국시대 때 합종책을 제창한 소진(蘇秦)이 공부를 10년 했는데도 학문을
이루지 못한 채 집으로 돌아갔다. 그러자 형수와 아내가 아는 척도 안 했다.
그는 "사나이가 출세를 못 하면 아내도 형수도 경멸한다."고 탄식하고는 귀
곡(鬼谷) 선생을 찾아가서 제자가 되었다. 졸릴 때마다 송곳으로 허벅지를

찔러 가며 3년을 공부한 뒤 드디어 높은 경지에 도달했다. 여섯 나라의 제후를 설득하여 그는 여섯 나라의 재상을 겸하게 되었다. 이번에는 형수도 60리 밖까지 마중을 나와 주었다. 소진은 자신의 출세가 형수 덕분이라고 말했다.

군자는 또한 중요한 직책을 맡아서 법을 시행한다. 연주(兗州)의 군사령관 구도(苟道, 또는 순도 荀道)는 도둑질하다 잡힌 자기 조카를 법에 따라 처형했다. 그리고 시체 앞에서 통곡하며 이렇게 말했다. "너를 사형에 처한 것은 연주의 군사령관이고 지금 너를 위해 통곡하는 것은 네 아저씨 구도다." 그러자 그 지방에서는 법을 어기는 사람이 없었다.

━ 예전의 학문이란 몇몇 분야의 전문 지식뿐만 아니라 사물의 시비를 가리고 인격과 세상을 다스리는 경륜까지 포함한 것이었다. 그리스의 철학이 자연과학과 윤리학 등을 포괄한 것과 마찬가지다. 또한 동서양에는 문무를 겸비한 인재들이 적지 않았다. 르네상스 시대의 레오나르도 다 빈치는 화가일 뿐만 아니라 비행기를 고안해 낸 만능의 천재였다. 그래서 학문의 수준이 높은 사람이 벼슬길에 나서는 것을 누구나 당연하다고 보았다.

지금은 시대가 변해서 소위 전문가들이 각 분야에서 일을 한다. 정부와 민간의 활동 영역이 겹치는 부분도 날로 증가한다. 그러나 유능한 인재가 필요하다는 사실만은 만고불변의 철칙이다. 적재적소의 원칙이 무너지고 무능하거나 사악한 사람을 발탁하면 쇠망한다는 것도 변함이 없는 진리다.

攝 職 從 政

存以甘棠 [79] 존이감당 │ 아가위나무를 고스란히 보존하고
去而益詠 [80] 거이익영 │ 그가 간 뒤에도 시를 읊어 더욱 사모했다

存 (있을 존) 있다, 보존하다, 살피다
以 (써 이) ~로써, ~부터, ~를, ~와, 함께, 그리고
甘 (달 감) 달다, 즐기다, 만족하다, 맛 좋은 음식, 익다
棠 (아가위나무 당) 아가위나무, 해당화, 산앵두나무
去 (갈 거) 가다, 죽다, 과거, 버리다, 피하다, 덜다
而 (말 이을 이) 그리하여, 그러나, 너, 그러하다, 곧
益 (더할 익) 더하다, 증가, 효험, 이득, 넉넉하다, 많이, 차츰
詠 (읊을 영) 읊다, 노래하다, 시가를 짓다, 노래의 가사

좋은 물건은 잃고 나서야 비로소 그 가치를 안다.
We know a good thing when we have lost it.(프랑스 속담)
우물이 마를 때까지는 물의 가치를 모른다.
We never know the worth of water till the well go dry.(서양 속담)
해가 비칠 때는 아무도 관심이 없지만 해가 지면 누구나 해를 생각한다.
When the sun shines nobody minds it, but when it is eclipsed all consider him.(서양 속담)
빛이 그림을 드러내듯 명성은 미덕을 드러낸다.
Reputation serves to virtue as light does to a picture.(서양 속담)

■ 주나라 소공(召公, 무왕의 동생)은 성왕을 도와 서쪽 지방을 다스렸다. 그는 남쪽 마을을 순행할 때 백성들이 하는 일에 방해가 될까 염려해서 마을에 들어가지 않고 아가위나무 밑에 임시 거처를 마련하고 모든 사무를 처리했다. 이런 그 덕분에 서쪽 나라 전체가 평화롭게 지냈다. 그가 죽은 뒤에도 백성들은 그의 덕을 사모하여 아가위나무를 베지 않고 보존했다. 그리고 아가위나무의 노래를 지어 부르면서 더욱 추모했다.

存以甘棠

■ 정치의 근본은 백성을 편안하게 해 주는 것이다. 의식주에 불편이 없게 해 주는 것이다. 모든 사람에게 법을 공정하게 적용하여 정의를 세우는 것이다. 군사력을 충분히 길러서 나라를 안전하게 보존하는 것이다.

주변의 모든 나라와 마찰을 일으키지 않고 사이 좋게 지내도록 원대하고 능숙한 외교를 펼치는 것이다. 이 가운데서도 가장 중요한 것은 백성들의 삶의 질을 높이는 것이다. 동서고금을 막론하고 경제와 민생이 근본이라는 것이다.

주나라 소공처럼 백성을 진심으로 아끼고 사랑하며 정의를 세우는 지도자는 사람들의 가슴속에서 길이 살아남는다. 조선시대의 왕 27명 가운데 세종대왕이 그런 인물이다. 백성을 우습게 보고 괴롭히는 지도자란 살아 생전에도 무수한 사람들의 입을 통해 비난과 원망을 받는다. 연산군이 바로 그랬다.

소공이나 세종대왕 같은 인물을 사람들이 그리워하며 노래를 부르는 사회는 이미 병든 사회다. 현재 그들을 다스리고 있는 지도자가 가혹하거나 무능하거나 썩었다는 의미이기 때문이다.

去 而 益 詠

樂殊貴賤
[81] 악수귀천 | 음악은 신분의 귀천에 따라 다르고

禮別尊卑
[82] 예별존비 | 예의는 신분의 높고 낮음을 구별하여 지켰다

樂 (풍류 악) 풍류, 연주하다, 악기 (즐거울 락) 즐겁다, 풍년, 편안하다 (좋아할 요) 좋아하다, 바라다
殊 (다를 수) 다르다, 특히, 넘다, 떠나다, 크다, 죽이다, 베다
貴 (귀할 귀) 귀하다, 높다, 비싸다, 우수하다, 존경하다, 번영하다
賤 (천할 천) 천하다, 싸다, 낮다, 흔하다
禮 (예도 례) 예도, 예절, 절, 인사, 폐백, 대접하다
別 (다를 별) 다르다, 따로, 나누다, 헤어지다, 떠나다, 갈래, 이별
尊 (높을 존) 높다, 우러러보다, 무겁다, 소중하다 (술통 준) 술통, 좇다
卑 (낮을 비) 낮다, 천하다, 치사하다, 가깝다

고귀한 신분에는 의무가 따른다.
Noble birth compels.(서양 속담)
주는 것은 부자의 임무이다.
To give is the business of the rich.(괴테)
지위가 높을수록 죄는 더욱 무겁다.
The greater the man the greater the crime.(서양 속담)

■ 예전에 임금이 음악을 만들게 한 것은 신분의 귀천을 구별하기 위해서였다. 임금의 춤은 팔일(八佾), 즉 가로 세로 각각 8명씩 64명이 추는 것이고 제후는 육일, 즉 36명, 대부는 사일, 즉 16명, 일반인은 이일, 즉 4명이 추는 것이다. 노나라의 대부인 계씨가 팔일의 춤을 추게 한 것은 임금의 자리를 넘보는 무엄한 짓이었다.

예의도 신분을 구별하고 질서를 세우기 위한 것이다. 공자는 "예의가 아니면 군신, 상하, 장유(長幼), 남녀, 부자, 형제, 혼인, 친소 관계 등을 구별할 수 없다."고 했다(예기 애공문 哀公問).

■ 유럽에서 귀족 제도가 무너지기 시작한 것은 18세기 말 프랑스 혁명 때였다. 노예 제도는 19세기 중엽 미국의 남북전쟁에서 무너졌다. 우리 나라에서 양반 제도가 무너진 것은 20세기 초이다. 20세기는 전쟁의 세기였다. 지난 100년 동안 세상은 놀랍게 변했다.

자본주의든 사회주의든 어느 나라에나 권력층과 특권층이 있는데 그들이 사실상의 현대판 귀족이다. 돈과 권력을 거의 독점하고 있기 때문이다.

반면에 현대판 노예도 엄연히 있다. 그들은 법의 보호를 받지 못하는 사람들이다. 길바닥에서 잠을 자는 노숙자들이 그렇다. 인신매매를 당하는 사람들이 그렇다. 폭력 조직의 밥이 되는 사람들이 그렇다. 돈이 없어서 병원에도 가지 못하고 죽는 사람들이 그렇다. 독재자 밑에서 정치범 수용소에 갇힌 수많은 사람들이 그렇다. 아무리 우주시대라 해도 무수한 형태의 무수한 노예가 있다.

신분 제도가 없어졌다고 해서 반드시 행복한 새 세상이 열리는 것은 아니다. 문제는 현대판 귀족들이 과거의 귀족과 달리 자기 의무를 망각하거나 외면한다는 데 있다.

禮別尊卑

上和下睦 [83] 상화하목 | 윗사람이 따뜻하게 대하면 아랫사람이 공경하고

夫唱婦隨 [84] 부창부수 | 남편이 말을 하면 아내가 그 말을 따른다

上 (위 상) 위, 높다, 임금, 옛날, 첫째, 우수하다, 올라가다, 바치다
和 (화할 화) 따뜻하다, 온화하다, 화목하다, 합계
下 (아래 하) 아래, 토지, 내리다, 내려가다, 떨어지다
睦 (화목할 목) 화목하다, 공손하다, 삼가다, 친하다
夫 (지아비 부) 남편, 사내, 일꾼, 병정, 대저
唱 (부를 창) 노래, 외치다, 말을 꺼내다, 인도하다
婦 (아내 부) 아내, 며느리, 여자, 정숙하다
隨 (따를 수) 따르다, 근거하다, 잇다, 거느리다, 때마다

친절한 말은 혀를 닳게 하지 않는다.
Kind words don't wear out the tongue.(서양 속담)
훌륭한 남편이 훌륭한 아내를 만든다.
A good husband makes a good wife.(서양 속담)
좋은 아내는 절대로 불평하지 않는다.
It is a good wife that never grumbles.(영국 속담)
여자는 달처럼 남에게서 빌려온 빛으로 빛난다.
Women, like moon, shine with borrowed light.(서양 속담)

■ 아버지가 자애로우면 자식은 효도하게 마련이다. 임금이 올바르면 신하는 충성한다. 형이 우애를 보이면 아우는 존경한다. 남편이 신의를 지키면 아내는 정절을 지킨다. 효경에서는 "예의와 음악으로 인도하면 백성들이 화목하게 지낸다."고 했다.

후한의 양홍(梁鴻)은 세상을 피해서 숨어 사는 선비인데 맹씨의 딸을 아내로 맞았지만 일 년이 지나도록 아내와 말을 하지 않았다. 아내가 어느 날 이유를 묻자 그는 그녀가 비단 옷을 입고 연지와 분을 바르고 있는 것이 싫

上和下睦

다고 말했다.

아내는 즉시 비단 옷을 벗고 베옷을 입었으며 화장을 지웠다. 그제야 양홍이 기뻐했다. 부창부수란 아내가 남편의 뜻에 따라 행동한다는 말이다.

■ 사람이 모여 사는 곳에는 어디나 상하관계가 있게 마련이다. 그리고 상하관계가 있는 곳에서는 그 조직이 크든 작든 질서가 반드시 확립되어야 한다. 사회 조직의 최소 기본 단위인 가정도 마찬가지다. 올바른 질서가 와해되면 조직도 무너진다.

그런데 질서라는 것은 군대와 경찰, 또는 이와 유사한 무력만으로 유지되는 것이 아니다. 국가 권력보다 더 효과적으로 질서를 세우고 유지하는 것은 수직적 상호 신뢰와 수평적 화목이다.

수직적 상호 신뢰는 상하관계에 필요한 것이다. 윗사람이 신의, 성실, 정직, 자애 등 사람의 바른 도리를 지킨다면 쉽게 이루어진다. 아랫사람들은 윗사람을 본받게 마련이다.

윗물이 먼저 맑아야 아랫물이 맑은 것이다. 만일 윗사람이 권모술수에만 몰두하고 측근과 자기 패거리만 감싸고 돈다면, 게다가 눈에 벗어난 사람들을 가혹하게 탄압한다면 상호 신뢰는 유리처럼 순식간에 깨지고 만다.

夫 唱 婦 隨

外受傳訓
入奉母儀

[85] 외수부훈 | 밖에서는 스승의 가르침을 받고

[86] 입봉모의 | 집에 들어와서는 어머니의
모범을 보고 배운다

外 (바깥 외) 바깥, 외국, 외가, 남, 멀리하다
受 (받을 수) 받다, 얻다, 잇다, 응하다
傅 (스승 부) 스승, 후견인, 받들다, 문서, 베풀다
訓 (가르칠 훈) 가르치다, 인도하다, 경계하다, 해석하다
入 (들 입) 들어가다, 넣다, 몰두하다, 수입(收入)
奉 (받들 봉) 받들다, 바치다, 양육, 봉급
母 (어미 모) 어머니, 유모, 암컷, 땅, 근원, 밑천
儀 (거동 의) 거동, 모형, 마땅하다, 본뜨다, 짝

부모는 본보기다.

Parents are patterns.(서양 속담)

아이들이 어떤 사람이 되는가는 부모에게 달렸다.

Children are what you make them.(서양 속담)

나뭇가지는 여릴 때 휘게 해야 한다.

Best to bend while it is a twig.(영국 속담)

그 어머니에 그 딸이다.

Like mother, like daughter.(서양 속담)

흙을 잘 부수지 않으면 토기를 만들 수 없다.

Unless the clay is well pounded the vase is not fashioned.(로마 속담)

■ 남자는 10세가 되면 밖에 나가서 스승에게 배운다(예기 내칙 內則). 그리고 13세에 소학에 들어간다(상서 尙書). 여자는 10세가 되면 바깥에 나가지 않고 집 안에서 어머니에게 예의를 배운다. 온화한 말씨와 태도, 어른의 말을 잘 듣고 순종하는 법을 배우는 것이다.

外 受 傳 訓

■ 교육은 국가의 백년대계(百年大計)이다. 그래서 초등학교 이전의 유아 교육에 대해서도 많은 관심을 기울인다. 평생 교육이라는 말도 있다. 그래서 대학 이후의 사회 교육에 주목하고 있다.

교육은 근본적으로 '사람'을 길러내는 것이다. 그러니까 그 방향은 두 가지가 된다. 하나는 사람다운 사람, 즉 덕을 함양하고 원숙한 인격을 갖춘 참사람을 길러내는 것이다.

또 하나는 사회 발전에 필요한 각 분야의 인재를 양성하는 것이다. 물론 인재의 기능을 비교하면 그 단계가 무수히 많다. 사람마다 능력이 다르기 때문에 지식과 기능은 천차만별이다.

그러나 교육과정을 통해서 누구나 예외 없이 반드시 도달해야만 하는 목표가 바로 참사람이다. 하나라도 배우는 것은 사람다운 사람이 되기 위한 것이다. 이것이 이루어지지 않는다면 그런 교육은 실패다.

지식의 전달과 흡수만이 교육이라고 생각하는 것은 눈이 둘 있는데도 한쪽 눈으로만 세상을 보는 짓과 같다. 오로지 지식만이 교육의 목표라면 모든 학교는 당연히 폐쇄되어야 할 것이다. 컴퓨터, 텔레비전, 도서관, 책, 학원, 가정교사 등이 학교의 역할을 얼마든지 대신해 줄 것이다.

入奉母儀

諸姑伯叔

[87] 제고백숙 | 고모, 백부, 숙부는 아버지의 형제자매이고

猶子比兒

[88] 유자비아 | 조카는 친자식과 같다

諸 (모두 제) 모두, 모으다, 간수하다, 어조사
姑 (시어미 고) 시어머니, 고모, 시누이, 장모, 아직, 잠깐
伯 (맏 백) 맏아들, 백부, 형, 우두머리, 백작
叔 (아저씨 숙) 아저씨, 형제 중 셋째, 시동생, 줍다, 젊다, 끝, 말세, 콩
猶 (오히려 유) 오히려, 같다, 마땅히, 닮다, 머뭇거리다, 느리다
子 (아들 자) 아들, 자녀, 열매, 남자, 스승, 너, 당신
比 (견줄 비) 비교하다, 비례하다, 모방하다, 따르다, 고르다, 비기다
兒 (아이 아) 아이, 젖먹이, 자식, 아들

피는 물보다 진하다.

Blood is thicker than water.(독일 속담)

너 자신과 가족들에게 먼저 베풀고 여력이 있으면 남들에게 베풀라.

Do good to yourself and yours, and then to others if you can.

(이탈리아 속담)

자선은 자기 집에서 제일 먼저 시작한다.

Charity first begins at home.(로마 속담)

아내가 없는 사람은 여자에게 옷을 잘 입히고 자녀가 없는 사람은 아이들을
잘 먹인다.

Who has not a wife clothes her well; who has no children feeds
them well.(이탈리아 속담)

■ '유자'는 조카를 의미한다. 여기서 비(比)는 비교한다는 뜻이 아니라 나
란히 한다, 동등하게 취급한다, 즉 조카들을 자기 자식과 똑같이 대한다는
뜻이다.

　진(晉)나라의 국방장관 치감(郗鑒)은 학식이 풍부하고 행동이 올바른 인물

諸　姑　伯　叔

로 유명하다. 그가 젊었을 때 유원해(劉元海)의 반란이 일어났다. 유원해의 아들 유총(劉聰)은 낙양을 점령하고 회제(懷帝)를 살해했으며 한때 스스로 황제가 되었다. 이 무렵 치감은 굶주려 죽을 지경에 이르렀다. 동네 사람들은 그가 굶어죽는 것을 바라지 않았기 때문에 차례로 그를 집에 초청해서 밥을 먹여 주었다.

그가 조카 둘을 데리고 가자 사람들은 조카들에게는 밥을 줄 형편이 아니라고 거절했다. 그래서 그는 혼자 초대에 응했다. 그리고 밥을 입에 가득 물고 집으로 돌아와 토한 뒤 그것을 조카들에게 먹여서 목숨을 유지시켰다. 조카들을 자기 자식처럼 대한 것이다.

■ 부모와 친자식과 마찬가지로 부모의 형제자매 그리고 조카들을 대우해야만 한다는 정신은 매우 아름답다. 시대가 바뀌고 생활 양식이 달라진 오늘날에도 이 정신을 그대로 실천하는 훌륭한 사람들이 있기는 하다. 그러나 그리 쉬운 일은 아니다.

친척보다는 가까운 친구나 이웃과 한층 긴밀한 협력 관계를 유지하며 살아가는 것이 현대인의 일반적인 모습일 것이다. 이것도 나름대로 좋은 면이 있다. 다만 아쉬운 것은 친척이든 친구든 이웃이든, 자기 자신과 가깝거나 친한 사람들과만 정을 주고 협력한다는 것이다.

모든 인류가 형제라는 추상적이고 철학적인 말은 설득력이 없을지도 모른다. 그러나 무한한 우주 공간에 떠 있는 먼지 같은 별인 지구 위에서 자기와 동시대를 살아가는 모든 인류가 서로 형제가 아니면 무엇인가?

혈육, 우정, 친지라는 것이 그토록 절대적인 가치 척도인가? 오히려 전혀 모르는 사람들을 자기 형제처럼 따뜻하게 도와주고 보살펴 주는 것이 한층 더 고귀한 인간애가 아니겠는가!

猶子比兒

孔懷兄弟
同氣連枝

[89] 공회형제 | 몹시 서로 그리워하는 것은 형제 사이인데

[90] 동기연지 | 형제란 한 줄기에서 갈라져 나간 가지이기 때문이다

孔 (구멍 공) 구멍, 매우, 몹시, 통하다, 크다, 헛되다, 공작새
懷 (품을 회) 품다, 가슴, 마음, 생각, 길들이다, 편안하다
兄 (맏 형) 맏이, 벗을 높여 부르는 말, 늘다, 자라다, 뛰어나다, 어른
弟 (아우 제) 아우, 자기의 겸칭, 제자, 순서, 공손하다
同 (한가지 동) 한가지, 같다, 모이다, 조회, 무리, 화합하다
氣 (기운 기) 기운, 날씨, 숨, 공기, 기상, 마음, 냄새, 느낌
連 (잇닿을 련) 이어지다, 잇다, 잇닿다, 끌다, 늘어 세우다, 동반자, 친척
枝 (가지 지) 가지, 나누어지다, 흩어지다, 팔다리, 버티다

나쁜 형제라 해도 그를 해치는 것은 신을 모독하는 것으로 보라.
Regard it as impiety to hurt even a bad brother.(세네카)
나무 줄기가 죽으면 가지들도 죽는다.
If the trunk dies, the branches die too.(스와힐리 속담)
친척 백 명보다 참된 친구 한 명이 더 낫다.
Better one true friend than a hundred relations.(이탈리아 속담)

■ '동기'는 같은 부모의 정기를 받은 사이라는 의미로 형제를 말한다. 형제는 이렇게 같은 기운을 받은 사이고 또한 같은 나무에서 갈라져 나간 나뭇가지이므로 서로 사랑하고 화목하게 지내야만 한다. 시경에서는 "죽고 장사지내는 두려움에는 형제가 몹시 그리운 법이다. 들이나 뻘에 모여 살아도 형제들만 서로 찾는다."고 했다(소아 상체편 小雅 常棣篇)

후한의 강굉(姜肱)은 형제가 여섯이고 모두 결혼한 몸이지만 언제나 형제들이 모두 함께 식사를 하고 잠도 같이 잤다. 외출할 때도 옷을 서로 바꾸어 입고 나갔다. 그만큼 우애가 깊었던 것이다.

孔懷兄弟

■ 지상에 인구가 희박하던 시절에는 형제가 아무리 많아도 각자 개척할 땅이 얼마든지 있었다. 그럴 때는 형제가 많다는 것은 세력이 강하다는 의미로 통했다.

그들은 외부의 세력에 대항하기 위해서라도 단결하고 협력해야만 했다. 물론 효도라는 절대적인 원칙 아래 형제간의 우애가 늘 강조되어 온 것도 사실이다.

그러나 새로 개척할 땅이 거의 없어진 이후, 한정된 토지나 재산에서 나오는 소득을 나누어 먹어야 하고, 부모의 사후에는 그것을 나누어 가져야 하는 상황에서는 형제간의 우애를 보는 시각도 근본적으로 달라질 수밖에 없는 것이다. 왕위 쟁탈전이나 상속을 둘러싼 투쟁이 무자비하게 전개되었다. 유산을 둘러싼 형제간의 싸움은 지금도 계속된다.

대도시가 발달한 오늘날 형제간의 우애를 효도라는 관점에서만 강조해 봤자 그다지 효과가 없다. 자녀가 하나 또는 둘인 가정에서는 우애라는 말 자체가 의미가 없다.

同氣連枝

交友投分
切磨箴規

[91] 교우투분 | 친구를 사귀는 데는 분수에 맞게 서로 뜻이 통해야 하고

[92] 절마잠규 | 학문과 덕을 닦아 경계하며 서로 잘못을 고쳐 주어야 한다

交 (사귈 교) 사귀다, 바꾸다, 왕래하다, 번갈아, 성교하다
友 (벗 우) 벗, 사귀다, 형제를 사랑하다, 우애
投 (던질 투) 던지다, 내버리다, 주다
分 (나눌 분) 나누다, 분별하다, 구별, 명분, 한계
切 (끊을 절) 끊다, 적절하다, 절실하다, 매우 (모두 체) 모두, 대략
磨 (갈 마) 갈다, 닳다, 맷돌, 찧다
箴 (경계할 잠) 경계하다, 바늘, 돌 침, 꽂다
規 (법 규) 법, 모범, 베끼다, 꾀하다, 바로잡다

좋은 친구는 금과 은보다 낫다.
Better a good friend than silver and gold.(서양 속담)
친구를 보면 그 사람을 안다.
He is known by his companions.(로마 속담)
어려울 때 도와주는 친구가 참된 친구이다.
A friend in need is a friend indeed.(서양 속담)

━ '투분'은 뜻이 일치한다, 의기가 투합한다는 의미이다. '절마'는 절차탁마(切磋琢磨)의 준말로 본다. 맹자는 "착한 일을 권고하는 것이 친구의 도리"라고 말했다(맹자 이루하 離婁下).

후한 말기의 관녕(管寧)과 병원(邴原)은 절친한 친구인데 같이 길을 가다가 커다란 금 덩어리를 발견했다. 그들은 서로 사양하다가 금을 그대로 두고 떠났다. 그리고 괭이를 메고 가는 사람을 만나 그에게 금 덩어리가 있는 곳을 가르쳐 주었다.

그가 그곳에 가 보니 뱀이 물려고 덤볐다. 그래서 괭이로 뱀의 허리를 잘라 버리고 두 사람을 책망했다. 그들이 다시 그 자리에 가서 보니 금 덩어

리가 둘로 잘려 있어서 하나씩 가지고 갔다. 그래서 그들처럼 돈독한 우정을 단금지교(斷金之交), 즉 쇠를 자르는 우정이라고 한다. 위나라를 세운 조조(曹操)가 그들을 몹시 존경하여 벼슬을 주려 했지만 그들은 받지 않았다. 이것은 관녕과 화흠(華歆)의 이야기라는 설도 있다.

■ 참된 우정은 사랑과 마찬가지로 이해관계를 초월해서 상대방의 행복을 원한다. 그래서 착한 일을 하도록 서로 격려하고 협력하는 것이다. 반면에 이익을 바라거나, 언젠가 특혜를 받을 것이라는 기대를 걸거나, 나쁜 일에 손을 잡는 관계는 가짜 우정이다.

정치 단체의 동지 관계는 그들이 아무리 굳게 맹세해도 어떤 이익이 전제되어 있기 때문에 결국은 거짓 우정에 불과하다. 폭력 조직 단원들 사이의 유대는 처음부터 참된 우정이 될 수가 없다. 나쁜 짓으로는 아무도 행복해질 수가 없는데 그들은 나쁜 짓을 목적으로 하기 때문이다.

수많은 사람이 거짓 우정에 속는 이유는 간단하다. 누구나 참된 우정을 갈망하지만 현실에는 참된 우정이 너무나도 드물기 때문이다. 그리고 누구나 참된 친구를 얻고 싶어하면서도 자기가 먼저 상대방에게 참된 친구가 되려고 노력하는 사람은 거의 없기 때문이다. 자기 목숨을 바쳐서 참된 친구가 되려는 의지가 없다면 참된 친구 결코 얻지 못한다.

切磨箴規

仁慈隱惻

[93] 인자은측 | 어질고 남을 사랑하고 불쌍하게 여기는 마음이

造次弗離

[94] 조차불리 | 잠시라도 마음속에서 떠나서는 안 된다

仁 (어질 인) 어질다, 인자하다, 자애, 동정, 인(仁)
慈 (사랑할 자) 사랑, 인정, 어머니
隱 (숨을 은) 숨다, 희미하다, 고요하다, 불쌍히 여기다
惻 (슬퍼할 측) 슬퍼하다, 불쌍히 여기다
造 (지을 조) 짓다, 세우다, 만나다, 때, 잠깐
次 (버금 차) 버금, 뒤를 잇다, 차례, 행렬, 위계, 기회, 갑자기
弗 (아닐 불) 아니다, 말다, 어기다
離 (떠날 리) 떠나다, 끊다, 구별하다, 이별하다, 어긋나다

인류애를 언제나 우리 목표로 삼자.
Let humanity ever be our goal.(괴테)
가난한 사람에게 자선을 베풀면 창고가 더욱 가득 찬다.
Giving to the poor increases a man's store.(서양 속담)
남을 위해 아무것도 하지 않는 사람은 자기를 위해서도 아무것도 하지
않는다.
Who does nothing for others does nothing for himself.(괴테)

■ 인(仁)은 인(人)과 이(二)를 합친 글자이다. 두 사람이 서로 대할 때 진심
으로 친한 것, 즉 다른 사람을 진심으로 사랑한다는 뜻이다. '조차'는 잠깐
사이 또는 갑자기라는 뜻이다. 맹자는 "남을 불쌍히 여기는 마음은 인(仁)의
근본이다."라고 했다(맹자 공손추장 公孫丑章).
　한나라 때 우공(于公)이 동해군(東海郡, 지금의 산동성 해안지방)에서 재
판소 관리 노릇을 하고 있었다. 그곳에 효심이 극진한 과부가 시어머니를
모시고 살았는데 시어머니가 90세에 죽었다. 그러자 시누이는 그녀가 자기
어머니를 독살했다고 고발했다. 우공은 그녀가 그런 짓을 할 사람이 아니라

仁慈隱惻

고 변호해 주었지만 통하지 않았다. 결국 그녀는 사형을 받았다. 그러자 그 지방에 3년 동안 흉년이 들었다. 우공의 건의에 따라 그녀의 무덤 앞에서 제사를 지내자 비가 내렸다.

후한의 장봉(張奉)은 안양현(安陽縣)의 탁월한 원님이었다. 한 여자가 남편을 살해한 뒤 집에 불을 지르고는 남편이 불을 끄다가 죽었다고 소문을 냈다. 장봉이 돼지 두 마리를 가져오라고 한 뒤, 한 마리는 죽여서 불에 던지고 한 마리는 산 채로 불에 던졌다.

그리고 꺼내 보니 죽여서 넣은 돼지는 입에 아무것도 없고 산 채로 던진 돼지는 입에 재를 물고 있었다. 시체를 조사해 보니 입 안에 아무 것도 없었다. 이를 근거로 심문하자 여자는 결국 자백했다. 이것은 오나라 장거(張擧)의 이야기라는 설도 있다.

■ 생물 가운데 같은 종끼리 서로 잡아먹는 것은 매우 드문 일에 속한다. 이것은 짐승마저도 같은 종에 대해서는 친밀감을 느껴서 해치지 않겠다는 본능이 작용한다는 의미다.

그러나 사람은 사람을 잡아먹었고 산 제물로 바쳐 왔다. 식인종이나 인신 제사 풍습이 사라진 것은 장구한 인류 역사에 비추어 보면 최근에 속하는 일이다. 그것도 아주 사라진 것은 아니고 묘한 형태로 변형되었을 뿐이다.

그러한 변형 가운데 하나가 가난하고 힘없고 불쌍한 사람들에 대해 자비를 베풀기는커녕 몰인정하거나 외면하거나 착취 또는 학대하는 행위이다. 이것은 그런 사람을 잡아먹거나 사회적 제물로 바치는 것과 마찬가지다.

造次弗離

節義廉退

[95] 절의염퇴 | 절개와 의리와 청렴함과 사양하는 도리를 지키는 것은

顚沛匪虧

[96] 전패비휴 | 엎어지고 자빠져도 결코 버려서는 안 된다

節 (마디 절) 마디, 곡조, 절개, 예절, 때, 행사, 절제하다
義 (옳을 의) 옳다, 충성, 의리, 의미, 이치
廉 (청렴할 렴) 청렴하다, 결백하다, 검소하다, 값이 싸다
退 (물러날 퇴) 물러나다, 사양하다, 뒤떨어지다, 물리치다
顚 (엎어질 전) 엎어지다, 정수리, 뒤집다, 넘어뜨리다
沛 (자빠질 패) 자빠지다, 비 쏟아지다, 많다
匪 (아닐 비) 아니다, 도둑, 악한, 대나무 상자
虧 (이지러질 휴) 이지러지다, 줄어들다, 부서지다

정신은 정복되지 않는다.
The mind remains unconquered.(로마 속담)
정의는 모든 미덕의 여왕이다.
Justice is the queen of virtues.(로마 속담)
신용을 잃으면 죽은 것과 같다.
He that has lost his credit is dead to the world.(서양 속담)
정직해질 의무는 있지만 부자가 될 의무는 없다.
We are bound to be honest, but not to be rich.(영국 속담)

■ 논어에서는 "군자는 식사 한 끼를 하는 동안에도 인(仁)을 멀리해서는 안 된다. 엎어지고 자빠져도 반드시 이것을 지켜야 한다."고 했다.

한나라의 소무(蘇武)는 흉노족의 포로가 되어 19년 동안 억류되어 있었지만 절개를 굽히지 않았다. 후한 말기의 공문봉(孔文奉, 공융 孔融)은 일곱 살에도 배를 먹을 때 자기는 나쁜 것을 먹고 좋은 것은 부모를 위해 남겨두었다. 이러한 효도의 마음은 선천적인 의리인 것이다. 춘추시대 때 초나라의 손숙오(孫叔敖)는 수상의 신분이면서도 가죽옷을 입고 여윈 말을 타고

다닌 매우 청렴한 인물이었다. 은나라의 백이(伯夷)와 숙제(叔齊)는 끝까지 벼슬을 받지 않고 사양한 고결한 선비였다.

■ 절개를 굽히지 않고 목숨마저 버린 인물은 역사상 헤아릴 수 없이 많다. 소크라테스와 예수가 그 대표적인 경우다. 『유토피아』의 저자인 영국의 토머스 모어, 고려 말기의 정몽주, 조선 초기의 사육신 등도 그렇다.

당시에 많은 사람들은 그들의 죽음을 어리석다고 조롱하거나 비웃었다. 그러나 정작 참으로 어리석은 쪽은 그들을 죽인 권력자들이었다. 기세 등등하던 권력자들도 불과 몇 년 내지 몇 십 년 뒤에는 모두 죽었고 후세의 냉혹한 평가를 받았던 것이다.

육체는 죽이지만 영혼은 죽일 수 없는 권력자들을 두려워하지 말라고 한 예수의 말은 역사의 본질을 꿰뚫어 보는 탁월한 지혜에서 나온 영원한 명언이었다.

그런데 요즈음은 목숨의 위협이 없는데도 불구하고 절개나 의리를 헌신짝처럼 버리는 저명인사들이 적지 않다. 자유민주주의가 발달할수록 그런 인사들이 많아지는 것인지는 몰라도 정상적인 현상은 결코 아니다. 정직, 신의, 청렴결백, 초연한 자세를 지키는 사람들이 무시되고 조롱이나 탄압을 받는 사회는 병이 들어도 매우 심한 중병에 걸린 것이다.

顚沛匪虧

性靜情逸 [97] 성정정일 | 성품이 고요하게 가라앉아 있으면 마음이 편안하고

心動神疲 [98] 심동신피 | 마음이 움직이면 정신이 피곤해진다

性 (성품 성) 성품, 마음, 모습, 성욕, 남녀와 자웅의 구별
靜 (고요할 정) 고요하다, 침착하다, 맑다, 바르다, 쉬다
情 (뜻 정) 뜻, 마음의 작용, 진심, 사실, 형편
逸 (편안할 일) 편안하다, 만족하다, 뛰어나다, 숨다, 없어지다
心 (마음 심) 마음, 느낌, 의지, 염통, 가슴, 가운데, 심지
動 (움직일 동) 움직이다, 변하다, 난리, 행동, 동물
神 (귀신 신) 귀신, 신령, 정신, 혼, 마음
疲 (피로할 피) 지치다, 피로, 앓다, 노쇠하다, 나른하다

편안하지 않은 삶은 삶이 아니다.
It is not life unless you are at ease.(프랑스 속담)
사람을 부유하고 행복하게 만드는 것은 정신의 부유함뿐이다.
It is the riches of the mind that make a man rich and happy.
(서양 속담)
모든 것은 생각하기 나름이다.
Everything is as you take it.(서양 속담)

■ 성품은 사람이 날 때 타고나는 마음이고 정신은 마음을 움직이는 주체이다. 마음이 움직이면 기쁘고 화나고 슬프고 즐겁고 사랑하고 미워하고 욕심 내는 일곱 가지 정이 생긴다.

공자가 길을 가다가 사슴가죽 옷을 입고 거문고를 타는 노인을 만났다. 송영자(宋英子, 영계기 英契期)라는 그 노인에게 무슨 즐거움이 있는지 물으니 노인은 세 가지 즐거움이 있다고 했다. 만물 가운데 사람으로 태어난 것, 남자로 태어난 것, 일생을 100년으로 칠 때 70세는 드문 것인데 92세까지 살아 있는 것이 즐겁다고 했다. 공자는 그를 현명하다고 칭찬했다.

性 靜 情 逸

■ 요즈음 사람들은 이상한 병에 걸려 있으면서도 자신이 환자라는 사실을 깨닫지 못한다. 그 병은 혼자 조용하게 보내는 시간을 두려워하는 것이다. 주 5일 근무제로 주말과 휴일의 여가 시간이 배로 늘었지만 마음은 더욱 불안하다.

그래서 사람들은 끊임없이 휴대전화를 건다. 일부러라도 사람들과 만나 먹고 마신다. 인터넷으로 채팅도 한다. 갑자기 늘어난 대량의 실업자들과 백수들은 시간을 어떻게 보내야 좋을지 몰라 거리를 방황한다.

사회 전체에 먹을 것이 절대적으로 부족하거나 생존에 필요한 식량을 구하기가 극히 어렵던 시절에는 이런 현상이 없었다. 하루 종일 일해도 입에 풀칠하기가 바빴던 시절에는 여가라는 것이 없었던 것이다. 그래서 혼자 자유롭게 보내는 시간을 얻기를 얼마나 열망했는지 모른다.

사람은 원래가 고독한 존재다. 다른 사람들과 함께 있어도 고독은 사라지지 않는다. 먹고 마시고 떠들면서 자신이 고독한 존재라는 사실을 잠시 잊어버리고 있을 뿐이다.

心 動 神 疲

守眞志滿 [99] 수진지만 | 참된 도리를 지키면
뜻이 가득 차서 만족하고

逐物意移 [100] 축물의이 | 재물을 따라가면
마음도 거기 쏠리게 마련이다

守 (지킬 수) 지키다, 보살피다, 원님, 절개, 임시
眞 (참 진) 참되다, 순수하다, 천성, 초상(肖像), 천진
志 (뜻 지) 뜻, 뜻하다, 감정, 절개, 기록
滿 (찰 만) 가득 차다, 풍족하다, 곡식이 익다, 교만하다, 속이다
逐 (쫓을 축) 쫓다, 물리치다, 옮아가다, 구하다, 다투다, 달리다
物 (물건 물) 만물, 물건, 재물, 일, 무리, 견주다, 죽다, 직업
意 (뜻 의) 뜻, 의미, 생각하다, 추측하다, 정취, 사욕(私慾)
移 (옮길 이) 옮기다, 변하다, 떠나다, 모내기하다

가득 찬 마음은 거짓말을 결코 하지 않았다.
A full heart lied never.(스코틀랜드 속담)
모든 것을 탐내면 모든 것을 잃는다.
All covet, all lose.(서양 속담)
재산은 욕망을 충족시키기는커녕 더욱 증가시킨다.
Riches rather enlarge than satisfy appetites.(서양 속담)
불의로 모은 재산은 3대를 가지 못한다.
A third heir never enjoys ill-gotten goods.(라틴어 속담)

━ 진(眞)은 도(道)를 말한다. 인간 본연의 참된 마음을 의미하는 것이다. 후한의 신도반(申屠蟠)은 가난함을 편하게 여기고 고요한 것을 좋아했다. 그는 도(道)를 맛보고 참된 마음을 지켰으며, 이랬다 저랬다 하지 않고 절개를 지켰다. 문중자(文中子)에는 "뜻을 잘 가다듬으면 부귀를 누리는 사람보다 더 여유가 있고, 도의를 존중하면 왕이나 제후를 부러워하지 않게 된다."고 했다(문이편 問易篇).

■ 온 세상의 모든 토지와 돈을 자기 손아귀에 넣을 수 있는 사람은 단 한 명도 없다. 또한 온 세상을 마음대로 지배할 수 있는 사람도 없다. 설령 그런 사람이 있다고 해도 그는 결코 만족하지 못할 것이다. 그 다음에는 달을 탐내고 온 우주를 탐낼 것이다.

그리고 몇 년 못 가서 땅 속으로 들어가고 말 것이다. 사후에 그가 차지하는 땅이란 불과 몇 평 안 된다. 그나마도 실제로는 차지하는 것이 아니라 잠시 빌리는 것뿐이다. 진시황제의 무덤도 파헤쳐진 지 오래다. 이집트 파라오 왕들의 무덤도 이미 모두 텅 비었다.

재물이란 사람이 한세상 살아가는 동안 필요한 만큼만 있으면 그것으로 충분하다. 많으면 걱정이 생기고, 부족하면 불편하다. 이것은 영양 섭취가 너무 많으면 몸이 괴롭고, 모자라면 병에 걸려 쓰러지는 것과 같다.

逐物意移

堅持雅操 [101] 견지아조 | 깨끗한 지조를 굳게 지키면
好爵自縻 [102] 호작자미 | 좋은 벼슬이 저절로 따라온다

堅 (굳을 견) 단단하다, 굳세다, 강하다, 변하지 않다, 갑옷
持 (가질 지) 가지다, 지키다, 버티다, 의지하다
雅 (바를 아) 바르다, 우아하다, 맑다, 아리땁다
操 (잡을 조) 잡다, 조종하다, 지조, 군사훈련
好 (좋을 호) 좋다, 아름답다, 사랑하다, 친하다, 우의
爵 (벼슬 작) 벼슬, 술잔, 참새
自 (스스로 자) 스스로, 몸소, 저절로, 말미암다
縻 (얽어맬 미) 고삐, 얽어매다, 갈다

하늘이 무너진다 해도 너의 뜻은 실현시켜라
Let the heavens fall, but let your will be done.(라틴어 속담)
합법적인 일이 아니라 옳은 일을 하는 것이 훌륭하다.
It is praiseworthy to do what is right, not what is lawful.(로마 속담)
정직한 사람은 자신의 정직함을 결코 후회하지 않는다.
No honest man ever repented of his honesty.(서양 속담)

■ '아조'는 깨끗한 지조, 올바른 지조를 말한다. 이것을 잘 지키면 사람들
의 존경을 받고 임금도 그를 믿게 된다. 그러면 높은 벼슬이 그에게 저절로
따르게 마련이다. 진서(晉書)에서는 "쇠와 돌 같은 깊은 마음을 지키고 소나
무와 대나무 같은 깨끗한 지조를 다듬었다."고 했다(충의전론 忠義傳論). 역
경(易經)에서는 "나에게 좋은 벼슬이 있으니 내가 너와 함께 이것을 가질 것
이다."라고 했다(중부괘 中孚卦). 맹자는 인(仁), 의리, 충성, 신의, 선한 것을
좋아하는 마음은 하늘이 주는 벼슬(천작 天爵)이고, 공경대부(公卿大夫)와
같은 작위는 사람이 주는 벼슬(인작 人爵)이라고 했다. 천작을 잘 지키면 인
작이 자연히 따른다는 것이다.

堅 持 雅 操

■ 천작과 인작에 관한 맹자의 말은 장관급 이상의 관리를 선발하고 임명할 때 마땅히 지켜야 할 기준과 원칙을 선언한 것이다. 학식이나 재주보다는 사람다운 사람인지 여부를 먼저 살펴보라는 말이다. 물론 이 원칙은 모든 관리에게 적용해야 마땅하다.

바로 이러한 기준과 원칙에 따라 관리를 가려 뽑는 나라의 지도자는 훌륭하다. 그러나 이것을 무시하고 친분, 정실, 이해관계 등에 따라 아무나 임명한다면 지도자의 자격이 없다. 더욱이 매관매직을 한다면 지도자 자신도 그 자리에서 축출되어야 한다. 따라서 맹자는 최고지도자의 자격을 판단하는 기준도 아울러 선언한 것이다.

맹자가 이러한 기준과 원칙을 선언한 것을 보면 맹자 당시에도 이것이 제대로 지켜지지 않았다는 것을 알 수 있다. 이것이 지켜지지 않기 때문에 세상이 혼란스럽고 백성들이 심한 고생을 했다. 인사(人事)가 만사(萬事)라는 말은 예전이나 지금이나 변함없는 원칙이다.

好爵自縻

都邑華夏
東西二京

[103] **도읍화하** | 제국의 수도를 화하에 건설했는데

[104] **동서이경** | 동쪽과 서쪽 두 군데에 수도가 있다

都 (도읍 도) 도읍, 성(城), 나라, 모이다, 모두, 대개, 크다
邑 (고을 읍) 고을, 영지, 답답하다, 흐느껴 울다
華 (빛날 화) 빛나다, 영화, 광택, 화려하다, 꽃피다, 명성
夏 (여름 하) 여름, 하나라, 안거(安居), 크다
東 (동녘 동) 동쪽, 오른쪽, 봄, 주인
西 (서녘 서) 서쪽, 서쪽으로 가다, 서양
二 (두 이) 둘, 두 번, 둘로 나누다, 두 마음, 다음, 버금, 거듭
京 (서울 경) 서울, 수도, 크다, 높다

교황이 있는 곳에 로마가 있다.
Where the Pope is, Rome is.(이탈리아 속담)
모든 길은 로마로 통한다.
All roads lead to Rome.(서양 속담)
런던의 길들은 황금으로 포장되어 있다.
London streets are paved with gold.(영국 속담)

━ 도(都)는 천자가 있는 곳이고 읍은 역대 임금의 종묘를 말한다. 그래서 도읍은 수도를 의미한다. '화하'는 중국인이 자기 나라를 자랑해서 부르는 말이다. 동쪽에는 주나라 성왕이 수도를 정해서 동도(東都) 또는 성주(成周)라고 했는데, 후한 광무제 이후로 낙양(洛陽) 또는 동경(東京)이라고 부른다.

서쪽의 장안(長安)에는 한나라 고조가 수도를 정해서 서경(西京)이라고 불렀다. 동쪽 수도에 있던 왕조는 동주(東周), 동한(東漢), 위진(魏晉), 후조(後趙), 후위(後魏)이고, 서쪽 수도에 있던 왕조는 서주(西周), 서진(西秦), 서한(西漢), 후주(後周), 수(隋), 당(唐)이다. 진시황제는 수도를 함양(咸陽)에 두었다. 북경(北京)은 명나라 영락제 때부터 수도가 되었다.

■ 국가라고 하면 단일민족 국가를 흔히 연상한다. 그러나 국가에는 여러 가지 형태가 있다. 하나의 민족이 여러 나라를 이루는 경우도 있는데 독일, 오스트리아가 그렇다. 의미가 약간 다르기는 하지만 중국과 대만, 한국과 북한 등도 여기에 속한다고 볼 수 있다.

반면에 여러 민족이 하나의 나라를 이루는 다민족 국가도 있다. 미국, 러시아, 중국, 인도, 스위스, 벨기에, 그리고 나이지리아를 비롯한 아프리카 대부분의 나라들이다. 인디오족을 포함하는 남미의 여러 나라도 여기에 속한다고 볼 수 있다.

극소수의 이민족을 포함하는 나라는 일본, 네덜란드, 프랑스, 스페인 등이 있다. 하나의 민족이 여러 나라에 분산되어 국가를 이루지 못하는 경우도 있다. 이란, 이라크, 터키 등에 분산된 쿠르드 민족이 대표적인 예다.

국가는 이론적으로 만들어지는 것이 아니라 역사적으로 형성되는 것이다. 인류 역사에서 흥망성쇠를 거듭한 수많은 국가들 가운데 중국, 마케도니아, 이집트, 바빌로니아, 페르시아, 로마, 몽고, 러시아 등은 다민족 국가였다. 그리고 국가의 지상 목표는 모든 국민의 번영과 행복이다.

東 西 二 京

背邙面洛

[105] 배망면락 | 낙양은 북망산을 등지고 낙수강을 바라보고 있으며

浮渭據涇

[106] 부위거경 | 장안은 위수 강가에 위치하여 경수강을 의지한다

背 (등 배), (배반할 배) 등, 뒤, 햇무리, 배반하다, 물러나다, 등지다
邙 (산 이름 망) 북망산, 고을 이름
面 (낯 면) 얼굴, 앞, 겉, 방향, 가면, 면, 눈앞, 향하다
洛 (강 이름 락) 낙수 강, 낙양(洛陽), 잇닿다
浮 (뜰 부) 뜨다, 떠오르다, 근거 없다, 덧없다, 정처 없다, 낚시찌, 부낭
渭 (강 이름 위) 위수(渭水), 속이 끓다
據 (의거할 거) 근거하다, 웅거하다, 증거로 삼다, 의지하다
涇 (통할 경) 통하다, 흐르다, 강 이름

거대한 도시는 거대한 고독을 의미한다.
A great city means a great loneliness.(로마 속담)
천 년 뒤에도 강은 여전히 흐를 것이다.
A thousand years hence the river will run as it did.(서양 속담)
강은 샘이 필요하다.
Rivers need a spring.(서양 속담)

■ 낙양 뒤쪽에 북망산이 있는데 이곳에는 위나라와 진(晉)나라의 고관이 많이 매장되어 있다. 낙양 앞쪽에는 낙수, 이수(伊水), 간수(澗水), 전수(瀍水) 등 네 개의 강이 있는데 모두 합류하여 황하로 들어간다. 장안에 관해서 문선(文選)에서는 "앞쪽에는 종남산(終南山)과 대일산(大一山)이 있고 이곳의 남전(藍田)에서 귀한 옥이 난다."고 했다(서경부 西京賦). 장안 뒤쪽에는 위수, 경수, 애수(涯水), 풍수(灃水), 박수(泊水), 산수(滻水), 호수(滈水), 노수(澇水), 역수(瀝水) 등 아홉 개의 강이 있다. 장안은 위수에 떠 있는 것처럼 보인다.

背邙面洛

■ 대도시들은 큰 강을 끼고 있다. 인간 생활에 가장 필요한 것이 바로 물이기 때문이다. 또한 많은 물자를 수송하는 데는 육로보다 수로가 더 편리하고 경제적이라는 점을 사람들은 알았던 것이다. 로마에는 테베레강, 파리에는 센강, 런던에는 템스강, 카이로에는 나일강, 서울에는 한강이 있다. 낙양과 장안이 황하를 끼고 건설된 것은 매우 자연스러운 일이다.

도시 인구가 수백 만에서 천만 명에 이르면 강물은 오염되고 만다. 대규모의 식수 정화 장치가 필요한 것이다. 그리고 위에서 내려오는 토사 때문에 강 밑바닥이 점점 높아진다.

그래서 끊임없이 준설 작업을 해야 한다. 사람들이 강을 제대로 돌보지 않으면 강은 사람들에게 보복한다. 오염에 따른 질병 그리고 범람은 강의 보복인 것이다.

강물은 무한한 것처럼 보이지만 사실은 강물도 말라버린다. 나라의 힘도 마찬가지다. 부지런히 일하고 세금을 바쳐서 항상 유사시에 대비해야 한다는 교훈을 주는 것이다. 물론 나라의 힘을 통치자가 얼마나 지혜롭게 사용하는가 하는 것은 언제나 중대한 문제이다. 힘이란 모으기도 어렵지만 잘 쓰기는 더욱 어려운 것이다.

浮 渭 據 涇

宮殿盤鬱 [107] 궁전반울 | 궁전의 건물들은
울창한 숲처럼 촘촘히 들어섰고

樓觀飛驚 [108] 누관비경 | 누각들은 매우 높아서
하늘을 날아갈 듯 놀라운 것이다

宮 (집 궁) 집, 궁궐, 종묘, 담, 두르다, 궁형(宮刑)
殿 (전각 전) 큰 집, 대궐, 전각, 절, 존칭
盤 (소반 반) 소반, 쟁반, 대야, 서리다, 편안하다 (통자: 磐)
鬱 (막힐 울) 막히다, 답답하다, 우거지다, 성하다, 성내다
樓 (다락 루) 다락, 다락집, 망루, 겹치다, 포개지다, 기생집
觀 (볼 관) 보다, 드러내다, 볼품, 경치, 대궐, 누각, 견해
飛 (날 비) 날아가다, 오르다, 날리다, 흩어지다, 높다, 빠르다, 새
驚 (놀랄 경) 놀라다, 두려워하다, 동요하다, 문란해지다, 허둥대다, 빠르다

높은 건물일수록 기초가 깊다.
High buildings have a low foundation.(서양 속담)
왕궁에서는 각자가 자기 자신을 지켜야 한다.
In the king's court everyone is for himself.(프랑스 속담)
한 번도 공격당하지 않은 성은 지키기 쉽다.
It is easy to keep a castle that was never assaulted.(서양 속담)
로마에서 살면서 교황과 다투는 것은 어리석다.
It is folly to live in Rome and strive with the Pope.(서양 속담)

■ 궁(宮)은 담 위로 드러나 보이는 큰 집을 의미하는데 나중에는 임금이 평소에 거처하는 곳을 말하게 되었다. 안사고(安師古)는 "예전에는 궁궐 안에 있는 것만이 아니라 일반적으로 높고 큰 집을 모두 전이라 불렀다."라고 말했다. 단옥재(段玉裁)는 "예전에는 아래위에 있는 집을 모두 당이라 했고 한나라 때 이것을 전이라고 불렀지만 당나라 이후로는 신하의 집을 전이라고 부르지 못했다."고 했다. 따라서 전(殿)이란 임금이 나랏일을 보는 곳 또는 궁궐에 딸린 높고 큰 집을 가리킨다.

■ 군주들은 자기 세력을 과시하기 위해서 궁궐을 화려하게 짓게 마련이다. 가혹한 세금을 거두고 수많은 인력을 강제로 동원한다. 그리고 사치와 안일에 젖는다.

영주들도 자기 성(城)을 짓는 데 군주의 흉내를 낸다. 모든 권력이 집중되어 있기 때문에 궁궐은 항상 각종 음모와 권력 투쟁의 무대가 된다. 또한 최고의 보물이 쌓여 있는 곳이기 때문에 약탈과 파괴의 목표물이 된다.

그래서 나라가 망하면 궁궐은 폐허가 되는 것이다. 중국의 함양, 장안, 낙양은 물론이고 바빌로니아, 페르시아, 이집트, 그리스, 로마 등 거대한 제국들의 수도가 모두 폐허로 변했다. 고구려, 백제, 신라, 고려의 왕궁들도 마찬가지다. 설령 아직까지 남아 있다 해도 그것은 관광객들의 호기심을 채워 주는 관광 상품에 불과하다.

화려한 궁궐을 완성하고 난 군주는 그것이 천 년, 만 년 유지되리라 믿었을 것이다. 아니, 그렇게 되기를 간절히 기원했을 것이다. 그러나 모두 헛된 꿈이었다.

그들은 영원히 무너지지 않는 궁궐이란 바로 백성들의 마음속에 자리잡은 충성심이라는 사실을 깨닫지 못한 것이다. 눈에 보이는 화려한 궁궐을 짓고 사치에 빠질 것이 아니라 올바른 정치를 하고 정의를 세우는 것이야말로 세상에서 가장 견고한 궁궐을 짓는다는 사실을 그들은 진작 깨달았어야 마땅하다.

樓 觀 飛 驚

圖寫禽獸 [109] 도사금수 | 온갖 새와 짐승이 그려져 있고

畫彩仙靈 [110] 화채선령 | 신선과 신령들도
천연색으로 그려져 있다

圖 (그림 도) 그림, 그리다, 꾀하다, 헤아리다, 책, 도장, 지도, 탑
寫 (베낄 사) 베끼다, 모방하다, 쏟다, 없애다
禽 (새 금) 새, 짐승, 사로잡다
獸 (짐승 수) 짐승, 말린 고기
畫 (그림 화) 그림, 그리다, 채색
　　(그을 획) 선을 긋다, 나누다, 구획, 꾀하다, 계책, 글자의 획
彩 (채색 채) 채색, 무늬, 고운 빛깔, 빛, 모양, 도박 (통자: 采)
仙 (신선 선) 신선, 고상한 사람, 도교
靈 (신령 령) 신령, 영혼, 신령하다, 신묘하다, 목숨, 정성, 좋다, 아름답다
　　효험, 존엄, 행복

그림은 말 없는 시이다.
A picture is a dumb poem.(로마 속담)
그림과 싸움은 멀리서 바라보라.
On painting and fighting look afar off.(영국 속담)
화가들과 시인들은 거짓말을 하는 허락을 받았다.
Painters and poets have leave to lie.(스코틀랜드 속담)
악마를 벽에 그리면 그가 직접 나타나고 만다.
By dint of painting the devil on the walls he ends by appearing in person.(프랑스 속담)

■ 누각에는 새와 짐승을, 궁전에는 신선, 신령, 성현들을 그리고 아름답게 채색했다. 임금이 그것을 보고 스스로 덕을 닦도록 한 것이다. 신선은 늙어도 죽지 않는 존재인데 산 속으로 들어가서 산다. 신령은 사람의 능력을 초월하는 일을 해내는 존재를 말한다.

■ 군주들은 당대의 최고 예술가들을 동원해서 궁전을 걸작품으로 장식했다. 과거의 걸작품들을 수집도 했다. 그들은 허영과 오만 때문에 서로 경쟁했다. 중세 유럽에서 영주들이 경쟁적으로 화려한 성당을 건축한 것도 그런 맥락이다. 덕분에 고대로부터 근대에 이르기까지 수많은 걸작품들이 탄생하여 루브르 박물관, 바티칸 박물관, 대영 박물관 등에 보존되었다.

군주, 영주, 대부호 등이 최고 예술가를 동원해서 벽화나 초상화를 그리게 한 것은 세력의 과시라는 목적 이외에도 자기 모습을 후대에 길이 남기려는 본능도 작용한 것이다. 그러나 결국 그들은 예술가에 대한 자신의 열등감을 간접적으로 드러내고 말았다. 초상화의 인물이 아니라, 바로 그 초상화를 그린 예술가가 위대하다는 것을 후세 사람들이 두고두고 인정하기 때문이다.

畫彩仙靈

丙舍傍啓 [111] 병사방계 | 궁궐 안 건물들의 출입구는 황제의 거처 옆으로 열려 있고

甲帳對楹 [112] 갑장대영 | 멋진 휘장들은 큰 기둥을 향해 걸려 있다

丙 (남녘 병) 남쪽, 셋째, 밝다, 굳세다
舍 (집 사) 집, 관청, 거처하다, 무엇, 놓다, 버리다, 쉬다, 30리
傍 (곁 방) 곁, 가까이하다, 의지하다, 시중들다, 부득이하다
啓 (열 계) 열다, 시작하다, 뚫리다, 깨닫게 하다, 인도하다, 아뢰다
甲 (갑옷 갑) 갑옷, 무장한 병사, 첫째, 우두머리, 아무개, 껍질, 법령
帳 (장막 장) 장막, 휘장, 군막, 천막, 공책, 장부, 휘장 등을 세는 단위
對 (대할 대) 대하다, 대답하다, 마주보다, 당하다, 짝, 상대, 만나다, 같다
楹 (기둥 영) 둥글고 굵은 기둥

훌륭한 사람들이 사는 집이 좋은 집이다.
The house is a fine house when good folks are within.(서양 속담)
건물을 짓는 것은 가난하게 되는 지름길이다.
Building is a sweet impoverishing.(서양 속담)
바보는 집을 짓지만 지혜로운 사람은 그것을 산다.
Fools build houses, and wise men buy them.(영국 속담)

━ 병사는 후한 때 궁중의 정전 양쪽에 있던 별채로 갑, 을, 병 등으로 차례를 두었는데, 그 세 번째 방이 병사이다. 그러나 여기서는 모든 방을 의미하며 신하들이 쉬는 곳이다. 한나라 무제는 갑장과 을장(乙帳)이라는 두 개의 장막을 만들어 정전의 양쪽 기둥 사이에 설치했다. 야광주 등 진귀한 구슬로 장식한 갑장은 신의 거처로 삼고 을장은 무제 자신의 거처로 삼았다. 여기서 갑장은 아름다운 휘장을 의미한다.

丙舍傍啓

■ 고대 이집트의 파라오 왕들은 즉위하자마자 자신의 피라미드를 짓기 시작했다. 모든 국력을 기울여서 대대적인 토목 공사를 벌인 것이다. 수십 년씩 걸리는 그런 공사 때문에 무거운 세금에 허덕이던 백성들의 원성이 자자했다.

왕조가 수없이 바뀐 것은 당연한 결과였다. 만리장성을 쌓은 진(秦)나라나 대규모 운하를 판 수(隋)나라는 20~30년 만에 망했다. 조선 말기의 대원군도 경복궁을 재건하기 위해 무리수를 두었다. 당백전 따위를 발행해서 국가 경제를 흔들었다. 그는 자기 무덤을 스스로 판 것이다.

모든 일에는 거기 알맞은 시기가 있고 우선 순위라는 것이 있는 법이다. 수천억, 수조 원이 드는 국가적인 대규모 사업도 마찬가지다. 백성들의 생활을 윤택하게 하고 나라의 경제를 튼튼하게 만들고 난 뒤에 그런 사업을 시작해도 늦지 않다. 아니, 반드시 그렇게 해야만 한다. 그런데 권력을 과시하거나 거품 같은 인기를 얻기 위해서 순서를 뒤바꾼다면 권력 자체가 무너지고 만다.

남의 돈으로 정치를 하거나 예산이 아까운 줄 모르는 오만한 통치자는 언제나 눈이 멀어서 판단을 그르친다. 그의 곁에 바른 말을 하는 사람이 없기 때문이다.

甲帳對楹

肆筵設席　[113] 사연설석 | 돗자리를 깔아서 잔치 자리를
　　　　　　　　　　　　　　마련하고

鼓瑟吹笙　[114] 고슬취생 | 비파를 연주하고 생황을 분다

肆 (베풀 사) 베풀다, 늘어놓다, 시장, 드디어, 까닭
筵 (대자리 연) 대나무 돗자리, 깔개의 총칭, 좌석, 장소
設 (베풀 설) 베풀다, 만들다, 갖추다, 가령, 연회, 설비, 준비하다
席 (자리 석) 자리, 깔다, 베풀다, 벌여 놓다, 의지하다, 돛
鼓 (북 고) 북, 치다, 맥박, 연주하다, 부추기다
瑟 (비파 슬) 비파, 큰 거문고, 많은 모양, 엄숙하다, 바람소리, 쓸쓸하다
吹 (불 취) 불다, 숨쉬다, 부추기다, 바람
笙 (생황 생) 대나무 관악기 생황, 대자리

성대한 잔치는 어딘가 잘못되는 법이다.
There is no great banquet but some fares ill.(서양 속담)
잔치는 우정을 낳지 못한다.
Feasting makes no friendship.(영국 속담)
바보는 잔치를 베풀고 지혜로운 사람은 그 음식을 즐긴다.
Fools make feasts and wise men eat them.(서양 속담)
연주할 줄 모르는 사람은 악기를 만져서는 안 된다.
Who cannot play should not touch the instrument.(네덜란드 속담)

■ 맨땅에 깐 것이 연(筵)이고 그 위에 깐 것을 석(席)이라고 하는데 둘 다
같은 것이다. 비파는 복희씨가 처음 만든 것인데 줄이 25개로 우리 나라의
거문고와 같다. 생황은 피리의 한 가지인데 우(竽)와 같은 것이다.
　임금의 정전 안에는 동서로 좌석을 각각 아홉 개씩 마련했다. 좌석마다
가로가 아홉 자, 세로가 일곱 자이다. 제후들과 신하들이 모여 임금을 뵙는
날 잔치를 열고 악기를 연주하게 했다.

肆 筵 設 席

■ 로마 제국에서는 잔치가 정적을 독살 또는 암살하는 기회로 자주 이용되었다. 특히 아우구스투스 황제 때 황후는 이때를 이용해 증거를 남기지 않고 교묘하게 독살하기로 유명했다. 그래서 모두 그녀를 두려워했다.

절름발이에다가 말을 더듬는 역사가이자 황제인 클라우디우스는 자신의 세 번째 부인이 음탕하게 논다는 것을 알면서도 외면하고 있다가 결국은 그녀의 손에 독살을 당하고 말았다.

잔치를 즐기다가 파멸한 왕들도 있다. 백제의 의자왕은 충신들을 죽이고 먹고 마시며 놀다가 나라마저 뺏기고 당나라의 포로가 되었다. 말로가 비참한 것은 자업자득(自業自得)이다. 후백제의 견훤은 포석정에서 잔치를 벌이고 노는 신라의 경애왕을 습격하여 죽이고 경순왕을 세웠다. 경순왕은 신라의 마지막 왕이다.

요즈음의 피로연이나 각종 기념 파티도 잔치는 잔치다. 그런데 합법을 가장하여 거액의 뇌물을 바치거나 한 밑천 거두어들이는 기회로 악용되기도 한다.

鼓瑟吹笙

陞階納陛　[115] 승계납폐 | 신하들이 계단을 올라가
　　　　　　　　　　　　임금의 궁전으로 들어가는데

弁轉疑星　[116] 변전의성 | 관에 달린 구슬들이 흔들리는
　　　　　　　　　　　　모습이 별인 듯 의심이 든다

陞 (오를 승) 오르다, 전진하다, 승진하다
階 (섬돌 계) 섬돌, 계단, 차례, 계급, 뜰
納 (바칠 납) 바치다, 받아들이다, 거두다, 신을 신다
陛 (섬돌 폐) 대궐 섬돌, 사다리, 서열, 실마리, 인연, 오르다
弁 (고깔 변) 고깔, 관, 서두르다, 무서워 떨다, 손바닥 치다
轉 (구를 전) 구르다, 넘어지다, 회전하다, 돌아눕다, 옮겨가다
疑 (의심할 의) 의심하다, 주저하다, 비슷하다, 비교하다
星 (별 성) 별, 세월, 천문, 점, 흩어지다, 희끗희끗한 모양

호칭은 대개 허구이니 너무 믿지 말라.
Don't rely too much on labels, for too often they are fables.(서양 속담)
신하들은 군주가 피리를 부는 대로 춤을 추어야만 한다.
What the princes fiddle the subjects must dance.(독일 속담)
군주를 섬기면 슬픔을 알게 된다.
Serve a lord and you will know what sorrow is.(스페인 속담)
군주를 섬기는 직책은 상속되지 않는다.
Service of a lord is not inheritance.(프랑스 속담)
왕의 궁전에는 사람들은 많지만 친구는 없다.
The halls of kings are full of men, but void of friends.(세네카)

■ 임금이 오르내리는 계단인 폐(陛)는 덮개로 덮여 있고 아홉 층으로 되어
있다. 납폐는 천자가 제후에게 하사하는 아홉 가지 포상 가운데 다섯 번째
에 해당하는 것이다. 공경(公卿)은 왼쪽 발을 먼저 들어 동쪽 계단으로 올라
가고, 대부는 오른쪽 발을 먼저 들어 서쪽 계단으로 올라간다. 변(弁)은 주
나라 때부터 제후들이 조회 때 쓰는 사슴가죽 모자인데 솔기를 오색의 옥으

陞 階 納 陛

로 장식하여 별처럼 보인다. 시경에서는 "관의 구슬들이 별과 같다."고 했다 (국풍 기오 國風 淇奧). 지위에 따라 구슬의 수효가 많거나 적었다. 선비가 쓰는 관에는 구슬 장식이 없다. 피변(皮弁)은 지위의 고하를 막론하고 두루 평상시에 쓰는 관이다.

■ 신하나 가신이란 아무리 지위가 높아도, 황금의 관을 쓰거나 관에 수천 개의 옥구슬을 달아도, 결국은 군주의 소유물에 불과하다. 군주가 기분 내키는 대로 내뱉는 말 한마디에 목이 뎅겅 달아난다. 군주의 미움을 받으면 온 집안이 몰살되기도 한다.

이쯤 되면 시궁창을 어슬렁거리는 개만도 못한 신세다. 물론 유비 현덕 같은 명군을 만난 제갈공명이라면 한없이 행복한 신하가 되겠지만, 그런 팔자는 예외 중의 예외이지 아무에게나 닥치는 것이 결코 아니다. 그런 경우를 천재일우(千載一遇)라고 한다.

오늘날의 각료들은 최고지도자의 소유물이 물론 아니다. 그렇다고 해서 그 팔자가 고대의 신하들에 비해 더 나을 리는 없다. 일회용 반찬고로 이용당하고 나서 버림받는 경우가 얼마나 많은가!

그런데도 불구하고 수많은 지식인, 학자, 언론인, 심지어는 종교인마저도 권력자가 자기를 불러 주기를 학수고대(鶴首苦待)하고 있다.

弁 轉 疑 星

右通廣內 [117] 우통광내 ㅣ 정전의 오른쪽은 광내전(廣內殿)으로 통하고

左達承明 [118] 좌달승명 ㅣ 왼쪽은 승명전(承明殿)에 이른다

右 (오른쪽 우) 오른쪽, 위쪽, 서쪽, 곁, 돕다
通 (통할 통) 통하다, 꿰뚫다, 지나가다, 간음하다, 널리, 모두
廣 (넓을 광) 넓다, 직경, 크다, 공허하다, 무덤
內 (안 내) 안, 아내, 부녀자, 대궐, 국내, 뱃속, 생각, 몰래, 비밀, 친하다
　　(들일 납) 받아들이다 (여관 나) 여관(女官)
左 (왼쪽 좌) 왼쪽, 깔보다, 싫어하다, 아래에 두다, 그르다, 증거, 돕다
達 (다다를 달) 다다르다, 보내다, 정통하다
承 (이을 승) 잇다, 받아들이다, 돕다, 차례, 후계 (건질 증) 건지다
明 (밝을 명) 밝다, 날이 새다, 확실하다, 나타나다, 결백하다, 희다, 낮, 빛

영혼의 약들을 모은 상자.
The medicine chest of the soul.(어느 도서관 입구의 그리스어 격언)
저속한 사람들은 들어오지 말라!
Let no profane person enter!(베른 도서관 정문의 격언)
도서관은 고대 성인들의 모든 유해가 보존되어 쉬는 신전이다.
Libraries, which are as the shrines where all the relics of the
ancient saints are preserved and reposed.(프랜시스 베이컨)

■ 광내는 왕궁의 안뜰인데 대내(大內)라고도 한다. 한나라 궁중에는 책을
보관하는 연각(延閣)과 광내전이 있었다. 이 두 가지가 모두 왕궁 도서관이
다. 승명은 임금이 자는 숙소인 승명전인데 한나라 때 미앙궁(未央宮)에 있
던 궁전의 명칭이다. 또한 승명은 신하들이 숙직하던 장소인 승명려(承明廬)
를 가리키기도 한다. 이것은 한나라 때 책을 보관하고 토론을 하던 장소인
석거각(石渠閣)의 문 밖에 위치했다.

右通廣內

■ 번쩍거리는 금은 보석만이 보물은 아니다. 눈에 보이지 않는 지식도 보물이다. 아니, 참된 지식이야말로 진짜 보석이다. 도서관은 인류가 수만 년에 걸쳐서 축적한 모든 지식과 지혜를 한자리에 집결해 놓은 보물 창고이다.

그래서 기원전 시대의 고대 왕국들은 도서관을 매우 소중하게 여겼다. 나라 힘의 원천으로 본 것이다. 함무라비 시대의 바빌로니아 왕궁 도서관과 알렉산드리아의 도서관이 특히 유명하다. 물론 지금은 남아 있지 않다.

그러나 도서관에 아무리 수천만 권의 책이 있다 해도 그것을 제대로 이용하고 열심히 공부하는 사람이 없다면 아무 소용이 없다. 컴퓨터에 온 세상의 지식이 모조리 입력되어 있다 해도 컴퓨터 자체를 켜지 않는 것과 같다.

수만 권의 장서를 자랑하는 사람이 책을 한 권도 읽지 않는 것과 마찬가지다. 입시 공부나 취직 시험 준비를 위해서만 이용하는 도서관은 책의 무덤일 뿐이다.

더욱 한심한 것은 도서관 건물은 그럴듯하게 지어 놓고 책다운 책을 제대로 갖추어 놓지 않는 짓이다. 예산이 없다거나, 사서가 부족하다는 핑계로 좋은 신간 서적들을 구입하지 않는 도서관은 회 칠한 무덤에 불과하다.

左 達 承 明

旣集墳典

[119] 기집분전 | 삼분(三墳)과 오전(五典)을 이미 모아 놓았고

亦聚群英

[120] 역취군영 | 또한 수많은 인재들이 모여들었다

旣 (이미 기) 이미, 원래, 이윽고, 끝나다, 다하다
集 (모을 집) 모으다, 머무르다, 가지런하다, 문집, 평온하다
墳 (무덤 분) 무덤, 언덕, 둑, 크다, 나누다
典 (법 전) 법, 본보기, 책, 가르침, 의식, 떳떳하다, 주관하다, 저당잡다
亦 (또 역) 또한, 모두, 크게, 대단히
聚 (모을 취) 모으다, 쌓다, 많다, 무리, 함께, 마을
群 (무리 군) 무리, 모으다, 부류, 친족, 여러, 많은, 합치다, 화합하다
英 (꽃부리 영) 꽃, 꽃부리, 영웅, 아름답다, 뛰어나다, 명예

책은 가장 훌륭한 충고자이다.
Books are the best advisers.(로마 속담)
그 작가에 그 책이다.
Like author, like book.(영국 속담)
모든 사람이 학자라면 세상은 멸망할 것이다.
The world would perish were all men learned.(서양 속담)
왕궁의 학자는 원숭이들 가운데 있는 당나귀다.
A mere scholar at court is an ass among apes.(서양 속담)

■ 삼분은 삼황(三皇)의 일을, 오전은 오제(五帝)의 일을 기록한 옛날 책을 말하는데 중국의 모든 고전을 가리킨다. 또한 삼분은 복희, 신농, 황제에 관한 책이고, 오전은 소호, 전욱, 고신, 당요, 우순(少昊, 顓頊, 高辛, 唐堯, 虞舜)에 관한 책이라는 설도 있다. 진시황제는 책을 불태우고 수백 명의 학자들을 산 채로 땅에 파묻어 죽이는 분서갱유(焚書坑儒)라는 무도한 짓을 저질렀다. 그래서 한나라 때에는 석거각(石渠閣)을 설치하고 수많은 책을 모아들였고 오경의 본문을 연구하도록 한 것이다.

旣集墳典

■ 책에는 좋은 책과 나쁜 책, 보석 같은 책과 쓰레기보다 못한 책이 있다. 따라서 무슨 책이든 가리지 않고 많이 읽는다고 해서 반드시 많은 지식을 얻는 것도 아니고 훌륭한 학자가 되는 것도 아니다. 읽어서 유익한 책이 있는가 하면 읽어서 해로운 책도 있다. 그러니까 책은 반드시 가려서 읽어야 한다.

고전은 누가 언제 읽어도 항상 유익하다고 이미 검증을 거친 책이다. 따라서 동서양의 고전은 반드시 읽고 또 읽어야 한다. 한 번 읽었다고 해서 모든 내용을 소화한 것은 결코 아니다.

그리고 무엇이 좋은 책인지 잘 모를 때는 자기보다 훌륭한 사람의 의견을 구해야 마땅하다. 날마다 수백, 수천 종류의 신간이 쏟아져 나와서 책의 홍수를 이루는 오늘날에는 더욱 양서를 가려서 부지런히 읽어야 한다.

독서란 지식을 얻기 위한 수단에 그치는 것이 아니다. 교양을 넓힌다거나 지혜를 연마한다는 고상한 목적은 강조할 필요도 없다. 그보다 독서란 시간적, 공간적 거리 때문에 도저히 만나서 대화할 수 없는 과거와 현재의 탁월한 인물들의 의견을 들어보는 유일한 마당인 것이다. 소크라테스, 공자, 마더 데레사, 간디 등의 의견을 들을 기회란 독서를 통해서 얻을 수밖에는 없다.

亦聚群英

杜稿鍾隷 [121] 두고종예 | 글씨에는 두조(杜操)가 쓴 초서와 종요(鍾繇)가 쓴 예서가 있고

漆書壁經 [122] 칠서벽경 | 칠서와 벽경이 있다

杜 (막을 두) 막다, 닫다, 팥배나무, 아가위, 감당나무
稿 (볏짚 고) 볏짚, 화살 대, 초안, 원고
鍾 (쇠북 종) 종, 술병, 모으다, 거듭하다 (동자 : 鐘)
隷 (붙을 례) 붙다, 닿다, 좇다, 부리다, 하인, 죄인, 조사하다
漆 (옻 칠) 옻, 옻칠하다, 검다, 캄캄하다, 일곱 (동자: 柒, 桼)
書 (글 서) 글, 글자, 글씨, 책, 편지, 장부, 글쓰다, 글 짓다
壁 (벽 벽) 벽, 울타리, 보루, 절벽
經 (경서 경) 경서, 글, 법, 이치, 경계선, 날실, 경영하다, 다스리다

펜은 사람됨을 선언한다.
The pen proclaims the man.(로마 속담)
공허한 말은 사라지지만 글은 남는다.
The written letter remains, as the empty word perishes.(로마 속담)
생각은 많이, 말은 적게 하고, 글은 그보다 더 적게 쓰라.
Think much, speak little, write less.(영국 속담)
서명하지 못할 글이라면 쓰지도 말라.
Never write what you dare not sign.(서양 속담)

■ 후한의 두조(杜操, 자는 백도 伯度)는 초서(草書)의 명필이었고 위나라의 국방장관 종요(鍾繇)는 예서(隷書)의 명필이었다.

붓이 사용되기 이전에는 대나무 쪽에 옻칠로 글을 썼는데 글자의 위는 굵고 아래는 가는 올챙이 모양이라고 해서 과두(蝌蚪)문자라고 한다. 이것이 '칠서'이다. 그리고 노나라의 공왕(恭王, 共王)이 공자의 사당을 수리하려고 옛집의 벽을 헐었는데 그때 고문상서(古文尚書), 논어, 효경 등 과두문자로 대나무 쪽에 쓴 경서가 나왔다. 이것이 '벽경'이다.

■ 지상에 인류가 처음 나타난 것이 300만 년 전이라고 하는데 언제 언어가 생겼는지는 아무도 모른다. 언어가 먼저 생기고 나서 문자가 만들어졌고 문자 이후에 문명의 기록이 시작되었다.

가장 오래된 문자는 지금부터 불과 5천 년 전에 생긴 것이다. 300만 년을 24시간이라고 친다면 5천 년은 2분 24초에 해당한다. 시간적으로 본다면 문명의 역사는 너무나도 짧은 것이다. 게다가 인생 백 년은 3초도 되지 않는다. 반딧불이 한 번 반짝하는 것과 같다.

오늘날 200여 개의 나라 가운데 고유한 언어가 없는 나라가 적지 않다. 미국은 영어를 사용하지만 미국어라는 것은 없다. 캐나다는 있지만 캐나다어는 없다. 아랍권의 대부분도 아랍어를 공용어로 하지만 이집트어, 이라크어, 요르단어 따위는 없다. 아프리카의 많은 나라도 마찬가지다.

고유 문자가 없는 나라는 더욱 많다. 오히려 고유 문자가 있는 나라가 수십 개를 넘지 않는다. 유럽의 대부분과 미국, 캐나다 그리고 라틴 아메리카의 모든 나라는 고유 문자가 없다.

영어 알파벳은 로마 문자이다. 게다가 특정 시기에 인위적으로 문자를 만들어서 지금도 사용하고 있는 나라는 우리 나라뿐이다. 전 세계에서 오로지 한글만이 세종대왕 때 학자들이 만들어 냈고 지금도 전국적으로 사용되고 있는 것이다. 한글이 없었다면 컴퓨터를 편리하게 이용할 수가 있었을까?

漆書壁經

132

府羅將相	[123] 부라장상	관청에는 장수들과 정승들이 모여 있고
路俠槐卿	[124] 노협괴경	길 양쪽을 끼고는 고관들이 줄지어 있다

府 (마을 부) 마을, 창고, 관청, 창자
羅 (새 그물 라) 새 그물, 그물질하다, 휩싸다, 비단, 순찰하다
將 (장수 장) 장수, 인솔자, 거느리다, 장차, 어찌
相 (서로 상) 서로, 보다, 바탕, 형상, 돕다, 정승
路 (길 로) 길, 방법, 연줄, 문맥, 지위, 고달프다, 나그네길, 길을 가다
俠 (곁 협) 곁, 옆, 의협심이 많다, 협기, 끼우다, 젊다
槐 (회화나무 괴) 회화나무, 느티나무, 삼공(三公)의 자리
卿 (벼슬 경) 벼슬, 군주가 신하를 부르는 말, 스승, 자네, 밝히다

지위가 사람을 만든다.
The office makes the man.(로마 속담)
멋진 옷을 입어도 원숭이는 원숭이다.
Apes are apes though you clothe them in velvet.(독일 속담)
하인이 많은 자는 도둑도 많다.
He that has many servants has many thieves.(서양 속담)

━ '장상'은 장수와 정승 또는 장군과 대신, 즉 문관과 무관의 우두머리를 전부 일컫는 말이다. '괴경'은 삼공과 구경(九卿, 아홉 관청의 아홉 장관)을 말한다. 임금의 궁궐 안에 세 그루의 느티나무를 심어 삼공의 자리로 삼았다. 왼쪽에 심은 아홉 그루의 가시나무는 구경과 대부의 자리이고 오른쪽에 심은 아홉 그루의 가시나무는 공작에서 남작에 이르는 신하의 자리이다. 삼공의 명칭은 시대에 따라 다르다. 조선왕조에서는 영의정, 좌의정, 우의정을 삼공이라고 했다. 주나라 때는 육경(六卿)을 두었는데 한나라 때 이것을 구경으로 바꾸었다.

府羅將相

■ 문관과 무관은 나라를 받치는 두 개의 굵은 기둥이다. 어느 한 쪽이 무너지면 나라 전체가 무너진다. 환관들이 설치던 한나라도 무너졌고, 무신들이 날뛰던 고려도 망했다.

군대의 양성과 유지, 고도의 전략과 전술 등의 군사 문제는 군사 전문가들에게 맡겨야 나라가 제대로 보존된다. 실력도 없는 정치 지도자들이 어설픈 정치 논리로 국방 문제를 다루다가는 나라를 망 치고 만다. 반면에 이러저러한 이유를 내세워서 군인들이 쿠데타를 일으켜 정권을 잡는다면 그런 나라도 제대로 굴러갈 리가 없다.

문관과 무관, 즉 모든 관리들은 한 가지 반드시 명심할 것이 있 다. 나라 안에 가장 큰 보물은 백성이다. 관리는 이 보물을 잘 보존 하고 더욱 빛내야 할 의무가 있다.

다시 말하면 관리들을 먹여살리기 위해서 백성이 있는 것이 아 니라, 백성들을 안전하게 보호하고 풍족한 삶을 보장해 주기 위해 관리가 있는 것이다. 관리들은 모두 공복(公僕)이다. 백성의 하인 이다.

路 俠 槐 卿

戸封八縣　**[125] 호봉팔현** | 황제의 친척이나 공신들에게
8개 현을 다스리게 하고

家給千兵　**[126] 가급천병** | 제후의 집에는
각각 천 명의 군사를 주었다

戸 (지게 호) 지게문, 외짝 문, 출입구, 집, 주민, 주관하다, 주량(酒量)
封 (봉할 봉) 봉하다, 제후의 영지, 닫다, 경계(境界), 무덤, 편지, 봉투
八 (여덟 팔) 여덟, 여덟 번
縣 (고을 현), (매달 현) 고을, 매달다, 목매다, 공포하다
家 (집 가) 집, 가족, 가문, 살림살이, 학파, 학자, 대가
給 (줄 급), (넉넉할 급) 주다, 넉넉하다, 보태다, 공급하다, 급여, 휴가
千 (일천 천) 일천, 천 번, 많다, 반드시
兵 (군사 병) 군사, 무기, 전쟁, 재난, 무찌르다, 죽이다

보상이 없는 헌신은 처벌이다.
Service without reward is punishment.(서양 속담)
새로운 군주는 새로운 속박을 낳는다.
Of a new prince new bondage.(프랑스 속담)
군주들에게는 정해진 길이 없다.
Princes have no way.(서양 속담)
개가 부자가 되면 사람들은 개를 신사라고 부를 것이다.
If a dog becomes rich, they will say Mr. Dog.(남아프리카 속담)

■ 전국시대 이후로 군 안에 여러 개의 현을 두었다. 현은 사방 100리이고
큰 것은 일만 호 이상이나 되었다. 한나라의 고조(高祖, 유방)는 항우와 싸
워 천하를 통일한 뒤 소하, 장량, 진평, 한신, 팽월, 영포 등을 제후로 삼고
영지를 주어 다스리게 했다. 또한 그들에게 각각 천 명의 군사를 주었다. 그
리고 "황하가 허리띠처럼 가늘게 되고 태산이 숫돌처럼 납작하게 될 때까지
이 나라는 영원히 계속될 것이다."라고 말했다.

戸 封 八 縣

■ 한나라는 불과 200여 년 만에 멸망했다. 영원한 왕국이란 언제나 어디서나 불가능한 꿈인 것이다.

군현 제도든 봉건 제도든 군주가 나라를 효율적으로 다스리기 위해 고안해낸 수단이다. 중앙에서 지방 장관을 직접 임명하는 것도 마찬가지다. 그런데 제후나 영주들은 항상 중앙 정부에 고분고분한 것은 아니다. 자기 세력이 강해지면 최고 권력을 넘보게 마련이다. 반란과 음모가 꼬리를 무는 이유가 여기 있다.

오늘날에도 관료 조직이든 기업이든 아랫사람이 윗사람의 자리를 넘보는 경우는 너무나도 흔하다. 아들이 아버지의 자리를, 동생이 형의 자리를 노리고 있다. 한 기업이 다른 기업을 먹어치우려고 호시탐탐(虎視眈眈) 노리는 것을 이제는 당연하다고 본다. 약육강식이 당연하다는 것이다. 눈을 뜨고 있어도 코를 베어 가는 살벌한 세상이다.

家給千兵

高冠陪輦

[127] 고관배련 | 고관들이 높은 관을 쓰고
임금의 수레를 모시고 가니

驅轂振纓

[128] 구곡진영 | 수레바퀴 통이 서로 부딪치고
갓끈이 흔들린다

高 (높을 고) 높다, 비싸다, 훌륭하다, 늙다, 뽐내다, 공경하다
冠 (갓 관) 갓, 닭의 볏, 관례, 성년
陪 (모실 배) 모시다, 따르다, 수행원, 가신, 거듭, 늘다, 더하다
輦 (수레 련) 수레, 가마, 운반하다, 짊어지다
驅 (몰 구) 몰다, 달리다, 몰아내다, 쫓아내다, 핍박하다, 앞잡이
轂 (바퀴통 곡) 수레바퀴 통, 수레, 모으다, 통괄하다
振 (떨칠 진) 떨치다, 떨다, 진동하다, 빼다, 바로잡다
纓 (갓끈 영) 갓끈, 끈, 새끼, 감기다

왕의 하인은 왕이다.
The servant of a king is a king.(히브리 속담)
제일 나쁜 수레바퀴가 언제나 소음이 가장 심하다.
The worst wheel always creaks most.(프랑스 속담)
남의 뒤에서 말을 타고 가면 길잡이가 될 생각을 해서는 안 된다.
He that rides behind another must not think to guide.(서양 속담)
총애를 가장 많이 받는 사람은 파멸할 위험이 가장 크다.
The greatest favorites are in the most danger of falling.(서양 속담)
모든 사람이 가마에 타면 누가 가마를 메고 가겠는가?
If all get into the palanquin, who will be the bearers?(인도 속담)

━ 임금의 관은 일곱 치다. 연(輦)은 임금이 타는 수레이고 '배련'은 고관들이 임금을 모시고 수행하는 것이다. 그들이 탄 수레는 바퀴 통이 서로 부딪칠 정도로 많다. 갓끈이 흔들린다는 것은 행렬에 위엄이 서려 있다는 것을 뜻한다.

高冠陪輦

■ 대감보다도 대감댁 하인이 더 큰소리를 친다면 그것은 여우가 사자의 힘을 빌려서 사자 행세를 하는 호가호위(狐假虎威) 꼴이 분명하다. 법과 정의가 살아 있는 나라라면 그런 일이 있을 수 없다고 한다. 그러나 그런 말은 원칙을 선언하는 데 불과하다. 현실에서는 얼마든지 일어난다.

권력자의 사돈의 팔촌만 되어도 재벌 회장들이 그 앞에서 설설 긴다거나, 많은 사람이 아무 조건도 없이 그에게 엄청난 액수의 돈을 맡긴다면, 이것은 호가호위가 아니라 미치광이들의 광란이다. 권력자는 그에게 힘을 빌려 준 적이 없다고 하지 않는가!

예전에 경무대(지금의 청와대) 변소의 똥을 퍼다가 버리는 청소부의 세도가 대단했다는 이야기가 있다. 고위층 부인의 미용사가 큰소리를 친다는 항간의 우스갯소리는 무엇을 의미하는가? 고위관리 자신보다는 부인의 세도가 더 막강하다는 말은 또 무엇인가?

驅轂振纓

世祿侈富   **[129] 세록치부** | 대대로 녹봉을 받는 그들은 사치스럽고 부유한데

車駕肥輕   **[130] 거가비경** | 수레를 끄는 말은 살찌고 그들의 옷은 가볍다

世 (인간 세) 세상, 평생, 역대, 가계, 세대(30년), 대대로, 시대, 시세(時勢)
祿 (녹봉 록) 녹봉, 복, 행복, 곡식
侈 (사치할 치) 사치하다, 거만하다, 분수에 넘다, 음란하다
富 (부자 부) 부자, 풍성하다, 뚱뚱하다, 젊다, 재산
車 (수레 거),(수레 차) 수레, 도르래, 잇몸
駕 (멍에 가) 멍에, 타다, 임금의 수레, 능가하다
肥 (살찔 비) 살찌다, 거름, 어육, 즐기다,
輕 (가벼울 경) 가볍다, 낮다, 경솔하다, 깔보다

부자들의 즐거움은 가난한 사람들의 눈물로 산 것이다.

The pleasures of the rich are bought with the tears of the poor.

(서양 속담)

부자는 악당이거나 악당의 상속자다.

A rich man is either a villain or the heir of a villain.(로마 속담)

큰 재산은 가혹한 굴레이다.

A great fortune is a great slavery.(서양 속담)

전쟁은 사람들의 사치를 속죄하는 경우가 많다.

Wars are wont to atone for a people's luxuriousness.(로마 속담)

■ 녹봉은 나라에서 주는 봉급이다. 대를 이어서 녹봉을 받는 사람들은 대단한 부자이고 생활이 사치스러웠다. 진(晉)나라 무제의 외삼촌 왕개(王愷)는 사람의 젖으로 고기를 삶았고 흰 가루로 벽을 발랐다. 높이가 다섯 자나 되는 산호를 가지고 있었고 자색 비단으로 40리나 되는 장막을 치기도 했다. 또한 마당 한구석을 돈(엽전)으로 덮기도 했다. 그와 같은 시대에 살던 부호 석숭(石崇)은 한 술 더 떠서 후춧가루로 벽을 바르고 밀랍을 장작으로

世祿侈富

삼아서 태웠으며, 붉은 비단으로 50리에 이르는 장막을 치고 곁에 둔 하녀 넷이 모두 분으로 화장을 했다. 그들은 누가 더 사치스러운지 경쟁했던 것이다.

공자는 "적(赤)은 제나라에 갈 때 살찐 말을 타고 가벼운 가죽옷을 입었다."고 말했다(논어 옹야편 雍也篇). '비경'은 비마경구(肥馬輕裘)를 줄인 것으로 본다. '거가비경'을 수레는 가볍고 말은 살쪘다고 해석하는 견해도 있다.

■ 부자가 오만과 사치를 피하기는 참으로 어렵다. 그는 자기가 잘 나서 엄청난 재산을 가지고 있다고 생각한다. 그래서 내 돈을 가지고 내 마음대로 하는데 뭐가 잘못이냐고 눈을 흘긴다. 그러나 곰곰 생각해 보면 그는 자기가 속한 사회 안에서 재산을 모은 것이다. 모든 사람이 각자 나름대로 역할을 했기 때문에 사회가 굴러갔고, 사회가 잘 유지되었기 때문에 그는 큰 재산을 쥘 수 있었던 것이다. 말하자면 모든 사람이 그의 재산 형성에 음으로 양으로 기여를 한 것이다. 재산을 상속받은 경우도 마찬가지다. 따라서 많든 적든 모든 재산에는 사회적 책임이 따르게 마련이다. 이러한 기본 원칙을 망각하거나 무시하는 사람은 오만과 방종에 빠지기 쉽다.

사치를 부리든 호의호식을 하든 그것은 결국 자신의 욕망을 채우려는 몸부림이다. 그러나 아무리 극도의 사치를 부려도, 아무리 천하에서 제일 맛있는 음식을 날마다 먹어도, 인간의 욕망은 만족을 모른다. 원래 욕망이란 밑 빠진 독이기 때문이다. 게다가 사치란 금세 그 효력을 잃고 더 큰 사치를 부르게 마련이어서 끝이 없다. 사치와 방탕은 일종의 정신병이다.

車駕肥輕

策功茂實 [131] 책공무실 | 공적의 기록이 왕성하고
충실하니

勒碑刻銘 [132] 늑비각명 | 비석에도 새기고
글을 지어 돌에도 조각한다

策 (꾀 책) 꾀, 기록하다, 책, 문서
功 (공 공) 공로, 보람, 업적, 일, 자랑하다
茂 (성할 무) 왕성하다, 우거지다, 풍족하다, 힘쓰다
實 (열매 실) 열매, 넉넉하다, 채우다, 익다, 씨, 사실
勒 (새길 륵) 새기다, 굴레, 강제하다, 묶다
碑 (비석 비) 비, 비석, 돌기둥, 비문
刻 (새길 각) 새기다, 깎다, 모질다, 시각
銘 (새길 명) 새기다, 금석문, 명정(銘旌)

가장 오래가는 기념비는 종이로 된 기념비다.
The most lasting monuments are the paper monuments.(서양 속담)
자격 있는 자에게 승리의 월계관을 주라.
Let him bear the palm who has deserved it.(로마 속담)
영웅을 만드는 것은 주로 행운이나 우연이다.
It is fortune or chance chiefly that makes heroes.(서양 속담)
명성은 얻기보다 잃기가 더 쉽다.
A good name is sooner lost than won.(서양 속담)

■ 돌을 세워 거기 공적을 기록하는 것은 진시황제 때 시작되었다. 진시황제는 천하를 두루 다니며 공신의 이름을 새긴 비를 사방에 세워 후세에 전하게 했다. 원래는 쇠에 새기는 것이 누(鏤)이고 나무에 새기는 것이 각(刻)이었는데 나중에는 쇠와 돌에 새기는 것도 모두 각이라고 하게 되었다. 명(銘)은 공적이나 경계할 일 등을 적어서 쇠나 돌에 새기는 것을 말한다.

策功茂實

■ 로제타 석판은 1799년 나폴레옹이 이집트를 정복할 때 발견한 것이다. 고대 이집트의 신성문자, 민중문자 그리고 그리스어로 된 이 석판은 신성문자를 해독하는 데 결정적인 자료가 되어 이집트학이라는 새로운 학문을 열어 주었던 것이다.

공적이라고 해서 모두 비석에 새겨 길이 전할 가치가 있는 것은 아니다. 비석에 새겨진 공적은 대부분이 자화자찬이다. 또 비석에 새겨 둔다고 해서 길이 전해지는 것도 아니다. 무수한 왕릉에 세워졌던 비석들도 대부분은 없어지고 말았다. 광개토대왕의 비석이 남아 있는 것은 기적과도 같다.

지금도 권력과 재력을 자랑하는 사람들은 여전히 무덤에 비석을 세우느라고 분주하다. 명필의 글씨를 받으려고 돈 보따리를 싸들고 찾아간다. 도대체 무슨 공적을 세웠는지도 의심이 가지만, 언젠가 깨어지거나 다른 사람들이 집을 지을 때 석재로나 사용될 그런 비석을 세우기 위해 그토록 드리는 공이 애처롭기만 하다. 차라리 비석 세울 돈을 가난한 사람들에게 주면 칭찬이나 받을 것이다.

눈에 보이는 비석보다는 많은 사람들의 마음속에 심는 좋은 인상이 더 오래가는 법이다. 바로 그러한 인상이 진짜 비석인 것이다.

勒 碑 刻 銘

磻溪伊尹

[133] 반계이윤 | 강태공(반계)과 이윤은

佐時阿衡

[134] 좌시아형 | 당시의 어지러운 세상을
구해서 아형(재상)이 되었다

磻 (강 이름 반) 반계(磻溪)
溪 (시내 계) 시내, 개천, 텅 비다 (동자: 谿)
伊 (저 이) 저 사람, 이
尹 (다스릴 윤) 다스리다, 바르다, 벼슬 이름
佐 (도울 좌) 돕다, 보좌관, 권하다, 버금
時 (때 시) 때, 세월, 운명, 시세, 그 당시, 때때로
阿 (언덕 아) 언덕, 구석, 아첨하다, 벼슬 이름
衡 (저울대 형) 저울대, 들보, 멍에, 비녀, 난간, 평평하다

위대한 인물들은 생각이 똑같다.
Great minds think alike.(서양 속담)
뜻이 있는 곳에 길이 있다.
To him that wills ways are not wanting.(서양 속담)
엎질러진 우유 때문에 울지 말라.
No weeping for shed milk.(영국 속담)

■ 서백(西伯, 주나라 문왕)이 협서성에서 흐르는 위수(渭水)의 일부인 반계 강가에서 낚시질을 하던 강여상(姜呂尙, 자는 자아 子牙)을 만나자 그를 스승으로 모시고 주나라를 일으켜 천하를 다스렸다. 태공이 기다리던 인물이란 뜻에서 그의 호칭은 태공망(太公望) 또는 여망(呂望)이 되었다. 그는 제나라를 다스리는 제후가 되었다. 강태공 또는 반계는 그의 별칭이다. 그가 가난하게 살던 시절에 아내 마씨는 그를 버리고 떠났다. 제후가 된 그를 마씨가 만났을 때 자기를 다시 받아들여 달라고 청했다. 그러나 그는 엎질러진 물은 다시 그릇에 담을 수 없다고 거절했다. 마씨는 부끄러움을 못 이겨 길가에서 죽었다.

磻溪伊尹

이윤은 탕왕(湯王, 성탕 成湯)의 재상(아형)이다. 탕왕은 그의 도움으로 하나라의 폭군 걸왕을 타도하고 은나라를 일으켰다. 아형은 상(商)나라 시대의 벼슬 이름인데 이윤의 별칭이기도 하고 어지러운 시대를 바로잡은 지도자라는 의미로도 쓰인다.

■ 위대한 인물만이 위대한 인물을 알아본다. 강태공과 이윤은 분명히 탁월한 인물이었다. 그러나 그들을 알아보고 활용한 왕들 또한 매우 탁월한 인물이었던 것이다. 각종 매스컴이 이구동성으로 칭송한다고 해서 평범한 사람이 갑자기 탁월한 인물이 되는 것은 아니다. 반면에 일부 매스컴이 비판한다고 해서 탁월한 인물이 별 볼일 없는 사람으로 전락하는 것도 아니다. 바탕이 뛰어난 인재는 칭찬이나 비난에 전혀 영향을 받지 않는다.

위대한 인물을 알아보는 안목을 갖추지 못한 지도자는 결국 자기에게 아첨하는 자들만 주위에 끌어 모은다. 그러면서도 스스로 위대한 인물이라고 자만한다. 그는 자신의 어리석음을 깨닫지 못한다. 그러나 무수한 사람들은 그가 얼마나 졸렬한지 잘 알고 있다. 직접 그런 말을 해 주지 않을 뿐이다.

"나는 천재다!"라고 신문에 전면 광고를 낸다고 해서 그가 천재인가? 진짜 천재는 아무 말도 하지 않는다. 자기를 알아보는 다른 진짜 천재가 나오기를 조용히 기다리는 것이다.

佐 時 阿 衡

奄宅曲阜

[135] 엄택곡부 | 주공은 곡부에 오랫동안 머물렀으니

微旦孰營

[136] 미단숙영 | 주공이 아니면 누가 그곳을 경영했겠는가?

奄 (가릴 엄) 가리다, 문득, 오래되다, 위로하다
宅 (집 택) 집, 거주하다, 정하다 (집 댁) 상대방의 집이나 가정
曲 (굽을 곡) 굽다, 옳지 않다, 노래, 마을
阜 (언덕 부) 언덕, 크다, 번성하다, 높다
微 (작을 미) 작다, 적다, 숨기다, 어렴풋하다, 아니다, 없다
旦 (아침 단) 아침, 밤새우다, 밤이 새다
孰 (누구 숙) 누구, 어느, 무엇, 곡식이 익다
營 (경영할 영) 경영하다, 다스리다, 경작하다, 맡아보다, 경영, 진영

벽돌은 만들지만 집은 짓지 못하는 사람이 많다.
Many can make bricks, but cannot build.(서양 속담)
마을은 부엌을 짓는 데서부터 시작한다.
Communities begin by establishing their kitchen.(프랑스 속담)
파리는 하루에 건설된 것이 아니다.
Paris was not made in one day.(프랑스 속담)
민족마다 그 예언자가 있다.
Every people has its prophet.(아랍 속담)

■ 곡부는 지금의 산동성 곡부현이다. 주공(희단 姬旦)은 주나라 문왕의 아들이며 무왕의 동생이다. 그는 주나라의 정치, 문화, 조직을 정비했다. 예의와 음악의 제도를 처음 만들기도 했다. 공자는 그를 성인으로 존경했다. 무왕의 뒤를 이은 성왕은 자기를 도와서 천하를 잘 다스린 주공에게 노(魯)나라를 주었는데 곡부는 노나라의 수도이다. 주공은 자기 영지에 오래 머물면서 그곳을 잘 경영했다. 성왕은 주공이 죽은 뒤에도 노나라의 제후에게 명령을 내려 천자에게 쓰는 예악으로 주공에게 대대로 제사를 지내게 했다.

■ 조선시대에 세조는 어린 조카 단종을 죽이고 스스로 왕이 되었다. 주공은 중국 천하에 대해서도 흑심을 품지 않았는데 세조는 고작 손바닥만 한 반도를 차지하려고 했던가? 사육신 등 많은 충신과 학자들을 죽이고 나서 그는 과연 만족했을까? 만년에 불교에 귀의하고 원각사를 지은 까닭은 무엇인가?

공자가 성인으로 추앙할 정도인 주공이었으니 자기 영지인 노나라를 멋지게 경영한 것은 당연한 일이다. 나라는 건물과 성벽, 군대와 관료 조직만으로 이루어지는 것이 아니다. 나라의 기본 요소는 백성이다. 통치자를 충심으로 섬기고 따르는 백성이 없으면 나라도 없다. 주공은 바로 그러한 백성을 거느릴 줄 알았던 것이다.

모든 권력은 총구에서 나온다고 믿는 자들에게는 백성이라는 것이 아예 안중에도 없다. 모든 힘이 돈 또는 인기에서 나온다고 믿는 자들도 마찬가지다. 독재자, 특히 종신 독재자에게는 오로지 자기 자신만이 곧 국가이다. 그의 눈에는 백성이 굶어죽든 얼어죽든 보이지 않는다. 주공은 그런 지도자가 결코 아니었다. 그래서 백성들의 사랑을 받은 것이다.

微旦孰營

桓公匡合 [137] 환공광합 | 제나라 환공은 천하를 바로잡아 제후들을 모았는데

濟弱扶傾 [138] 제약부경 | 약한 자는 구해 주고 세력이 기울어진 자는 붙들어 주었다

桓 (굳셀 환) 굳세다, 위엄이 있다, 크다, 푯말, 무환자나무
公 (공변될 공) 공평하다, 공공연하다, 공작(벼슬), 어른, 그대, 존칭
匡 (바로잡을 광) 바르다, 바로잡다, 편안하다 (통자: 眶, 恇)
合 (합할 합) 합하다, 일치하다, 싸우다, 모두, 거듭되다
濟 (건널 제) 건너가다, 나루, 구해 주다, 끝나다, 해결되다
弱 (약할 약) 약하다, 약화시키다, 젊다, 어리다, 패하다
扶 (붙들 부) 붙들다, 떠받치다, 돕다, 곁, 기어오르다
傾 (기울 경) 기울어지다, 위태롭다, 귀를 기울이다, 한곳에 쏟다

평화를 원한다면 전쟁 준비를 하라.
If you wish for peace make ready the battle.(로마 속담)
무정부 상태보다 더 나쁜 것은 없다.
There is no greater evil than anarchy.(로마 속담)
폭도들의 지배를 받기보다는 그들을 지배하는 것이 낫다.
Better to rule than be ruled by the rout.(영국 속담)
여우가 설교할 때는 거위들을 조심하라.
When the fox preaches, take care of the geese.(독일 속담)

■ 제나라의 환공(이름은 소백 小白)은 관중(管仲)을 재상으로 삼아 춘추시대 때 최초로 패자가 되었다. 그는 제후들을 양곡(陽穀)에 소집하고 관택(貫澤)에서 맹세를 시켰고 천하를 평정했다. 주나라 왕실의 권위를 유지시키고 반란을 억제한 것이다. 공자는 "환공이 제후들을 아홉 번 모았으니 천하의 백성이 모두 지금까지 그 혜택을 받는다."고 말했다(논어 헌문편 憲文篇). 춘추시대의 다섯 패자는 제나라 환공, 진나라 문공(晉文公), 진나라 목공(秦穆公), 송나라 양공(宋襄公), 초나라 장왕(楚莊王)이다.

桓公匡合

■ 패자는 주나라 왕실의 정통성을 등에 업고 사실상 왕 노릇을 했다. 마음만 먹으면 스스로 왕이 될 수도 있었다. 그러나 그렇게 하지 않았다. 그것은 다른 제후들이 연합해서 공격해 오면 막아내기가 어려웠기 때문이다. 또한 왕이 되어 봤자 실익이 없다는 판단도 작용했을 것이다.

오늘날에도 내전, 분열, 권력 투쟁, 쿠데타 등으로 질서가 송두리째 무너지는 나라가 있다면 백성들은 누가 권력을 잡든지 하루빨리 질서가 회복되기를 간절히 바랄 것이다. 이데올로기나 정치체제를 따질 겨를이 없을지도 모른다.

문제는 바로 그 다음에 생긴다. 모든 형태의 질서가 다 좋은 것은 아니기 때문이다. 무력과 탄압에 의한 질서는 오래가지 못하고 백성들에게도 실질적인 혜택을 주지 못한다. 통치자의 변덕이나 자의가 아니라 올바른 법이 다스리고 올바른 정치가 펼쳐지는 경우가 아니면 안정과 발전을 기할 수 없는 것이다.

濟弱扶傾

綺回漢惠 [139] 기회한혜 | 네 명의 현자가 한나라 태자의 지위를 회복시켰고

說感武丁 [140] 열감무정 | 부열(傅說)은 무정의 꿈에 나타나 그를 감동시켰다

綺 (비단 기) 무늬비단, 무늬, 광택, 아름답다
回 (돌 회) 돌다, 어질어질해지다, 돌아오다, 돌이키다 (동자: 廻, 迴)
漢 (한수 한) 강 이름, 은하수, 한나라, 사나이, 놈
惠 (은혜 혜) 은혜, 혜택, 베풀다, 사랑하다, 어질다
說 (기쁠 열) 기쁘다, 즐기다, 따르다 (달랠 세) 달래다
　　(말씀 설) 말, 학설, 의견, 해설, 주해, 말하다, 논하다, 서술하다
感 (느낄 감) 느끼다, 감동하다, 감응, 닿다
武 (호반 무) (굳셀 무) 굳세다, 자만하다, 군인, 호반(虎班), 무기
丁 (장정 정) 장정, 젊은 남자, 일꾼, 당하다, 넷째, 백정

집안의 노인은 그 집을 위해 좋은 징조이다.
An old man in a house is a good sign in a house.(히브리 속담)
늙은 현자의 그림자는 젊은 멍청이의 칼보다 낫다.
An old wise man's shadow is better than a young buzzard's sword.
(서양 속담)
늙은 개는 공연히 짖는 법이 없다.
An old dog does not bark for nothing.(서양 속담)

■ 진(秦)나라 말기에 상산에서 숨어 사는 네 명의 현자가 있었는데 모두 수염과 눈썹이 흰 노인이 되어서 상산사호(商山四皓)라고 불렀다. 그들은 기리계, 동원공, 하황공, 각리선생(綺里季, 東園公, 夏黃公, 角里先生)이다. 한나라를 세운 유방(고조 高祖)은 여후(呂后)의 몸에서 난 아들(나중에 혜제 惠帝가 됨)을 태자로 삼았다.

　　그러다가 그를 폐위시키고 척부인의 소생 여의(如意, 조왕 趙王)를 태자로 삼으려 했다. 그때 장량(張良)이 꾀를 내어 상산사호를 태자의 스승으로 삼

게 했다. 태자가 상산사호와 함께 지내는 모습을 보고 나서 고조는 태자를 폐위시키려던 생각을 버렸다. 여기서 기(綺)는 기리계를, 혜(惠)는 혜제를 가리킨다.

열(說)은 부열의 이름이고 무정은 은나라의 고종(高宗)이다. 고종은 자신이 어진 신하의 도움을 받아 천하를 잘 다스리는 꿈을 꾸었다. 그래서 꿈에 본 그 신하의 모습을 그림으로 그리게 해서 그와 비슷한 사람을 찾아내도록 했더니 부열이 불려왔다. 당시 부열은 죄수들과 함께 바위산에서 돌을 캐던 일꾼이었다. 고종은 그를 재상으로 삼았고 부열은 나라를 잘 다스렸다. 부열의 착하고 어진 성품이 꿈을 통해서 임금에게 감응된 결과였다.

■ 당나라 태종은 형제들을 죽이고 황제가 되었고 조선시대의 태종도 역시 마찬가지였다. 그들에게 또 하나의 공통점이 있다면 둘 다 유능한 군주였다는 것이다. 왕위뿐만이 아니다. 군대, 관료, 회사 등 모든 조직에서는 승진과 보직이 공정하게 이루어지지 않는 경우, 원한, 원망, 비난, 투서, 모함 등 부작용이 막심하다.

경우에 따라서는 조직 자체가 무너지거나 분열한다. 어떠한 인사든 모든 사람을 전부 만족시켜 줄 수는 없다. 그러나 인사권자가 최대한으로 공정한 인사를 하려고 노력한다면 부작용을 최소화할 수 있다.

그리고 불평과 불만은 곧 가라앉는다. 따라서 인사권자는 누구나 납득하는 기준과 원칙을 천명하고 그것을 지켜야 할 의무가 있다. 끼리끼리만 싸고도는 인사를 하다가는 자기 목에도 칼이 들어갈 것이다.

說 感 武 丁

俊乂密勿

[141] 준예밀물 | 탁월하고 어진 인재들이
서로 친하고 성실하게 도우며

多士寔寧

[142] 다사식녕 | 많은 인재들이 있어서
천하가 참으로 평안하다

俊 (준걸 준) 준걸, 뛰어나다, 높다, 크다

乂 (어질 예) 어질다, 어진 사람, 풀 베다, 다스리다

密 (빽빽할 밀) 빽빽하다, 자세하다, 빈틈없다, 몰래, 숨기다, 비밀

勿 (말 물) 말다, 아니다, 없다

多 (많을 다) 많다, 뛰어나다, 칭찬하다, 후하게, 때마침

士 (선비 사) 선비, 사람, 무사, 군사, 벼슬아치, 일

寔 (이 식) 이, 참으로, 두다

寧 (편안할 녕) 편안하다, 안심시키다, 무사하다, 문안하다, 어찌, 틀림없이

좋은 머리 하나는 백 개의 튼튼한 팔보다 낫다.

One good head is better than a hundred strong arms.(서양 속담)

천재에게 언제나 요구되는 것은 진리에 대한 사랑이다.

The first and last thing required of genius is love of truth.(괴테)

관리는 법을 집행할 뿐만 아니라 잘 지키기도 해야 한다.

Magistrates are to obey as well as execute laws.(서양 속담)

━ '준예'는 재능이 뛰어나고 덕을 갖춘 인재를 의미한다. '밀물'은 맡은 일을 열심히 한다, 또는 임금과 뛰어난 신하들이 서로 친밀하게 지낸다는 뜻이다. 군신이 서로 믿고 친밀하게 지내며 신하들이 유능하고 맡은 일을 올바르게 처리하는 데 힘쓴다면 나라 전체는 평안해지는 법이다.

俊乂密勿

■ 인재들이 많다고 해서 반드시 나라가 발전하고 번영하는 것은 아니다. 패거리를 지어서 갈라지고 서로 싸운다면 그것은 차라리 인재가 드문 것만 못하다. 어느 한쪽을 통치자가 편든다면 사태는 더욱 악화된다. 임진왜란 직전에 벌어진 동인과 서인의 대립을 보면 분열과 투쟁이 얼마나 비참한 결과를 가져오는지 잘 알 수 있다.

조선 말기에 소위 수구파와 혁신파의 투쟁은 결국 나라를 잃게 만들었다. 신하들과 백성의 마음을 하나로 통합하기는커녕 오히려 분열시키고, 어느 한쪽만 두둔하거나 이쪽 저쪽으로 오락가락하는 통치자란 참으로 어리석을 뿐만 아니라 사악한 것이다. 그는 스스로 자기 무덤을 판다.

게다가 분열, 대립, 투쟁을 일삼는 자들은 아무리 똑똑하고 말을 잘해도 인재는 못 된다. 오히려 무식한 백성들보다도 못한 졸장부들이다. 그들이 입으로는 나라와 백성을 사랑한다고 말할지 모르지만 그것은 빈말에 불과하다. 그들의 목표는 오로지 자기 패거리의 세력 확대와 이익 도모에만 있기 때문이다.

물론 교육이 빈 껍데기가 되어 그나마 인재를 양성하지도 못하는 나라라면 밝은 내일을 기약할 수 없다. 박사학위를 받았다고 모두 인재는 아니다. 운전면허를 땄다고 해서 누구나 운전을 잘하는 것은 아닌 것과 같다. 그렇다고 해서 공부를 못하는 사람이 모두 인재인 것도 아니다. 학생회장을 지냈다고 해서 모두 인재는 아닌 것과 같다.

多士寔寧

晉楚更覇

[143] 진초갱패 | 진나라와 초나라가
차례차례 패권을 잡았고

趙魏困橫

[144] 조위곤횡 | 조나라와 위나라는
연횡책 때문에 곤란해졌다

晉 (진나라 진) 진나라, 나아가다, 억누르다, 꽂다 (속자 晋)
楚 (초나라 초) 초나라, 가시나무, 회초리, 매질하다, 아프다
更 (다시 갱) 다시, 또, 그 위에 (고칠 경) 고치다, 바꾸다, 통과하다
覇 (으뜸 패) 으뜸, 우두머리, 패왕
趙 (나라 조) 조나라, 뛰어넘다, 찌르다, 흔들다, 엉터리, 되돌리다
魏 (나라 이름 위) 위나라, 대궐, 우뚝하다, 능히 하다, 좋다, 큰 모양
困 (곤할 곤) 나른하다, 고달프다, 시달리다, 곤궁하다
橫 (가로 횡) 가로, 가로막다, 비끼다, 종횡으로, 제멋대로, 연횡책(連衡策)

뱀은 다른 뱀을 잡아먹지 않으면 용이 되지 못할 것이다.
Unless a serpent eats a serpent, it will not become a dragon.
(로마 속담)
지옥의 울타리는 위대한 인물들의 뼈로 되어 있다.
Hell is paled in with the bones of great men.(서양 속담)
이기는 자가 경기를 잘하는 것이다.
Who wins, plays well.(프랑스 속담)

■ 춘추시대의 다섯 패자는 제나라 환공, 진나라 문공(晉文公), 진나라 목공(秦穆公), 송나라 양공(宋襄公), 초나라 장왕(楚莊王)이다. 진나라 문공은 초나라 성왕의 군대를 격파하고 패자가 되었다. 그 후 초나라 장왕은 진나라 영공을 누르고 패자가 되었다.

소진(蘇秦)은 여섯 나라를 남북으로 연합시켜 진(秦)나라에 대항하는 합종책을 주창했다. 그런데 같은 때 장의(張儀)는 진나라와 여섯 나라를 동서로 연결하여 여섯 나라가 진나라를 섬겨야 한다는 연횡책을 주창했다. 그래서 진나라와 가장 가까운 곳에 있는 조나라와 위나라가 크게 어려움을 겪었다.

■ 고래 싸움에 새우등이 터진다. 고래가 입을 벌리고 물을 빨아들이면 새우는 맥없이 빨려 들어가 죽는다. 그래서 강대국들에 둘러싸인 약소국은 항상 줄타기 외교에 능숙해야만 살아남는다.

강대국들 가운데 어느 한 나라에게도 원수가 되면 안 된다. 그렇게 하다가는 그 강대국의 공격을 받거나, 아니면 위기의 순간에 그 나라에게 외면을 당해서 멸망하고 만다. 약소국일수록 모든 강대국과 긴밀한 우호 관계를 유지하는 것이 생존의 필수 조건이다.

사대주의, 종속, 식민지, 굴욕 외교 따위의 추상적 개념에 구애되어 약소국이 자존심을 내세우거나 자주 외교를 외치는 것처럼 어리석은 자살 행위는 없다.

국제 관계는 그물처럼 얽혀 있는 것이기 때문에 정치적, 경제적, 군사적으로 오로지 독자적인 힘만으로 생존할 수 있는 나라는 싫으나 좋으나 현재로서는 초강대국 미국 하나뿐이다. 미국은 그 자체가 거대한 시장이고 천연자원도 풍부하며 달러는 세계 통화인 것이다.

일본, 중국, 러시아, 영국, 프랑스, 독일마저도 세계 무역 질서가 흔들리거나 심한 경제 제재를 받으면 버틸 수가 없다. 미국, 중국, 일본이 기침을 하면 우리는 몸살을 앓아야 하는 매우 허약한 체질이다. 수출을 하지 않으면 당장 쓰러지는 나라이다. 군사적으로도 자주 국방은 아직 멀었다. 돈벌이에만 열중하던 피렌체와 베네치아 공화국들이 왜 멸망했는지도 곰곰 생각해 보아야 한다.

趙魏困橫

假途滅虢 [145] 가도멸괵 | 우(虞)나라의 길을 빌려서 괵나라를 멸망시키고

踐土會盟 [146] 천토회맹 | 진(晉)나라 문공은 제후들을 천토에 모아 맹세를 시켰다

假 (거짓 가) 가짜, 임시적, 빌리다, 만일, (약자: 仮)
途 (길 도) 길
滅 (멸할 멸) 멸망시키다, 없애다, 다하다, 끄다, 죽다
虢 (괵나라 괵) 괵나라
踐 (밟을 천) 밟다, 짓밟다, 걷다, 오르다, 실천하다, 따르다
土 (흙 토) 흙, 땅, 영토, 장소, 고향, 논밭, 자리잡고 살다, 토지의 신
會 (모을 회) 모으다, 모이다, 모임, 만나다, 합치다, 기회
盟 (맹세할 맹) 맹세하다, 맹세, 약속, 믿다, 동호인 모임, 구역

전쟁에 참가하지 않는다고 해서 위험에서 벗어난 것은 아니다.
He that is not in the wars is not out of danger.(서양 속담)
뇌물은 노크도 하지 않고 들어갈 것이다.
A bribe will enter without knocking.(영국 속담)
해서는 안 되는 맹세는 지켜서도 안 된다.
An oath that is not to be made is not to be kept.(서양 속담)
불법적인 맹세는 지키는 것보다 안 지키는 것이 낫다.
An unlawful oath is better broken than kept.(영국 속담)

■ 진(晉)나라 헌공(獻公)이 괵나라를 치려고 할 때, 중간에 있는 우(虞)나라의 길을 빌려서 군대를 통과시킨 뒤 괵나라를 멸망시키고, 이어서 돌아가는 길에 우나라마저도 멸망시켰다. 이때 우나라의 궁지기(宮之奇)는 우나라와 괵나라는 입술과 이빨의 관계에 있기 때문에 길을 빌려 주지 말라고 충고했다. 여기서 순망치한(脣亡齒寒)이라는 고사성어가 나왔다. 그러나 우나라 임금은 진나라가 순식(荀息)의 계책에 따라 제공한 많은 뇌물에 눈이 어두워 그 말을 듣지 않고 스스로 재앙을 불러들인 것이다.

천토는 황하 남쪽 정(鄭)나라 땅인데 지금의 하남성 신정현(新鄭縣)에 위치한다. 패자가 된 뒤 진(晉)나라 문공은 기원전 632년에 모든 제후를 천토에 모은 다음 주나라 천자를 섬기겠다는 맹세를 시켰다

■ 임진왜란 때 일본은 명나라를 친다는 구실로 조선왕국에게 길을 빌려 달라고 요구했다. 만일 선조가 길을 빌려 주었다면, 그리고 일본 군대가 명나라를 무너뜨렸다면, 일본 군대는 돌아가는 길에 조선 왕국마저 멸망시켰을 것이다.

그로부터 3백 년이 지난 조선 말기에 일본은 길을 빌려 달라는 말조차 하지 않고 조선 왕국부터 집어삼킨 뒤에 청나라를 공격해 들어갔다.

그 당시 소위 수구파와 개혁파는 자기들이 서로 순망치한의 관계에 있다는 사실을 깨닫지 못했다. 외세를 등에 업고 정권을 잡는 데만 몰두하여 서로 죽이고 살리고 하다가, 결국은 나라를 통째로 뺏기고 모두 낙동강 오리알 신세가 되고 말았다.

여당이든 야당이든, 보수 진영이든 혁신 진영이든, 모두가 서로 순망치한의 관계에 있다. 나라가 무너지면 다 함께 망하는 것이다. 국제 경쟁에서 낙오되고 인재가 고갈되며 해외에 수출할 물건이 없어지고 나면, 정권 자체가 아무 짝에도 쓸모가 없는 부도 수표가 된다.

踐土會盟

何遵約法 [147] 하준약법 | 소하(蕭何)는 약법을 지켰고

韓弊煩刑 [148] 한폐번형 | 한비(韓非)는 번거로운 형벌을 실시해서 해를 입었다

何 (어찌 하) 어찌, 왜, 무엇, 어떤, 얼마, 누구
遵 (좇을 준) 좇다, 순종하다, 준수하다, 거느리다, 가다
約 (묶을 약) 묶다, 합치다, 약속하다, 검소, 줄이다, 요점을 얻다
法 (법 법) 법, 형벌, 방법, 도리, 규정, 모범, 본받다
韓 (한나라 한) 나라 이름, 우물 귀틀
弊 (해질 폐) 해지다, 넘어지다, 나쁘다, 폐, 폐단, 피곤하다
煩 (번거로울 번) 번거롭다, 성가시다, 고민하다, 괴롭히다, 고민, 근심
刑 (형벌 형) 형벌, 벌하다, 죽이다, 법, 본받다, 되다, 다스리다, 모양

모든 약속은 깨지거나 지켜진다.
All promises are either broken or kept.(영국 속담)
법과 의사가 많아지는 것은 그 나라가 어렵다는 징조이다.
A multiplicity of laws and of physicians is equally a sign of its
bad condition.(이탈리아 속담)
법을 만들면 그것을 피해 가는 방법도 생긴다.
When a law is made the way to avoid it is found out.(이탈리아 속담)

■ 기원전 206년 한나라의 유방(고조 高祖)이 진(秦)나라를 멸망시키고 수도 함양(咸陽)에 입성했다. 그는 모든 지도층 인사들을 불러 안심시키면서 이렇게 말했다.

"진나라의 복잡하고 번거로운 법을 모두 폐지하고 이제부터는 세 가지 법만 세우겠다. 첫째, 살인자는 사형에 처한다. 둘째, 사람을 상해한 자는 그 정도에 따라 처벌한다. 셋째, 남의 재물을 훔친 자도 그 정도에 따라 처벌한다."

이것이 법삼장(法三章) 즉 약법인데, 유방의 재상 소하는 그 정신을 잘 지

何遵約法

키어 아홉 조목의 법을 만들어 시행했다. 한비는 가혹하고 번거로운 법을 시행하도록 진시황제에게 건의하여 실시했다. 그 결과 진나라는 오히려 나라가 어지러워지고 얼마 후 멸망하고 말았다.

■ 법은 만드는 것보다 지키는 것이 더 중요하다. 많이 만드는 것보다 좋은 법을 만드는 것이 더 중요하다. 지켜지지 않을 법이라면 처음부터 만들지 않는 것이 낫다. 그래야만 차라리 기존의 법이나마 권위를 유지한다.

그리고 법을 지키게 하려면 중형으로 위협하는 것보다 윗사람들이 솔선수범하는 것이 더 효과적이다. 법을 만드는 사람이 법을 지키지 않으면 백성들이 그런 법을 따를 리가 없다. 또한 법은 모든 사람에게 똑같이 적용해야 한다. 특권층이라고 해서 법망을 빠져나간다면 그런 법은 구멍이 한없이 크게 뚫린 그물과 같다.

각종 법률과 판례 등을 인쇄한 책을 수직으로 쌓아 놓는다면 아마 수십 층 빌딩 높이는 될 것이다. 그럼에도 불구하고 인간의 모든 행위를 법으로 모두 규정한다는 것은 불가능하다.

인간이란 매우 오묘한 존재라서 상상하지도 못한 새로운 종류의 행위를 하게 마련이기 때문이다. 따라서 법은 법조문 자체보다도 그 뒤에 숨은 입법 취지가 더욱 중요하다.

韓弊煩刑

起翦頗牧

[149] 기전파목 | 백기(白起), 왕전(王翦), 염파(廉頗), 이목(李牧)은

用軍最精

[150] 용군최정 | 군사를 부리는 데 있어서 가장 치밀하고 능란했다

起 (일어날 기) 일어나다, 출세하다, 비롯하다, 기용하다, 파견하다
翦 (자를 전) 자르다, 베다, 멸망시키다, 죽이다, 가위, 화살 (속자: 剪)
頗 (자못 파) 자못, 약간, 거의, 치우치다, 굽다
牧 (기를 목) 기르다, 목자, 목장, 다스리다, 지방 장관
用 (쓸 용) 쓰다, 시행하다, 부리다, 다스리다, 작용, 용도, 비용, 도구
軍 (군사 군) 군사(軍事), 군대, 전쟁, 진치다
最 (가장 최) 가장, 제일, 첫째의, 모두, 최상, 모으다, 가장 중요한 것
精 (정밀할 정) 정밀하다, 찧다, 교묘하다, 날카롭다, 정신, 정기, 정액

실수가 가장 적은 장군이 최고의 명장이다.
He is the best general who makes the fewest mistakes.(서양 속담)
훌륭한 지휘관이 훌륭한 군사를 만든다.
A good leader produces a good soldier.(로마 속담)
적을 경멸하면 곧 패배한다.
Despise your enemy and you will soon be beaten.(포르투갈 속담)
나는 나의 모든 장군들을 진흙으로 만들었다.
I made all my generals out of mud.(나폴레옹)

■ 진(秦)나라의 백기와 왕전, 조나라의 염파와 이목은 모두 명장들이다. 진나라 소왕(昭王)을 섬기던 백기가 조나라를 치자 조나라는 염파를 보내 막았다. 염파는 수비만 하고 전투를 피했다. 백기는 진나라가 두려워하는 것은 염파가 아니라 조괄(趙括)이라는 헛소문을 퍼뜨렸다. 그러자 조나라 왕이 염파를 해임하고 조괄을 지휘관으로 보냈다. 백기는 장평(長平)에서 조괄을 죽이고 40만 대군을 몰살시켰다. 진시황제를 섬기던 왕전은 지략이 뛰어나 초나라를 정복한 장군이다. 염파는 조나라의 양왕(襄王)을 섬겼는데 용기가

起翦頗牧

대단한 장수로서 제나라를 정복하고 위나라와 싸워 항상 이겼다. 이목은 조나라 북쪽의 국경을 십여 년 수비했는데 그가 살아 있는 동안은 흉노족이 감히 침범하지 못했다. 그는 진나라 군대를 크게 격파하기도 했다.

■ 역사상 장수들은 하늘의 별처럼 많다. 그러나 그들이 모두 명장은 아니다. 또한 명장이라 해도 모두 불후의 명장은 아니다. 역사라는 도도한 물줄기의 흐름을 최소한 어느 정도는 바꾸어 놓은 경우에만 불후의 명장이 되는 것이다.

물론 영국과 맞서서 싸워 프랑스를 구한 성녀 잔다르크처럼 장수도 아니면서 역사의 방향을 변경시킨 인물도 있다. 그녀는 마녀로 몰려서 화형을 당했다.

페르시아의 서방 진출을 좌절시킨 아테네의 테미스토클레스, 로마를 제외한 이탈리아를 15년 동안 석권했던 카르타고의 한니발, 유럽을 10년 동안 종횡무진으로 휩쓴 프랑스의 나폴레옹 등은 명장 중의 명장이라고 할 만하다.

테미스토클레스도 한니발도 반대 세력에 몰려 조국에서 추방당했다. 로마의 집요한 압력을 피하지 못한 한니발은 자살했다. 나폴레옹은 세인트 헬레나 섬에 유배되어 죽었다.

수나라 대군을 섬멸한 고구려의 을지문덕, 당태종의 군대를 막은 고구려의 양만춘, 글안의 대군을 전멸시킨 고려의 강감찬, 그리고 조선시대의 이순신 등은 풍전등화의 위기에 처한 나라를 구해 낸 불후의 명장이다.

用 軍 最 精

宣威沙漠

[151] 선위사막 | 명장들은 위엄을 국경의 사막에서도 떨쳤고

馳譽丹靑

[152] 치예단청 | 그들의 초상화가 그려져서 명성이 길이 전한다

宣 (베풀 선) 베풀다, 널리 알리다, 조서, 떨치다
威 (위엄 위) 위엄, 권위, 힘, 권세, 협박하다. 두려워하다
沙 (모래 사) 모래, 사막, 모래가 날다, 물가 땅, 논
漠 (사막 막) 사막, 아득하다, 조용하다, 마음 편하다, 쓸쓸하다, 넓다
馳 (달릴 치) 달리다, 빨리 지나가다, 다투다, 방자하다
譽 (기릴 예) 기리다, 칭찬하다, 이름 나다, 가상히 여기다, 영예, 명성
丹 (붉을 단) 붉다, 정성, 진심, 선약(仙藥)
靑 (푸를 청) 푸르다, 대 껍질, 젊다, 죽간, 무성한 모양

위대한 승리는 무혈의 승리다.
It is a great victory that comes without blood.(스페인 속담)
군사력이 아니라 돈이 승패를 결정한다.
Money controls the battle and not the strong arm.(포르투갈 속담)
대가가 비쌀수록 명예는 더욱 크다.
The more cost, the more honor.(스코틀랜드 속담)

■ 사막은 흉노족이 사는 곳, 즉 중국 국경 밖의 땅이다. 명장들은 동서남북의 오랑캐들을 무찔러서 크게 공적을 세우고 그 위엄이 황야에 미쳤다. 조나라의 염파와 이목, 연나라의 악의(樂毅), 한나라의 이광, 장건, 부개자, 위청, 진탕(李廣, 張騫, 傅介子, 衛靑, 陳湯), 후한의 마원, 두헌, 반초(馬援, 竇憲, 班超), 촉나라의 제갈량(諸葛亮), 당나라의 이정, 이적, 설인귀, 이광필(李靖, 李勣, 薛仁貴, 李光弼) 등이 그러한 명장으로 기록되어 있다.

한나라 무제가 기린각을 세웠고 선제(宣帝)는 그곳에 공신 11명의 초상화를 그리게 했다. 후한의 명제(明帝)는 남궁운대에 장수 28명의 초상화를 그리게 했다.

■ 장수들은 전쟁을 인생에서 가장 재미있는 게임처럼 즐길지도 모른다. 군사들을 장기판의 졸이라고 볼는지도 모른다. 그러나 전투에서 실제로 피를 흘리며 죽는 것은 바로 사람이다. 사랑하는 가족이 있는 사람들이 죽는 것이다. 군주들의 정복욕이나 장수들의 공명심을 충족시켜 주기 위해 벌이는 전쟁은 사악한 것이다.

예전에도 전쟁의 비참함을 모르지 않았다. 그래서 일장공성 만골고(一將功成萬骨枯)라는 말이 생겼다. 만 명의 병사가 죽어야 장수 한 명의 공이 이루어진다고 한탄한 것이다. 한비자도 싸우지 않고 이기는 승리, 즉 부전승(不戰勝)이 최고의 승리라고 지적했다.

20세기에는 두 차례에 걸쳐서 세계대전이 벌어지고 수천만 명이 죽었다. 한반도에서도 6·25 전쟁으로 수백만 명이 희생되고 천만 명의 이산가족이 발생했다. 우주시대가 본격화하고 생명공학이 눈부시게 발전한다는 21세기에도 지구 곳곳에서는 전투와 유혈 사태가 벌어지고 있다.

모든 동물 가운데 인간은 가장 지혜로운 듯하면서도 사실은 가장 어리석다. 장수들의 초상화를 그려서 천 년을 과시한들, 그들의 명성을 위해 희생된 무수한 사람들의 넋은 어디서 안식을 찾을 것인가?

九州禹跡 [153] 구주우적 | 중국을 아홉 주로 나눈 것은 우임금의 업적이고

百郡秦并 [154] 백군진병 | 진나라는 100군을 통합했다

九 (아홉 구) 아홉, 아홉 번, 수효가 많다, 남쪽 (모을 규) 모으다, 합하다
州 (고을 주) 고을, 주, 섬, 나라, 국토, 모이다
禹 (우임금 우) 우임금, 구역, 가름, 나타나다
跡 (자취 적) 자취, 발자취, 단서, 뒤를 캐다, 밟다, 뛰다 (동자: 迹, 蹟)
百 (일백 백) 일백, 모든, 여러, 백 번을 하다, 힘쓰다, 길잡이
郡 (고을 군) 고을, 군, 군의 관청, 쌓다
秦 (진나라 진) 진나라, 벼, 중국의 통칭
并 (아우를 병) 아우르다, 합치다, 어울리다, 겸하다, 함께

세상은 어디서나 다 똑같다.
The world is much the same everywhere.(서양 속담)
모든 종류의 것이 모여서 세상을 이룬다.
It takes all sorts to make a world.(서양 속담)
나라마다 고유한 관습이 있다.
Every country has its custom.(스페인 속담)
세상은 돌고 돈다.
The world runs on wheels.(서양 속담)

■ 중국 전역을 황제 또는 전욱이 아홉 주로 나누었고 순임금이 12주로 나누었다고 한다. 그 후 우임금이 홍수를 다스리고 토지를 다시 정리하여 기주(冀州), 연주(兗州), 청주(靑州), 서주(徐州), 양주(揚州), 형주(荊州), 예주(豫州), 양주(梁州), 옹주(雍州) 등 아홉 주로 나누었다. 진(秦)나라는 중국을 최초로 통일한 뒤 전국을 36군으로 나누었다. 한나라 때 영토가 확장되어 103군이 되었다. 여기서 100군은 중국 전체를 가리킨다.

九州禹跡

■ 지도가 제작되면서부터 나타난 국경선의 개념이 나폴레옹 전쟁 이후 제국주의 시대를 거치면서 단단히 굳어졌다. 그래서 지금은 국경선이란 절대로 변경될 수 없는 것처럼 여긴다.

바위 덩어리 몇 개에 불과한 무인도를 둘러싸고 여러 나라가 첨예한 대립을 벌이기도 한다. 그러나 역사적으로 볼 때 영토란 우연히 형성된 것이지 이론적으로 절대적인 것은 아니다.

과거의 통치자들에게 영토란 자기 마음대로 다스릴 수 있는 활동 영역이면서, 자기 세력을 유지하기 위해 필요한 자금을 조달하는 황금 밭이었다. 그래서 가능하면 넓은 영토를 차지하려고 정략 결혼, 매수, 정복 등 온갖 수단을 동원했다.

영토 안에 사는 백성도 세금, 부역, 군사력의 원천이었다. 백성들이 함부로 다른 나라로 가지 못하게 막은 것도 그런 이유에서였다.

하루나 이틀이면 비행기로 지구를 한 바퀴 돌고, 다국적 기업들이 세계 경제를 좌우하는 요즈음에는, 영토의 개념도 절대적 개념에서 상대적 개념으로 바뀌고 있다. 나라마다 궁극적으로 노리는 것은 결국 돈이다.

무역이나 관광 등으로 외화를 벌어들이고, 그 외화를 가지고 권력도 유지하고, 백성들의 생활도 윤택하게 만들자는 것이다. 여기에는 너 죽고 나 살자는 식은 통하지 않는다. 너도 살고 나는 더 잘 살자는 식이 정상이다.

百 郡 秦 幷

嶽宗恒岱 [155] 악종항대 | 산 가운데는 항산과 태산이 으뜸이고
禪主云亭 [156] 선주운정 | 제사 장소는 운운산과 정정산이 가장 중요하다

嶽 (큰 산 악) 큰 산, 높은 산, 오악(五嶽)의 총칭, 대신, 제후
宗 (마루 종) 마루, 근본, 사당, 종묘, 우두머리, 제사
恒 (항상 항) 항상, 변함없다, 고사(故事), 정직하다, 항아(姮娥)
　(뻗칠 긍) 뻗치다, 걸치다, 두루 미치다, 초승달
岱 (대산 대) 대산, 즉 태산(泰山), 하동 지방, 크다
禪 (봉선 선) 봉선, 중, 고요하다, 선양하다, 주다, 좌선, 선종
主 (임금 주) 임금, 주인, 우두머리, 어른, 거느리다, 주관하다, 존중하다
云 (이를 운) 말하다, 운운하다, 돌아오다, 하다
亭 (정자 정) 정자, 숙소, 머무르다, 뛰어나다, 높이 솟다

온 세상은 영원한 신들의 신전이다.
The whole world is the temple of immortal gods.(세네카)
누구나 자기를 보호해 주는 숲에게 절을 한다.
Everyone bows to the bush that shields him.(스코틀랜드 속담)
신이 존재하지 않는다면 그를 만들어 낼 필요가 있을 것이다.
If God did not exist it would be necessary to invent Him.(볼테르)

■ 중국에서 소중하게 여기는 다섯 산이 오악(五嶽)인데, 동쪽의 태산(泰山), 서쪽의 화산(華山), 남쪽의 형산(衡山), 북쪽의 항산(恒山), 중앙의 숭산(嵩山)이다. 이 가운데 항산과 태산을 으뜸으로 친다. 태산은 지금의 산서성 대현(代縣)에 있다.

선(禪)은 땅의 신에게 제사를 드리는 것이다. 새로운 왕조를 연 임금은 태산에 올라가 하늘의 신에게 제사를 드리고, 태산 곁에 있는 운운산(云云山)과 정정산(亭亭山)에서 땅의 신에게 제사를 바쳤다. 이 두 산은 지금의 산동성 태안시 동남쪽에 있다.

嶽宗恒岱

■ 신의 존재를 전제로 하지 않으면 제사를 바치거나 기도하는 행위는 무의미하다. 허공에 대고 헛소리하는 것이나 다름없기 때문이다. 인간은 왜 신이라는 것을 생각하는가? 그것은 어린아이가 아버지나 어머니에게 매달리듯, 인간이 자신의 무력함과 유한성을 깨닫고 자기보다 더 강한 존재에게 의존하고 싶은 본능이 있기 때문이다. 특히 죽음에 직면했을 때는 절대권력을 휘두르는 왕조차 자신이 아무것도 아니라는 것을 깨닫지 않을 수가 없는 것이다.

동양의 천신(天神)은 그리스 로마 신화의 제우스 또는 주피터(유피테르)에 해당한다. 지신(地神)은 가이아, 테라, 하데스 등에 해당한다. 이 외에도 무수한 신의 이름이 있다.

고대의 유대 민족은 이러한 신들의 존재를 인정하지 않고 오로지 유일신 야훼만을 받들었다. 그 후 그리스도교에서는 야훼를 신이라는 보통명사의 첫 글자를 대문자로 써서 표기한다. 라틴어로 Deus(데우스), 이탈리아어로 Dio(디오), 프랑스어로 Dieu(디외), 독일어로 Gott(고트), 영어로 God(갓)이 된다.

19세기 독일의 철학자 니체는 "신은 죽었다."고 선언했다. 이것은 신이 더 이상 존재하지 않는다는 말이 아니다. 오히려 신이 없어지기를 바라는 바로 그 마음속에서 인간의 참된 자아와 인간성이 소멸했고, 따라서 인간은 누구나 방향 감각을 잃은 채 방황한다는 역설적 의미를 드러내는 것이다.

禪主云亭

雁門紫塞 [157] 안문자새 | 안문산과 만리장성이 있고
鷄田赤城 [158] 계전적성 | 계전과 적성이 있다

雁 (기러기 안) 기러기
門 (문 문) 문, 집, 집안, 일가, 배움터, 구별, 분야
紫 (붉을 자) 자주색, 신선이나 군주의 집의 빛깔
塞 (변방 새) 변방, 성채, 굿, 주사위
　　(막을 색) 막다, 막히다, 충만하다, 얼굴빛
鷄 (닭 계) 닭, 베짱이
田 (밭 전) 밭, 논, 심다, 경작하다, 농업, 사냥하다, 큰 북, 동쪽
赤 (붉을 적) 붉다, 발가숭이, 없다, 멸하다, 가뭄, 진심
城 (재 성) 성, 보루, 도시, 구축하다, 성을 쌓다

큰 것과 작은 것이 모여서 벽을 이룬다.
Great and small make a wall.(서양 속담)
단단한 돌만 쌓아서는 돌벽이 되지 않는다.
Hard with hard makes not the stone wall.(로마 속담)
적은 잠을 자지 않는다.
An enemy does not sleep.(서양 속담)

■ 태산은 높고 험해서 새가 날아서 넘을 수 없는데 산서성 북쪽 한 곳에
틈이 있어서 기러기가 날아서 넘어간다. 그래서 그곳을 안문산이라고 한다.
그 남쪽에 나란히 흐르는 두 물줄기가 있는데 이것을 원앙수(鴛鴦水)라고
부른다. '자새'는 만리장성을 가리킨다. 그 색깔이 자주색이기 때문이다.

춘추전국시대에 연나라, 조나라, 위나라 등이 각각 긴 성벽을 쌓았는데
진시황제가 통일한 뒤 모두 연결하고 추가로 더 길게 쌓았다. 동쪽의 요동
산해관(山海關)에서 서쪽의 감숙성 가욕관(嘉峪關)에 이르는 5천여 리의 장
성이다. '계전'은 산서성 서쪽에 있는데 돌궐족이 사는 땅이다. '적성'은 만
리장성 북쪽에 있는 곳이다.

雁門紫塞

■ 성벽이란 원래 적의 침입을 막기 위한 것이다. 그러나 안에 있는 사람들이 탈출하지 못하게 막기도 한다. 자유를 수호하는 보루도 되지만 억압하는 굴레도 되는 묘한 물건이 바로 성벽이다.

진시황제가 만리장성을 완성했는데도 불구하고 중국은 외적의 침입을 완전히 막지는 못했다. 아무리 튼튼한 성벽이라 해도 그것을 지키는 군사들이 제대로 버티지 않는다면 아무 소용이 없다. 조정과 지방의 관리들이 썩고 장수들도 썩어 버린다면 만리장성도, 수십만 명의 국경 수비대도 외적을 막아낼 힘이 없다. 몽고족 원나라의 지배를 백여 년 동안 받은 것이 중국이다. 만주족 청나라의 지배를 3백 년 가까이 받은 것도 중국이다. 로마 제국이 알프스 북쪽에 만리장성을 쌓았다 해도 게르만 민족의 대이동을 막아내지는 못했을 것이다. 안에서 썩은 나라는 스스로 주저앉고 멸망하고 마는 것이다.

요즈음 으리으리한 저택을 짓고 높다란 담을 쌓고 사는 사람들이 적지 않다. 가시철망에 전자 방범 장치를 설치한 두터운 담을 그들은 만리장성이라고 믿고 있다. 마당 한구석에 도사린 맹견들을 충성스러운 수비대로 여긴다.

수십 층 아파트로 만리장성을 쌓은 곳이 한두 군데가 아니다. 그러나 도둑들은 웃는다. 담이 높아도 넘어가는 수가 있게 마련이다. 교묘한 자물쇠는 교묘하게 여는 방법이 반드시 있다. 부정과 부패로 얼룩진 집안이 안전하기를 바라는 것은 결코 이루어지지 않는 꿈이다.

雞 田 赤 城

昆池碣石

[159] 곤지갈석 | 곤명지(昆明池)와 갈석산이 있고

鉅野洞庭

[160] 거야동정 | 거야와 동정호가 있다

昆 (맏 곤) 맏이, 형, 자손, 함께, 뒤섞이다, 벌레, 서쪽 오랑캐 이름
池 (못 지) 못, 해자, 도랑, 홈통
碣 (비석 갈) 우뚝 서 있는 돌, 둥근 비석
石 (돌 석) 돌, 비석, 돌팔매, 화살촉, 숫돌
鉅 (클 거) 크다, 단단하다, 존귀한 사람, 낚시바늘, 희다, 어찌하여
野 (들 야) 들, 시골, 민간, 야심, 촌스럽다, 거칠다, 비천하다, 서투르다
洞 (골 동) 골짜기, 굴, 비다, 동네, 공손하다, 조심하다, 밝다
　　(통할 통) 통하다, 통달하다, 퉁소
庭 (뜰 정) 뜰, 집안, 조정, 관청, 궁중, 곳, 사냥터, 곧다

큰 것이란 작은 것이 많이 모인 것에 불과하다.
Greatness is nothing but many small littles.(로마 속담)
산과 강은 서로 좋은 이웃이다.
A mountain and a river are good neighbors.(서양 속담)
아침에는 산이 좋고 저녁에는 호수가 좋다.
In the morning mountains, in the evening fountains.(서양 속담)
맑은 샘에서 맑은 물이 흘러나온다.
From a pure fountain pure water flows.(로마 속담)

■ 한나라 무제 때 남쪽에 곤명국이 있었는데 사방 300리나 되는 성이 물로 둘러싸여 있어서 정복할 수가 없었다. 그래서 무제는 해상 전투를 연습시키기 위해 장안 서쪽에 사방 20리가 되는 커다란 연못을 파고 곤명지(昆明池)라고 불렀다. 그리고 얼마 후 곤명국을 정복했다.

갈석산은 동해 근처에 있는 산이다. 전국을 순회하던 진시황제가 이곳에 도착했을 때 서복(徐福)에게 어린 남녀 500명씩을 주면서 선약을 구해 오라고 명했다. 그리고 커다란 교룡(蛟龍)을 잡아 죽이고는 중병에 걸렸다. 그

昆池碣石

는 태자에게 자기 뒤를 잇게 하라는 내용의 유서를 조고(趙高)에게 맡겼다. 그러나 재상 이사(李斯)는 유서를 위조하여 태자를 죽이고 호해(胡亥)를 2세 황제로 만들었다. 얼마 후 진나라는 멸망했다.

거야는 위나라의 땅으로 거록군(鉅鹿郡)의 드넓은 들이다. 거록군은 지금의 산동성 거야현 또는 하북성 평향현(平鄕縣)이라고 한다. 동정호는 호남성에 있는 거대한 호수인데 지금의 파양호(鄱陽湖)를 말한다. 사방 500리가 되어 오호(五湖)라고도 부른다. 태호(太湖), 진택(震澤)이라는 별칭도 있다.

■ 만리장성의 경우처럼 호수나 바다도 나라의 안전을 저절로 확보해 주지는 못한다. 스페인의 무적함대도, 나폴레옹도 히틀러도 눈엣가시인 영국을 건드리지 못했던 것은, 영국의 해군이 워낙 막강했기 때문이지, 바다가 영국을 지켜준 것은 결코 아니다.

17세기에 최강의 해상 군사력을 자랑하던 네덜란드에 영국이 도전했을 때, 영국 함대는 네덜란드 함대를 격파하고 암스테르담을 봉쇄했다. 나라를 지켜 주는 것은 바다가 아니라 함대라는 사실을 분명히 보여 준 것이다.

해안선이 긴 나라는 먼바다로 진출할 수 있는 좋은 기회가 있지만, 스스로 힘을 길러서 왕성한 해양 활동을 하지 않는 경우는 아무 소용이 없다. 오히려 명나라나 고려, 조선 등과 같이 왜구의 등쌀에 오랫동안 시달리는 위험만 커진다.

바다와 호수는 좋은 천연자원이다. 그러나 양식 어업이나 해양 연구를 통해서 실생활에 필요한 물자를 거두지 못하고, 오히려 물을 오염시키나 한다면, 재앙이 육지에 밀어닥친다. 자연 조건이 좋다고 자랑만 할 것이 결코 아니다.

鉅 野 洞 庭

曠遠綿邈
[161] 광원면막 | 대지는 넓고 멀리 이어져서 아득하고

巖岫杳冥
[162] 암수묘명 | 바위와 산은 매우 깊고 캄캄하다

曠 (넓을 광) 넓다, 크다, 멀다, 들판, 비다, 비우다, 허송하다, 밝다

遠 (멀 원) 멀다, 오래다, 멀리하다, 넓다, 심오하다, 많다, 선조

綿 (솜 면) 솜, 이어지다, 잇다, 퍼지다, 멀다, 약하다, 홑옷

邈 (멀 막) 멀다, 아득하다, 경멸하다, 근심하다, 번민하다

巖 (바위 암) 바위, 가파르다, 험하다, 낭떠러지, 석굴

岫 (묏부리 수) 산봉우리, 바위굴

杳 (아득할 묘) 아득하다, 멀다, 깊숙하다, 적적하다

冥 (어두울 명) 어둡다, 어리석다, 어둠, 밤, 깊숙하다, 저승, 바다, 하늘

대지는 가장 좋은 보금자리다.

Earth is the best shelter.(영국 속담)

용감한 자에게는 모든 땅이 그의 고향이다.

Every land is his native land to a brave man.(그리스 속담)

토지를 사는 사람은 전쟁을 산다.

Who buys land buys war.(이탈리아 속담)

산이 있으면 계곡이 있게 마련이다.

Every hill has its valley.(이탈리아 속담)

계곡에 머물러 있으면 산을 결코 넘지 못한다.

He that stays in the valley shall never get over the hill.(영국 속담)

■ '광원'은 넓고 멀다는 뜻이다. '면막'은 멀리 보이는 모양 또는 넓고 먼 모양이다. '암수'는 바위와 산, 또는 바위굴을 뜻한다. '묘명'은 어둡다, 희미하다는 뜻이다. 중국 땅은 요새, 호수, 연못 등이 넓고 멀게 계속 이어져서 끝이 없으며, 산과 골짜기들은 동굴처럼 깊고 캄캄하다는 것이다.

■ 무한한 우주 속에서 태양계는 콩알의 반쪽도 안 된다. 그 태양계도 지구의 크기에 비하면 거의 무한한 것이다. 그러니까 지구란 티끌도 못 되는 미세한 존재이다. 그러한 지구마저도 키가 2미터 안팎인 인간에게는 무한히 넓고 크고 깊고 높은 것으로 보인다. 크기와 넓이는 상대적인 것이기 때문이다.

자연 경치 가운데는 사하라 사막처럼 광막한 것도 있고 태평양처럼 광활한 것도 있다. 에베레스트 산처럼 어마어마하게 높은 것도 있고 나이아가라 폭포처럼 장엄한 것도 있다.

그러나 그런 것만이 아름다운 것은 아니다. 작은 것도 아름답다. 아니, 인간은 원래 매우 작은 동물이기 때문에 오히려 작은 것에서 더 큰 아름다움을 발견할 수가 있다. 그것은 백 평짜리 아파트에 사는 가족보다 단칸방에 사글세로 사는 가족이 더 단란하고 더 큰 행복을 느낄 수 있는 것과 마찬가지다. 아파트 가격이 행복과 반드시 비례하지는 않는 것이다.

사물을 보는 눈이란 결국 마음의 눈을 말한다. 마음의 눈이 맑은 사람은 아무리 하찮은 사물에서도 기쁨과 보람을 발견한다. 그러나 마음의 눈이 욕심으로 흐려진 사람은 온 세상의 재산과 쾌락과 명성을 다 누린다 해도 결코 만족하거나 행복감을 느끼지 못한다.

우리 국토가 좁다고 한탄할 일도 아니다. 그만하면 충분히 넓은 땅이다. 어떻게 가꾸고 활용하는가는 우리에게 맡겨진 책임이다.

巖 峀 杳 冥

治本於農 [163] 치본어농 | 나라를 다스리는 데는 농사를 기본으로 하고

務茲稼穡 [164] 무자가색 | 심는 일과 거두어들이는 일을 열심히 한다

治 (다스릴 치) 다스리다, 치료하다, 평정하다, 정치, 공적
本 (근본 본) 근본, 밑, 뿌리, 본인, 책, 본전
於 (어조사 어) ~에, ~보다, ~에게서, ~에게, 있어서
農 (농사 농) 농사, 경작하다, 농부, 전답
務 (힘쓸 무) 힘쓰다, 권장하다, 일, 직분, 당면한 과제
茲 (이 자) 이, 이에, 검대, 흐리다, 해(年), 때(時)
稼 (심을 가) 심다, 농사, 익은 벼이삭, 베지 않은 벼
穡 (거둘 색) 거두다, 수확하다, 거둘 곡식, 농사, 아끼다, 인색하다

심지 않은 곳에서는 거두지 말라.

Pluck not where you never planted.(서양 속담)

일찍 심으면 일찍 추수한다.

Early sow, early mow.(영국 속담)

일하지 않으면 보상도 없다.

No work, no recompence.(서양 속담)

땀 흘리지 않으면 기쁨도 없다.

No sweetness without sweat.(스페인 속담)

근면은 성공의 어버이다.

Industry is the parent of success.(서양 속담)

■ 통치의 근본은 농사를 장려하는 것이다. 임금에게는 백성이 하늘이고 백성에게는 곡식이 하늘이다. 따라서 임금이 몸소 밭을 갈고 왕후가 길쌈을 하는 모범을 보여서 백성들에게 농사를 권장하는 것이다. 남자가 밭을 갈아야 가족이 굶주림을 면하고 여자가 길쌈을 해야 옷을 만들어 추위를 면한다. 봄에 심고 가을에 거둬들이는 데는 그 시기를 놓치지 말아야 한다. 먹을

治 本 於 農

것과 입을 것이 풍족해야 영예와 부끄러움을 안다. 관자(管子)에서는 "창고가 가득 차야만 백성들이 예절을 안다."고 했다(목민편 牧民篇). 백성들에게 농사를 가르치고 오곡을 심는 기술을 전한 것은 주나라의 시조 후직(后稷)이라고 한다(맹자 등문공 상 滕文公 上).

■ 농경시대에는 농업이 국가를 떠받치는 유일한 기둥이었다. 그래서 농사를 천하의 근본(농자 천하지대본 農者 天下之大本)이라고 한 것이다.

그러나 세계적인 무역이 이루어지는 산업시대에는 농업의 비중이 전반적으로 낮아지고 있다. 농업의 기계화가 빠른 속도로 진전되고 농촌의 인구도 해마다 줄어든다. 공산품 가격에 비하면 농산물 가격은 도저히 상대가 안 된다.

그렇다고 해서 식량을 무한정 해외에서 수입할 수는 없다. 백성들이 먹고 입는 데 필요한 최소한의 식량과 직물은 나라 안에서 생산해 내야만 한다. 농사를 지을 땅이 없는 사막 국가라면 몰라도, 멀쩡한 땅이 있는데도 놀리면서 식량을 수입한다는 것은 어리석은 짓이다.

농촌과 도시는 순망치한(脣亡齒寒), 즉 상호 의존적인 관계다. 농촌이 황폐해지면 도시도 궁핍해진다. 농촌 대책은 말로만 떠들 것이 아니다. 일부 농민 단체들의 주장에 끌려 다녀서도 안 된다. 농사는 여전히 국가의 가장 중요한 기둥 가운데 하나이기 때문이다. 지도자들은 심각하고 진지하게 검토하고 국가 전체를 위한 대책을 신속하게 집행해야 마땅하다.

務茲稼穡

俶載南畝
[165] 숙재남묘 | 남쪽 밭에서 처음 농사일을 시작하는데

我藝黍稷
[166] 아예서직 | 우리는 기장과 피를 심는다

俶 (비롯할 숙) 비롯하다, 처음, 짓다, 일으키다
載 (실을 재) 싣다, 운반하다, 기재하다, 타다, 짐, 일, 해(年)
南 (남녘 남) 남쪽, 남쪽으로 가다, 앞
畝 (이랑 묘), (이랑 무) 밭이랑, 전답의 면적 단위
我 (나 아) 나, 이쪽, 고집 부리다, 굶주리다
藝 (재주 예) 심다, 씨 뿌리다, 분별하다, 기예, 재능, 글, 기술, 한계, 과녁
黍 (기장 서) 기장, 찰 기장, 3되 들이 술그릇
稷 (피 직) 피, 메 기장, 땅의 신, 농사를 맡은 관리

밭을 깊게 잘 갈면 밀을 많이 거둔다.
Plough well and deep and you will have plenty of corn.(스페인 속담)
더울 때 일하지 않으면 추울 때 굶주린다.
They must hunger in frost that will not work in heat.(서양 속담)
방아를 찧지 않으면 먹을 곡식도 없다.
No mill, no meal.(서양 속담)

━ 묘(畝)는 밭의 면적을 나타내는 단위이다. 주나라 때는 사방 6척이 1보(步)이고 100보를 1묘라고 했다. 진(秦)나라 때는 240보가 1묘이다. 여기서 남묘는 면적의 단위가 아니라 남쪽 밭이라는 의미이다. 기장과 피는 고대의 주요 농작물인데 피로 술을 빚고 기장으로 밥을 지었다.

시경에서는 "내가 큰 보습으로 남쪽 밭이랑에 나가 일을 시작해서 백 가지 곡식의 씨를 뿌린다. 주나라 성왕은 백성들이 농사에 적절한 시기를 잃게 하지 않았다."고 했다(소아 대전 小雅 大田). 또한 "가시덤불을 무엇 때문에 치우는 것인가? 그것은 내가 기장과 피를 심기 위한 것이다."라고 했다(소아 초자 楚茨).

俶載南畝

■ 농사일은 육체 노동의 기본적이고 대표적인 형태이다. 그 외에도 인간이 하는 일에는 무수한 종류가 있다. 육체 노동뿐만 아니라 정신 노동도 있다. 문학가, 예술가 등에게는 생각하는 것 자체가 정신 노동이다. 수도자나 성직자에게는 기도도 일종의 노동이다.

문제는 사람들이 자신의 노동을 너무 중요시한 나머지 다른 사람의 노동에 대해서는 별로 인정하지 않으려는 데 있다. 다양한 사람들이 모여 사는 사회에서는 모든 사람이 똑같은 일을 할 수도 없고 그래서도 안 된다.

인간은 법률적으로는 평등하지만, 성격, 기호, 취미, 능력, 자질 등 모든 면에서 상이하거나 불균등하게 마련이다. 따라서 각자가 하는 일도 서로 다르다.

사회 통념상 천한 일도 있고 고상한 일도 있다. 그렇다고 해서 일 자체가 천하거나 고상하다는 것은 아니다. 그리고 고상한 일을 하는 사람이 반드시 고상한 것도 아니고, 천한 일을 하는 사람이 반드시 천한 것도 아니다. 모든 일은 본질적으로 고귀한 것이다. 어느 누가 무슨 일을 하든 그것은 자기 자신뿐만 아니라 사회의 누군가를 돕는 것이기 때문이다.

그리고 인간은 일을 통해서 자기 완성으로 나아간다. 고뇌와 좌절, 고통과 피로를 통해서 점차 자신의 결점을 수정하고 참된 인간의 모습으로 변한다. 그래서 오랜 세월에 걸친 노동으로 깊게 팬 이마의 주름살이 세상의 그 어느 훈장보다도 더욱 값진 훈장이다.

我藝黍稷

税熟貢新　[167] 세숙공신 | 익은 곡식으로 세금을 내고
　　　　　　　　　　　　 햇곡식으로 제물을 올리며

勸賞黜陟　[168] 권상출척 | 상으로 농사를 장려하고
　　　　　　　　　　　　 공적에 따라 내치거나 승진시킨다

税 (구실 세) 구실, 세금, 징수하다, 세내다
熟 (익을 숙) 익다, 풍년 들다, 깊이 생각하다, 곰곰이
貢 (바칠 공) 바치다, 공물, 추천하다, 당혹하다, 빠뜨리다
新 (새 신) 새로운, 처음, 새롭게 하다, 새것, 새해, 친하다
勸 (권할 권) 권하다, 권고, 힘쓰다, 즐기다, 싫어하다
賞 (상줄 상) 상 주다, 상, 찬양하다, 권하다, 품평하다, 감상하다
黜 (내칠 출) 내치다, 관직을 낮추다, 내쫓다, 제거하다, 폐지하다
陟 (오를 척) 올라가다, 올리다, 추천하다, 높다, 겹치다, 수말

확실한 것은 죽음과 세금뿐이다.
Nothing is certain but death and the taxes.(서양 속담)
양은 털만 깎아야지 가죽을 벗겨서는 안 된다.
The sheep should be shorn and not flayed.(프랑스 속담)
한 사람을 처벌하면 20명을 처벌하는 것이다.
He that chastens one chastens twenty.(서양 속담)

■ 국유인 농토에 대한 세금은 상숙(上熟, 풍년을 상중하로 나누었을 때 가장 풍년이 든 해)에는 석 되이고, 중숙(中熟)에는 한 되였다. 백성은 세금을 먼저 바친 뒤에 햇곡식으로 제사를 지냈다. 농사를 맡은 관리는 백성에게 농사와 양잠을 장려했는데, 임금은 매년 각 지방의 풍년과 흉년을 조사시켜 성과가 좋은 곳의 관리는 승진시키고 그렇지 못한 관리는 관직을 뺏었다.

　후한의 노공(魯公, 魯恭)은 자기가 다스리는 지방에 메뚜기가 전혀 들어오지 못하게 했다. 홍농군(弘農郡, 지금의 하남성 서쪽)에 유곤(劉昆)이 지방장관으로 부임하자 그의 덕에 감화를 입어 호랑이들이 자취를 감추었다고 한다. 그들은 모두 후한 상을 받았다.

税熟貢新

■ 추수가 잘되었는지를 먼저 살펴서 세금을 조절한 것은 매우 현명한 조치다. 백성을 살려 놓고 나야 다음 해에도 세금을 제대로 걷을 수가 있는 것이다. 이것은 황금 알을 낳는 거위를 죽이지 않고 잘 기르는 것과 같다.

십일조도 원래는 정치와 종교가 분리되기 이전 시대에 수입의 10분의 1을 바치면 그것으로 끝나는 세금 제도였다. 그러다가 정치와 종교가 이원화되면서 악용되기 시작했다.

왕에게 무거운 세금을 바쳤는데도 교회에도 십일조를 따로 바치게 된 것이다. 농민들은 수확의 절반 이상, 심한 경우에는 70~80%까지 바쳐야만 했다. 이것은 알을 낳아 주는 거위의 목을 비틀어 죽이는 것보다 더 가혹한 짓이었다.

현대 사회에서 황금 알을 낳는 거위는 바로 경제다. 경제 전체가 무너지면 세금이고 뭐고 없다. 그러면 그 와중에서 가장 심하게 타격을 받는 사람은 바로 빈곤층이다. 부유층은 경제가 무너지는 과정에서도 얼마든지 편안하게 버틸 수가 있는 것이다.

모든 정의가 그렇지만 조세의 정의도 입으로 외친다고 되는 것이 아니다. 지도자들이 청렴결백하게 살고, 법을 올바르게 집행할 의지만 있다면 저절로 이루어지는 것이다.

勸賞黜陟

孟軻敦素

[169] 맹가돈소 | 맹자는 타고난 성품을 소중히 길렀고

史魚秉直

[170] 사어병직 | 사유(史鰌)는 곧은 충고를 굳게 지켰다

孟 (맏 맹) 맏이, 첫, 처음, 힘쓰다, 크다, 맹랑하다
軻 (수레 가) 위험한 수레, 굴대, 높다, 맹자의 이름
敦 (도타울 돈) 도탑다, 힘쓰다, 단속하다, 정성, 권하다
素 (흴 소) 희다, 생명주, 꾸밈이 없다, 비다, 바탕, 근본
史 (역사 사) 역사, 사관(史官), 문필가, 서화가
魚 (고기 어) 물고기, 고기잡이하다, 조개를 잡다, 나
秉 (잡을 병) 잡다, 움켜쥐다, 자루, 권병(權柄)
直 (곧을 직) 곧다, 옳다, 굽히지 않다, 고치다, 모시다, 숙직
　(값 치) 값, 품삯, 만나다

천성은 모든 가르침보다 우선한다.
Nature is beyond all teaching.(서양 속담)
각자 한 가지씩 고치면 모든 결점이 고쳐질 것이다.
If everyone mend one, all would be amended.(영국 속담)
거짓말에 의존하면 진리 때문에 죽을 것이다.
He that trusts in a lie shall perish in truth.(서양 속담)
진리라고 해서 아무 때나 말해서는 안 된다.
All truth must not be told at all times.(이탈리아 속담)

■ 맹자의 이름은 가(軻), 자(字)는 자여(子輿)이며, 노나라 맹손씨의 자손이다. 공자의 손자인 자사(子思)에게 배웠다. 그는 성선설을 주창하고 인의로 천하를 다스려야 한다고 가르쳤다. 그리고 타고난 성품을 소중히 길러서 수양에 힘썼다.

사어는 위나라의 대부인데 이름은 유(鰌), 자는 자어(子魚)이다. 역사를 기록하는 관리였기 때문에 사어라고 부른다. 그는 곧은 충고를 서슴지 않았

다. 거백옥(蘧白玉)을 어진 인물이라고 추천했지만 위나라 영공(靈公)은 그의 말을 들어주지 않았다. 그는 영공의 총신 미자하(彌子瑕)에게 몰려서 죽었는데 자기 시체를 변소 옆에 놓아두라고 유언했다. 사람을 보내 문상한 영공이 이 사실을 알고 뉘우쳤다. 그리고 미자하에게 "너는 지난날에 네가 먹다가 남은 복숭아를 내게 먹였고 내 허락 없이 나의 수레를 탔으며 거백옥을 등용하지 못하게 한 세 가지 죄가 있다."고 말하고 쫓아버렸다. 여기서 '여도지죄'(餘桃之罪)라는 고사성어가 나왔다. 그리고 공자는 사어가 죽은 몸으로 영공의 허물을 지적해 준 어진 인물이라고 칭송했다.

■ 맹자처럼 타고난 천성을 잘 가꾸어서 정직하게 사는 사람은 훌륭하다. 사유처럼 윗사람에게 항상 올바른 충고를 해 주는 사람도 훌륭하다. 그런데 훌륭한 인격자가 현실에서 반드시 인정을 받고 후한 대접을 받는 것은 아니다.

오히려 모함을 받고 억울하게 배척당하는 경우가 많다. 심하면 목숨마저 잃는다. 권력자가 힘없는 백성의 이름을 들어서 공개적으로 질책한다면 그것은 사형선고를 내리는 것이나 다름이 없을 것이다.

그렇다고 해서 정직하게 훌륭하게 사는 것이 무의미한 것은 결코 아니다. 세상이 아무리 썩고 아첨과 뇌물이 무소불위(無所不爲)의 위력을 떨친다 해도, 그럴수록 올바른 사람의 삶은 더욱 값지고 빛나는 것이다. 어둠이 짙으면 짙을수록 작은 등불의 빛은 더욱 찬란한 것과 같다.

반면에 더러운 짓으로 한때 권력을 휘두르고 부귀를 누리는 사람들도 결국은 저 세상으로 가는데, 그들의 이름은 곧 잊혀지거나 더러운 이름으로 역사에 남는다.

史魚秉直

庶幾中庸 [171] 서기중용 | 중용에 이르기를 원한다면
勞謙謹勅 [172] 노겸근칙 | 부지런히 일하고 겸손하며
삼가고 경계해야 한다

庶 (여러 서) 여러, 많다, 거의, 백성, 서자, 천하다
幾 (거의 기) 거의, 가깝다, 기미, 얼마, 위태하다, 살피다
中 (가운데 중) 가운데, 안쪽, 치우치지 않다, 가운데, 맞히다, 당하다
庸 (떳떳할 용) 떳떳하다, 항상, 보통, 어리석다, 고용하다, 사용하다
勞 (수고로울 로) 수고하다, 일하다, 고단하다, 근심하다, 부지런하다
謙 (겸손 겸) 겸손하다, 공손하다, 삼가다, 덜다
謹 (삼갈 근) 삼가다, 경계하다, 금지하다, 지키다, 공경하다, 오로지
勅 (조서 칙) 조서, 타이르다, 경계하다

미덕은 중용에 있다.
Virtue lies in moderation.(로마 속담)
지나친 것은 위험하다.
Extremes are dangerous.(서양 속담)
가장 좋은 술도 지나치면 독이 된다.
In excess nectar poisons.(인도 속담)

━ '서기'는 거의 가깝다, 어떤 것에 가까워지기를 바란다는 뜻이다. '중용'은 치우치지 않고 한쪽에 기울지 않는 것이다. 군자는 중용을 지키고 소인은 중용을 거스른다고 공자는 말했다(예기 중용편). 공자가 수레를 타고 가는데 말을 타고 마주 오는 사람을 만났다. 그는 수레를 비키게 해서 상대방이 지나가게 했다. 제자 안연은 말 탄 사람이 길을 비키는 것이 도리가 아니냐고 물었다. 그러자 공자는 "상대방의 신분이 높든 낮든 가리지 않고 나 자신은 항상 겸허하게 행동하기를 원한다."고 대답했다.

■ 중용은 양다리를 걸치는 것이 아니다. 선거 때마다 보험을 들듯이 여당과 야당의 실세에게 검은 뭉칫돈을 바치는 것은 중용이 아니라 기회주의자들의 치사한 짓이다.

검은 돈을 건네는 행위 자체가 불법이기 때문이다. 시비가 생겼을 때 이쪽도 옳고 저쪽도 옳다고 하는 식도 중용이 아니다. 그것은 우유부단, 책임회피, 또는 직무유기에 해당한다.

겸허하게 행동한다고 해서 지나치게 비굴하게 구는 것은 중용이 아니다. 물론 지나치게 오만하게 구는 것도 중용일 수 없다. 중용은 무지나 어리석음에서 나오는 것이 아니라, 오히려 고차원의 지혜에서 나오는 것이다. 옳고 그름과 선악을 분명하게 가릴 줄 알고, 자기 소신에 따라 올바르게 행동하는 사람의 지혜에서 나오는 것이 중용이다.

중용은 그리 어려운 것도 아니다. 사사로운 이익에 집착하거나 편견과 오만에 사로잡히지만 않는다면, 양심의 소리에 따라 행동한다면, 바로 그것이 중용인 것이다.

중용의 길을 걷는 사람은 내 편 네 편을 가르지 않고, 사람들의 마음을 분열시키지도 않는다. 어느 쪽 편도 들지 않는다. 그가 편드는 것이 있다면 그것은 언제나 정의의 편밖에는 없다. 중용과 정의는 동전의 앞뒷면이기 때문이다.

勞 謙 謹 勅

聆音察理 [173] 영음찰리 | 목소리를 듣고
                        말의 이치를 알고

鑑貌辨色 [174] 감모변색 | 얼굴빛을 보고
                        속마음을 분별한다

聆 (들을 령) 듣다, 좇다, 따르다, 깨닫다, 나이
音 (소리 음) 소리, 음악, 말, 편지, 소식, 그늘
察 (살필 찰) 살피다, 알다, 보다, 밝히다, 고찰하다
理 (이치 리) 이치, 도리, 성품, 바르다, 고치다, 정리하다
鑑 (거울 감) 거울, 모범, 교훈, 보다, 밝다, 본뜨다, 경계하다, 비치다,
貌 (모양 모) 모양, 얼굴, 겉, 외모, 겉보기, 모습 (본뜰 막) 초상을 그리다
辨 (분별할 변) 분별하다, 분명히 하다, 판단하다
色 (빛 색) 빛, 얼굴빛, 색채, 광택, 모양, 갈래, 계집, 욕정, 화장하다

생각은 숨어 있고 표정은 공개되어 있다.
The thoughts secret and the countenance open.(이탈리아 속담)
얼굴을 맞대면 진리가 나온다.
Face to face, truth comes out.(영국 속담)
마음을 보고 사람을 판단하라.
Measure man round the heart.(서양 속담)
눈은 영혼의 거울이다.
The eye is the mirror of the soul.(서양 속담)

■ 사물에 통달한 선비는 바탕이 곧고 의리를 좋아하며, 말을 들어 이치를
살피고, 안색을 보아 상대방의 속마음을 알며, 생각을 깊이 하여 남의 아랫
사람 노릇을 하는 것이라고 공자는 말했다(논어 안연편). 또한 공자는 "나는
성인도 지혜로운 인물도 아니다. 목소리의 떨림을 분별해서 그 이유를 알
수 있을 뿐이다."라고 말했다.
  후한 때 거문고의 명수인 채옹(蔡邕)이 이웃집에 초대되어 갔다. 어떤 사
람이 거문고를 타고 있다가 나무 위의 매미를 노리는 사마귀를 보았다. 그

는 사마귀를 죽이고 싶다는 생각이 들었다. 그러자 채옹이 자리에서 일어나 돌아가려고 하면서 이렇게 말했다. "거문고 소리에 살기가 돈다." 이것이 목소리를 듣고 말의 이치를 아는 경지다.

제나라 환공이 제후들을 소집했는데 위나라 제후만이 오지 않았다. 환공은 법에 따라 그를 죽일 생각을 했는데, 환공의 부인(위나라 출신)이 그의 안색을 보고 속마음을 알아냈다. 그리고 용서해 달라고 빌었다. 환공은 용서해 줄 작정을 했다. 다음날 재상 관중이 역시 환공의 얼굴빛을 살피고는 속마음을 읽었다.

■ 열 길 물속은 알아도 한 치 사람 마음속은 모른다고 했다. 친구나 애인에게 배신당하고 피눈물을 뿌리는 사람이 얼마나 많은가! 연대보증을 섰다가 혼쭐이 난 사람은 또 얼마나 많은가!

정직한 사람이 대부분인 사회에서는 얼굴빛만 보고도 상대방의 속마음을 읽기가 쉬울 것이다. 그러나 요즈음처럼 철면피가 더 많은 세상에서는 그러기도 어렵다.

더욱이 평생을 같이 살 배우자를 고를 때 반반한 얼굴만 보고 반해서 매달리는 것처럼 위험하고 어리석은 불장난은 없다. 미모란 곧 시들고 변한다.

게다가 자기 애인보다 더 잘생기고 젊은 남녀가 매년 수없이 생기게 마련이다. 세상이 아무리 변한다 해도 역시 미모보다는 착한 마음, 정직한 마음, 지혜로운 마음이 최고다.

鑑貌辨色

貽厥嘉猷 **[175] 이궐가유** | 그 좋은 계책을
후손에게 전해 주어야 하고

勉其祗植 **[176] 면기지식** | 그 올바른 길을 공경하여
세우도록 힘써야 한다

貽 (줄 이) 남기다, 전하다, 주다, 검은 조개
厥 (그 궐) 그, 그것, 다하다, 숙이다, 짧다, 절하다, 굽다
嘉 (아름다울 가) 아름답다, 착하다, 기리다, 즐겁다, 맛 좋다
猷 (꾀 유) 꾀, 꾀하다, 그림, 옳다, 같다, 탄식하다
勉 (힘쓸 면) 힘쓰다, 부지런하다, 장려하다, 강인하다
其 (그 기) 그, 그것, 어조사
祗 (공경할 지) 공경하다, 존경하다, 삼가다, 마침, 이
植 (심을 식) 심다, 초목, 기둥, 재목, 서다, 세우다 (꽂을 치) 꽂다, 감독관

남들을 가르치는 것은 너 자신을 가르치는 것이다.
Teaching of others teaches yourself.(서양 속담)
어떠한 어려움도 영리한 계책으로 극복할 수 있다.
There is nothing so difficult that cleverness cannot overcome it.
(로마 속담)
아무 일도 하지 않는 것은 잘못을 저지르는 것이다.
Doing nothing is doing ill.(서양 속담)

■ '이궐'은 자손에게 남겨 준다는 뜻이고 '가유'는 나라를 다스리는 좋은
계책을 말한다. 관리는 이러한 좋은 계책을 남겨야 하고 그렇게 하기 위해
서는 충성과 효도를 자기 몸에 심어야 하는 것이다. 서경에서는 "네게 좋은
계책이 있으면 들어가 임금에게 아뢰고 밖에 나가 그것을 따르도록 하라."
고 했다(서경 군진 君陳).

貽 厥 嘉 猷

■ 좋은 계책을 고안하고 뒤에 남겨 주는 것은 정책을 다루는 관리의 의무다. 이 의무를 이행하지 않으면 그는 단순히 태만한 것이 아니라 나라에 큰 해를 끼치는 죄를 짓는 것이다.

그런데 권력자가 무슨 짓을 하든 그의 권력 유지에만 도움이 되는 수단이나 집권 세력의 이익만 도모하는 방안은 좋은 계책이 아니다. 좋은 계책이란 나라의 어느 일부 지역이 아니라 전체의 이익을 확보하고, 백성의 일부가 아니라 전체의 행복을 보장해 주는 계책을 말한다.

관리의 머리에서 이러한 계책이 나오려면 그는 먼저 나라와 백성을 진심으로 사랑하지 않으면 안 된다. 권력의 눈치나 보고 시녀 노릇이나 하면서 자기 자리 보존에 모든 신경을 쓰는 관리가 어떻게 국가의 백년대계를 생각해 낼 수가 있단 말인가? 그는 한 달 앞도 내다보지 못하는 근시안, 심지어는 소경일 것이다.

그리고 관리들이 좋은 계책을 마련했다고 해도 그것을 받아들이고 제대로 시행할 의지와 안목이 있는 지도자들이 없다면 아무 소용이 없다.

나라가 무너지든 백성이 도탄에 빠지든 아랑곳하지 않은 채 오로지 정권 유지에만 매달리는 지도자들에게 좋은 계책을 유조선에 가득 실어서 가져다준들 거들떠보지도 않을 것이다. 이런 경우를 만사휴의(萬事休矣)라고 한다. 모든 것이 끝장인 것이다.

勉 其 祗 植

省躬譏誡 **[177] 성궁기계** ㅣ 자신을 반성하여 스스로
꾸짖고 경계해야 하는데

寵增抗極 **[178] 총증항극** ㅣ 군주의 총애가 늘수록
오만함이 극도에 이른다

省 (살필 성) 살피다, 안부를 묻다, 깨닫다, 분별하다, 마을
 (덜 생) 덜다, 줄이다, 생략하다, 허물, 재앙, 적다
躬 (몸 궁) 몸, 자기, 몸소
譏 (나무랄 기) 나무라다, 충고하다, 싫어하다, 살피다
誡 (경계할 계) 경계하다, 훈계하다, 고하다, 명하다, 교훈
寵 (괼 총) 사랑하다, 임금의 총애를 받다, 은혜, 첩, 높이다
增 (더할 증) 더하다, 늘리다, 거듭하다, 점점, 많다
抗 (대항 항) 대항하다, 두둔하다, 들다
極 (다할 극) 다하다, 지극하다, 한계, 매우, 근본, 불행한 일

너무 높이 올라가면 떨어진다.
He who climbs too high, falls.(이탈리아 속담)
총애란 생명처럼 반드시 사라진다.
Favor will as surely perish as life.(서양 속담)
사랑이 식으면 결점만 보인다.
Faults are thick when love is thin.(영국 속담)
오만은 다른 미덕을 모두 질식시킨다.
Pride joined with many virtues chokes them all.(서양 속담)

■ 증자(曾子)는 하루에 세 번 자기 자신을 반성한다고 말했다(논어 학이편 學而篇). 관리는 항상 자신을 반성하고 근신해야 하는 것이다. 또한 임금의 총애를 많이 받을수록 오만해지고 그 오만이 극도에 이르기 쉽다. 항(抗)은 대항한다는 뜻인데, 여기서는 윗사람을 우습게 보고 잘난 체한다는 뜻이다.
춘추시대 때 제나라 경공(景公)을 호위하는 전개강, 고야자, 공손첩(田開彊, 古冶子, 公孫捷) 등 무사 세 명이 자기 힘과 공적을 자랑하면서 법을 무

省 躬 譏 誡

시하고 제멋대로 굴었다. 그들은 맨주먹으로 호랑이를 때려잡을 정도의 장사들이었다. 재상 안영(晏嬰)이 그들을 해임하라고 권고했지만 경공은 후환이 두려워서 망설였다. 그래서 안영이 그들을 쉽게 제거할 꾀를 냈다.

경공은 노나라 군주를 초대한 자리에서 만수금도(萬壽金桃)라고 하는 대단히 큰 복숭아 두 개를 무사들에게 주고는 공적이 제일 많은 두 사람이 각각 하나씩 먹으라고 했다. 복숭아를 못 먹은 고야자가 수치심 때문에 자결하자 다른 두 명도 차례로 자결했다. 임금의 총애를 믿고 오만하게 굴다가 죽은 것이다. 여기서 '이도살삼사'(二桃殺三士)라는 고사성어가 나왔다.

■ 관리는 지위가 높을수록 더욱 겸허하고 늘 자신을 반성해서 잘못을 경계해야 한다. 이것은 물론 당연한 원칙을 천명하는 말이다. 그러나 정승 집 하인마저도 자기가 정승인 듯이 오만하게 구는 것이 현실이다. 그렇다고 해서 이 원칙이 틀린 것이 결코 아니다. 아무리 현실이 거꾸로 간다고 해도 원칙은 원칙인 것이다.

최고권력자의 후계자로 자타가 공인하던 사람이 순조롭게 권력을 이어받은 예는 드물다. 토사구팽(兔死狗烹)을 당하거나 모함에 걸려 실각하는 경우가 대부분이다. 권력자의 총애만 믿고 오만 방자하게 굴다가 스스로 판 무덤에 굴러 떨어지는 경우도 많다.

원래 모든 지위는 일시적인 것이다. 왕의 자리마저도 일시적이다. 천수를 누리고 편안하게 왕으로 죽는 경우는 오히려 예외적인 것이다. 그러니까 왕마저도 안하무인으로 잔인한 정치를 펴다가는 제 명에 죽지 못하고 만다. 왕이 총애를 거두면 관리는 죽은 목숨이고, 하늘이 총애를 거두면 왕도 죽은 목숨인 것이다.

寵 增 抗 極

殆辱近恥
[179] 태욕근치 | 욕된 처지에 이르면 수치가 가까이 닥친 것이니

林皐幸卽
[180] 임고행즉 | 숲과 냇가에서 지내는 것이 다행이다

殆 (위태할 태), (이를 태) 위태하다, 비롯하다, 장차, 의심하다, 거의
辱 (욕될 욕) 욕되다, 욕하다, 욕보이다, 수치, 더럽히다, 무덥다
近 (가까울 근) 가깝다, 비슷하다, 알기 쉽다, 요즘, 곁, 일가, 친척
恥 (부끄러울 치) 부끄러워하다, 부끄러움, 욕되다
林 (수풀 림) 수풀, 무성하다, 많다, 동아리, 들판
皐 (언덕 고), (물가 고) 언덕, 물가, 논, 부르다, 명령하다, 높다 (속자: 皋)
幸 (요행 행), (즐길 행) 요행, 다행, 행복, 바라다, 임금의 외출, 즐기다
卽 (곧 즉) 곧, 가깝다, 나아가다, 다만, 만약, 끝나다, 죽다, 뒤를 좇다

위험에 처한 명성은 구출하기 어렵다.
Fame in danger is not easily rescued.(로마 속담)
지위가 높을수록 투쟁도 가깝다.
Highest in court, next the strife.(스코틀랜드 속담)
위험을 예견하면 이미 절반은 피한 셈이다.
A danger foreseen is half avoided.(서양 속담)
누구에게나 원수는 있다.
No man is without enemies.(아랍 속담)

■ 고(皐)는 연못가 또는 냇가의 언덕이다. '임고'는 마을에서 멀리 떨어진 숲과 시냇가 언덕을 말한다. 지위가 높아지면 윗사람의 의심을 받고 아랫사람의 미움을 사서 욕된 처지에 놓이고 수치를 당하기 쉽다. 그런 경우에는 벼슬에서 물러나 산 속에 들어가서 한가롭게 여생을 즐기는 것이 더 낫다. 노자는 "스스로 만족할 줄 알면 욕을 당하지 않고, 그칠 줄 알면 위태롭지 않다."고 했다. 장자는 "산과 숲과 냇가가 나를 즐겁게 해 준다."고 말했다 (지북유 知北遊).

殆辱近恥

'임고'를 조나라 대신의 이름으로 보는 설도 있다. 그는 아들 아홉을 두었는데 모두 현명했다. 왕이 그들을 질투해서 죽이려고 하자, 그는 아들을 모두 데리고 백운산(白雲山)에 들어가 나오지 않았다. 왕은 잘한 일이라고 말했다.

■ 왕이 아무리 현명하고 유능해도, 어리석고 무능한 신하들만 데리고 있다면 통치는 불가능하다. 그와 반대되는 경우는 어떨까? 어리석은 왕이 나랏일을 신하들에게 일임한다면 신하들은 그럭저럭 꾸려 나갈 것이다. 그러나 왕이 어진 신하들을 시기하고 해치려고 든다면 나라가 망하는 것은 시간 문제다.

지혜와 학식이 모자라는 지도자가 자기보다 훨씬 뛰어난 인재들을 거느리고 있다면 그것은 그 지도자에게 더없는 행운이다. 그런데도 아랫사람들을 시기하고 조롱한다면, 그는 열등감을 드러낼 뿐만 아니라 자신이 지도자 자격이 없다는 사실을 만천하에 공개하는 것이다.

단종의 복위를 노리다가 처형당한 사육신도 있지만 김시습 등 생육신도 있는 것이다. 생육신은 비겁한 인물들이 아니다. 그들은 수양대군을 왕으로 인정하지 않았고 수양대군 따위는 자기들이 섬길 가치도 없는 자라고 판단한 것이다.

그런데 짓밟히고 발에 차여도 높은 자리 하나만 주면 지도자의 발등이라도 핥아 주겠다고 나서는 소위 지식인이 한둘이 아니다. 이런 현상도 예나 지금이나 변함이 없다.

林皐幸即

兩疏見機
[181] 양소견기 | 소광(疏廣)과 소수(疏受)는 적절한 기회를 보아서

解組誰逼
[182] 해조수핍 | 관인의 끈을 풀어 사임했으니 누가 탓하겠는가?

兩 (두 량) 둘, 쌍, 짝, 무게나 수레 세는 단위
 (냥 냥) 무게 단위, 엽전 세는 단위
疏 (성길 소) 성기다, 거칠다, 상소하다, 서투르다, 멀다
見 (볼 견) 보다, 반성하다, 분별하다, 소견, 생각, 당하다
 (나타날 현) 나타나다, 드러내 보이다, 벼슬하다
機 (틀 기) 베틀, 기계, 계기, 실마리, 기회, 갈림길, 기틀
解 (풀 해) 풀다, 풀리다, 깨닫다, 나태하다, 흩어지다, 사과하다
組 (끈 조) 끈, 짜다, 땋다, 만들다, 조직하다, 관인에 달린 끈
誰 (누구 수) 누구, 무엇, 묻다, 옛날
逼 (핍박할 핍) 핍박하다, 가깝다, 위협하다, 강제하다, 급박하다

왕궁에서 멀어질수록 근심은 줄어든다.
Far from court, far from care.(프랑스 속담)
궁전이 너를 버리기 전에 네가 먼저 궁전을 떠나라.
Leave the court before the court leave you.(스코틀랜드 속담)
불에 너무 가까이 가면 불에 탄다.
He warms too near that burns.(서양 속담)
환영받을 때 떠나라.
Do not wear out your welcome.(서양 속담)

■ 전국시대 때부터 관리를 임명할 때 벼슬 명칭을 새긴 관인을 주었는데 그 관인에 끈이 달려 있었다. 금으로 만든 관인에는 자주색 끈, 은으로 된 관인에는 푸른 끈, 구리로 만든 관인에는 검은색이나 누런색의 끈을 달았다. 그래서 관인의 끈을 푼다는 것은 사임한다는 의미가 된다. '양소'는 소광과 소수, 두 사람을 가리킨다.

兩疏見機

소광은 한나라 성제(成帝) 때 태자의 스승이다. 그는 조카인 소수를 자기 보좌관으로 거느렸다. 그들은 높은 관직에 오래 머물 수 없다는 것을 깨닫고 사임했다. 고향으로 돌아간 그들은 황제와 태자가 준 돈을 모두 친척과 친구들에게 나누어주고 시골에서 한가롭게 지냈다. 소광은 "어진 사람에게 재물이 많으면 지혜가 줄고, 어리석은 자에게 재물이 많으면 잘못이 증가한다."고 말했다.

■ 후진을 위해 용퇴한다는 말을 하는 사람들이 있다. 그들이 정말 자진해서 용퇴하는 것인지, 아니면 자리 다툼이나 권력 투쟁에서 실패하여 어쩔 수 없이 쫓겨나는 주제에 체면을 세우려고 그런 식으로 점잖게 말하는지 알쏭달쏭할 때가 많다.

윗사람이 만류하는데도 불구하고 진심으로 용퇴하는 경우라면 참으로 가상하다. 용기 있는 결단이고 현명한 조치이기 때문이다. 이런 경우가 과연 몇이나 될까?

인생은 짧다고 누구나 말한다. 그러나 시간이 귀중하다는 사실을 정말 깨달은 사람은 별로 없다. 그렇기 때문에 수많은 사람들은 권력이 허망한 것인 줄 알면서도 거기 한 다리 끼지 못해서 안달을 하는가 하면, 더러운 정치판에 뛰어들어 이전투구(泥田鬪狗)를 하느라 아까운 청춘과 세월을 다 보내고 있다.

관직이란 나아갈 때가 있고 물러날 때가 있다. 기회가 닿아서 일단 나아갔다면 소신과 양심을 다 바쳐서 백성들을 위해 일해야 한다. 그러나 물러날 때가 오면 미련 없이 물러나야 한다. 적절한 때를 놓치면 망신만 당하기 십상이다.

解組誰逼

索居閑處 [183] 색거한처 | 한적한 곳을 찾아 혼자 살며
沈默寂寥 [184] 침묵적료 | 아무 말도 없이 한가롭고 조용히 지낸다

索 (찾을 색) 찾다, 가지다, 바라다 (동아줄 삭) 동아줄, 꼬다, 얽히다
居 (살 거) 살다, 머물다, 앉다, 보통 때, 저축하다, 자리, 곳, 법도
閑 (한가할 한) 한가하다, 겨를, 사이, 고요하다, 우아하다, 막다 (통자: 閒)
處 (곳 처) 곳, 위치, 살다, 처치하다, 묵다, 쉬다, 처녀
沈 (잠길 침) 잠기다, 물에 빠지다, 막히다, 숨다, 깊다, 늪 (성 심) 성씨
默 (잠잠할 묵) 잠잠하다, 조용하다, 독직(瀆職)하다, 검다, 어둡다
寂 (고요할 적) 고요하다, 적막하다, 쓸쓸하다, 열반
寥 (고요할 료) 고요하다, 쓸쓸하다, 텅 비다, 공허하다, 하늘

조용한 삶을 위해서는 무엇이든지 희생한다.

Anything for a quiet life.(영국 속담)

나쁜 친구들과 어울리는 것보다 혼자 지내는 것이 낫다.

Better be alone than in ill company.(스코틀랜드 속담)

말은 은이고 침묵은 금이다.

Speech is silver, silence is golden.(서양 속담)

침묵의 보상은 확실하다.

Sure is the reward of silence.(로마 속담)

■ '색거'는 한적한 곳에서 혼자 사는 것을 말한다. 공자의 제자 자하(子夏)는 "나는 친구들을 떠나 한적한 곳에서 이미 오랫동안 혼자 살았다."고 말했다(예기 단궁편 상 檀弓篇 上). 후한서(後漢書)에서는 "덕과 도 가운데 어느 것이 더 귀중한가? 명예와 자기 몸 가운데 어느 것이 내게 더 소중한가? 산골짜기를 찾아서 한가롭게 살고 적막함을 지켜서 정신을 수양해야 한다."고 했다(풍연전 현지부 馮衍傳 顯志賦). 진서(晉書)에서는 "침묵 속에 내 마음을 지키니 말할 것이 하나도 없다."고 했다(혜강전 嵇康傳).

索居閑處

■ 요즈음 평균 수명이 80세에 이르러 환갑 잔치를 하는 사람은 거의 없다. 진갑 잔치마저도 희귀한 세상이다. 그런데 60은커녕 40이나 30에 백수가 된 사람들은 어떻게 하라는 말인가? 20대의 실업자들은 또 무엇인가? 한적한 곳으로 기어들어가 유유자적한다? 그렇게 하고 싶어도 이제는 한적한 곳도 없다. 있다고 해도 그럴 수도 없다.

군이 만용을 부려서 인생은 60부터라고 외치는 사람들도 있다. 그러나 한 번 크게 외치고 나서는 그 다음은 꿀 먹은 벙어리다. 할 일이 없다는 것이다. 과연 그럴까?

사람은 죽을 때까지 일을 해야 한다. 직장에서는 은퇴가 있어도 인생에서는 은퇴가 없다. 인생에 은퇴가 있다면 그것은 죽음뿐이다. 직장에서 물러났다고 해도 남을 위해 봉사하는 일은 얼마든지 할 수 있고, 그런 일은 찾아보면 얼마든지 있다.

봉사하기가 싫다면 자기 자신을 위해서 일해야 한다. 시간이 없어서 못 읽었던 좋은 책들도 읽고 음악도 감상하고 새로운 취미도 개발하라. 마음을 고요하게 가라앉히면 시장 바닥마저도 한적한 곳이 된다.

沈黙寂寥

求古尋論 [185] 구고심론 | 옛사람의 도를 구하고 현자들의 논의를 찾으며

散慮逍遙 [186] 산려소요 | 모든 근심을 흩어버린 채 한가롭게 거닐며 산다

求 (구할 구) 구하다, 찾다, 구걸하다, 묻다
古 (옛 고) 옛, 오래되다, 비롯하다, 선조
尋 (찾을 심) 찾다, 평소, 항상, 계승하다, 거듭하다
論 (말할 론) 말하다, 의논하다, 토론하다, 견해, 학설
散 (흩어질 산) 흩어지다, 펴다, 헤어지다, 한가하다, 가루약
慮 (생각 려) 생각하다, 염려하다, 근심, 대략
逍 (거닐 소) 거닐다, 노닐다
遙 (멀 요) 멀다, 아득하다, 길다, 거닐다

과거의 근심을 잊고 오늘을 즐기며 살라.
Live today, forgetting the anxieties of the past.(로마 격언)
침묵의 나무에는 평화의 열매가 달린다.
The tree of silence bears the fruit of peace.(아랍 속담)
가득 찬 그릇은 소리가 없다.
Full vessels give the least sound.(독일 속담)
침묵보다 더 큰 지혜는 없다.
No wisdom to silence.(서양 속담)

■ 속세를 떠나 한적한 곳에서 숨어 사는 사람은 언제나 입을 다문 채 세상의 잡다한 일에 관해서 말하지 않는다. 그는 책을 읽으면서 옛사람들의 도를 논의하여 그 이치를 깨달으려고 노력한다. 또한 근심 걱정을 벗어버린 채 한가롭게 거닐며 스스로 만족한 생활을 즐긴다. 공자는 "나는 태어날 때부터 아는 사람이 아니라 옛일을 좋아하고 그것을 구하는 데 민첩한 사람이다."라고 말했다(논어 술이편 述而篇).

求 古 尋 論

■ 속세를 버리고 절에 들어가는 것을 출가라고 한다. 가톨릭 신자가 수도원이나 수녀원에 들어가는 것도 출가와 같은 맥락이다. 그러면 특정한 장소에 들어가는 것만이 출가일까?

몸은 한적한 곳에 있어도 마음속에는 온갖 세속 일이 가득 차 있다면 그것이 무슨 출가일까? 오히려 몸은 비록 세속에 있어도 마음은 세속을 떠나 자유롭다면 그런 사람이 진정한 출가를 한 것이 아닐까?

은퇴한 뒤에 새로운 사업에 뛰어들어 일에 매달리지 않는 경우라면, 굳이 산 속으로 들어가지 않아도 진정한 마음의 자유를 확보할 수도 있다. 부동산, 증권, 로또 복권 따위에 더 이상 신경 쓰지 말고 유유자적할 수가 있는 것이다.

한때 직장인으로 활동한 것은 결국 언젠가는 자신의 마음을 수양하기 위해 모든 시간을 바칠 수 있는 시기를 얻기 위한 것이다. 은퇴 이후의 시기가 바로 그것이다. 바라든 바라지 않든 그런 시기를 맞이했는데 무엇을 망설이는가?

짧다면 짧고 길다면 긴 여생이 남아 있는데, 이 기간 동안 참다운 마음의 자유를 누리지 못한다면 언제 누릴 것인가? 이것은 누구에게나 마지막 기회다. 결코 놓칠 수가 없다.

散慮逍遙

欣奏累遣

[187] 흔주누견 | 즐거움이 모이면
근심이 사라지고

感謝歡招

[188] 척사환초 | 슬픔이 물러가면
기쁨이 밀려온다

欣 (기쁠 흔) 기쁘다, 좋아하다, 무성하다
奏 (아뢸 주) 아뢰다, 연주하다, 상소하다, 편지 (동자: 輳, 湊, 腠)
累 (묶을 루) 묶다, 늘다, 포개다, 얽히다, 여럿, 번거로움, 근심, 짐
遣 (보낼 견) 보내다, 내쫓다, 하게 하다, 선물, 심부름꾼
慼 (슬플 척) 슬프다, 근심하다 (통자: 戚; 동자: 慽)
謝 (사례할 사) 사례하다, 사죄하다, 사퇴하다, 죽다, 거절하다, 인연을 끊다
歡 (기쁠 환) 기뻐하다, 즐거움, 좋아하다, 친하다 (통자: 驩, 懽)
招 (부를 초) 부르다, 소집하다, 손짓하다, 들다, 얽어매다, 과녁

슬픔과 기쁨은 서로 뒤를 따른다.
Sadness and gladness succeed one another.(서양 속담)
눈물보다 더 빨리 마르는 것은 없다.
Nothing dries sooner than a tear.(이탈리아 속담)
슬픔을 나누면 반으로 줄고 기쁨을 나누면 두 배로 는다.
A sorrow shared is but half a trouble, but a joy that's shared is a
joy made double.(서양 속담)
끝없이 즐거움을 주는 것은 없다.
Nothing is ever long which gives endless pleasure.(로마 속담)

■ 한가롭게 살고 생각을 편안하게 하면 즐거운 마음이 저절로 일어난다.
번거로운 일들이 스스로 물러가고 슬픈 생각이 나날이 줄어든다. 그러면 기
쁨이 가슴속에 가득 차게 되는 것이다.

■ 예전에 그리스의 스토아 학파 철학자가 자기 머리를 벽에다 대고 계속 부딪쳤다. 누가 그 이유를 묻자 그는 머리를 부딪치지 않을 때 쾌감을 느끼기 위해서 부딪치는 것이라고 대답했다. 결국은 머리를 부딪칠 때 느끼는 아픔과 부딪치지 않을 때 느끼는 쾌감이 다 같은 것이라는 의미였다.

물론 슬픈 것은 슬프고 기쁜 것은 기쁘다. 그리고 세상을 살다 보면 기쁜 일에 이어서 슬픈 일이 닥치는 경우가 많다. 항상 부유하고 행복하게 사는 듯이 보이는 사람들도 속사정을 들여다보면 나름대로 모두 고민거리도 있고 괴로운 일들도 적지 않다. 그리고 가난하고 비참하게 사는 사람들에게도 즐거운 일은 있는 법이다.

고통이든 불행이든 두려워할 것은 없다. 이런 저런 일을 다 겪으면서 사는 것이 인생이다. 누구도 피할 수가 없다. 따라서 인생은 자기 마음을 어떻게 먹느냐에 달려 있다.

어떠한 처지에 놓이더라도 평온한 마음을 유지하면서 견디면 그만이다. 억울할 것도 없다. 남을 원망할 것도 없다. 태어날 때 밑천을 들인 것도 없으니 인생에서 손해 볼 것도 없다. 어차피 인생이란 누구나 공수래 공수거 (空手來空手去)가 아닌가!

感 謝 歡 招

渠荷的歷 **[189] 거하적력** | 개천의 연꽃은
환하고 뚜렷하게 피어 있고

園莽抽條 **[190] 원망추조** | 동산의 수풀은
가지를 무성하게 뻗고 있다

渠 (도랑 거) 개천, 도랑, 크다, 저것, 무엇 (통자: 遽, 詎)
荷 (연꽃 하) 연꽃, 책망하다, 번거롭다, 짊어지다, 짐
的 (과녁 적) 과녁, 표준, 선명하다, 밝다, 희다, 곤지, 연밥, ~의
歷 (지낼 력) 지내다, 겪다, 역력하다, 모두, 만나다, 달력
園 (동산 원) 동산, 뜰, 밭, 묘소, 울타리, 별장, 절
莽 (풀 우거질 망) 풀, 풀이 우거지다, 거칠다, 시골 경치
抽 (뺄 추) 빼다, 뽑다, 당기다, 싹트다, 거두다
條 (가지 조) 나뭇가지, 뻗어나가다, 조리, 맥락, 법, 끈

정원은 몸처럼 잘 가꾸어야 한다.
A garden must be looked unto and dressed as the body.(서양 속담)
제철을 만난 것은 무엇이나 다 좋다.
Everything is good in its season.(서양 속담)
꽃 한 송이로는 화환을 만들지 못한다.
One flower makes no garland.(서양 속담)
풀은 큰길에서 자라지 못한다.
Grass grows not on the highway.(영국 속담)

■ 하(荷)는 원래 연(蓮) 잎이고 일반적으로 연이라는 뜻으로 쓴다. 그러나 여기서는 연꽃으로 본다. 이 구절은 속세를 떠나서 사는 사람의 거처 주변의 풍경을 설명하는 말이다. 개천이나 저수지에 핀 연꽃은 싱싱하고 아름답다. 동산의 풀은 무성하여 가지가 높이 자라고 있는 것이다.

渠 荷 的 歷

■ 자기 집 정원에서 한가로운 시간을 보낼 수만 있다면 얼마나 좋겠는가! 화창한 봄날 나무 그늘 아래 의자를 놓고 앉아서 책을 읽는다면 얼마나 기분이 좋겠는가! 돗자리를 깔고 누워 낮잠을 잘 수 있다면 얼마나 행복한 시간인가! 그러나 그것은 꿈이다.

아파트, 빌라, 연립주택 등 각종 명칭의 집단 주거 건물에는 약간의 녹지대가 있을 뿐 그런 정원은 딸려 있지 않다. 대도시의 단독주택에도 정원이라고 부를 정도의 푸른 공간이 있는 곳은 매우 드물다.

정년 퇴직을 했든, 본의 아니게 일찍 백수가 됐든, 아니면 일반 시민들이든, 숨통이 트이는 녹지대에 가서 쉬고 싶다면 공원에 갈 수밖에 없다. 그런데 언제라도 걸어서 찾아갈 수 있는 공원다운 공원이 집 근처에 별로 없다. 설령 공원에 간다 해도 눈에 거슬리는 광경이 적지 않아 기분을 잡치기 일쑤다.

공원은 단순히 나무나 화초를 심어 놓은 곳이 아니다. 잔디밭을 만들어 놓고 구경하는 곳도 아니다. 아스팔트 정글에 사는 시민들이 언제나 쉽게 찾아가서 마음 놓고 쉴 수 있는 곳이어야 한다. 마음의 쉼터가 되는 공원이 너무나도 부족하다. 그 많은 세금을 거두어간 정부는 도대체 무엇을 하고 있는가?

園莽抽條

枇杷晚翠
[191] 비파만취 | 비파나무는 늦게까지 푸르고

梧桐早凋
[192] 오동조조 | 오동나무 잎은 일찍 시든다

枇 (비파나무 비) 비파나무, 비파(악기), 주걱, 숟가락, 참빗
杷 (비파나무 파) 비파나무, 비파, 써레, 칼자루
晚 (늦을 만) 늦다, 저물다, 저녁때, 노년, 천천히, 자식, 후배
翠 (푸를 취) 푸르다, 비취, 물총새, 꽁지 살
梧 (오동나무 오) 오동나무, 거문고, 책상, 기둥
桐 (오동나무 동) 오동나무, 거문고
早 (일찍 조) 일찍, 이르다, 미리, 처음, 새벽, 서두르다, 급히
凋 (시들 조) 시들다, 쇠하다, 여위다 (통자: 彫)

껍질을 보고 나무를 판단할 수는 없다.

You cannot judge of a tree by its bark.(이탈리아 속담)

나무는 잎이 아니라 열매로 판단하라.

Judge a tree by its fruits, not by its leaves.(로마 속담)

높은 나무는 바람을 많이 받는다.

Tall trees catch much wind.(서양 속담)

한 번 찍어서 넘어지는 나무는 없다.

No tree falls at the first stroke.(독일 속담)

━ 비파나무는 겨울에 눈이나 서리가 내려도 그 잎이 시들지 않고 푸르게 남아 있다. 겨울에 하얀 꽃이 피고 열매는 여름에 익는다. 열매는 먹을 수 있는 것이고 잎은 약으로 쓴다.

오동나무는 가을에 그 잎이 일찍 시들어 떨어진다. 회남자(淮南子)에서는 "나뭇잎 하나가 떨어지는 것을 보고 한 해가 장차 저물 것임을 안다."고 했다(설산훈 說山訓).

枇杷晚翠

■ 서리가 내리고 눈보라가 쳐도 여전히 잎이 푸른 나무를 굳은 절개를 지키는 꼿꼿한 선비의 상징으로 보는 것은 좋다. 그러나 그런 나무가 낙엽 지는 다른 나무보다 더 우수하다고 보는 것은 잘못이다. 나무란 각각 특성이 있어서 일 년 내내 잎이 푸른 상록수가 있는가 하면 가을에 잎이 일찍 시들어 떨어지는 나무도 있다. 그것은 자연스러운 현상이다.

같은 종류의 나무 여럿 가운데 어떤 나무는 열매가 풍성히 열리는 반면, 어떤 나무는 잎만 무성하고 열매가 별로 열리지 않는다면, 열매를 많이 맺는 나무가 당연히 우수하다. 그러니까 잎이 아니라 열매를 보고 나무를 판단해야만 한다.

잎만 무성한 나무는 말만 많고 실천은 뒤따르지 않는 사람과 같은데, 현실에는 많다. 말없이 자기 일에 충실한 사람들보다는 사리에도 맞지 않는 일을 선동하는 사람들이 한층 인기를 얻고 두각을 나타내는 경우가 적지 않다.

잎이 무성한 계절에는 어느 나무가 좋은 것인지 옥석을 구별할 수 없다. 그러나 결실의 계절이 오면 분명히 드러난다. 사람도 마찬가지다. 누구에게나 닥치는 죽음이 곧 결실의 계절이다.

梧 桐 早 凋

陳根委翳 [193] 진근위예 | 묵은 뿌리들은 시들고
落葉飄颻 [194] 낙엽표요 | 낙엽들은 바람에 흩날린다

陳 (묵을 진) 묵다, 오래되다, 늘어놓다, 진열하다, 설명하다, 섬돌
根 (뿌리 근) 뿌리, 밑, 그루, 근본, 뿌리박다, 근거하다, 뿌리 뽑다, 생식기
委 (맡길 위) 맡기다, 시들다, 버리다, 자세하다, 쌓다, 쇠하다
翳 (가릴 예) 가리다, 덮다, 막다, 물리치다, 숨다, 죽다
落 (떨어질 락) 떨어지다, 탈락하다, 몰락하다, 죽다, 버리다, 낙엽
葉 (잎 엽) 잎, 갈래, 세대, 시대 (땅 이름 섭) 지명, 성(姓) (책 접) 책
飄 (나부낄 표) 나부끼다, 떠돌다, 떨어지다, 회오리바람
颻 (나부낄 요) 나부끼다, 바람에 날려 흩어지다, 질풍

가을이 오면 풀은 시든다.
The grass withers as autumn comes on.(로마 속담)
노인들은 죽음에게 가고 죽음은 젊은이들에게 온다.
Old men go to death, death comes to young men.(서양 속담)
모든 사람은 노년기를 경멸하면서도 탐내고 있다.
Old age, though despised, is coveted by all.(서양 속담)

■ 오래 묵은 뿌리가 시들면 나무는 저절로 쓰러져 그 잎과 가지들이 땅을 가린다. 그리고 나무에서 떨어진 낙엽들은 바람이 부는 대로 날려서 사방으로 흩어진다.

陳根委翳

■ 사회란 참으로 다양한 문제를 안고 있다. 아무리 작은 조직에서도 젊은 세대의 혈기와 의욕만으로는 도저히 해결되지 않는 문제들이 한둘이 아니다. 젊은 세대와 기성 세대가 서로 의견을 교환하고 협력해야만 모든 문제가 원활하게 풀리고 사회는 발전을 기할 수가 있는 것이다.

세대 교체라는 것은 언제나 이루어지고 있다. 구호를 외치고 급격하게 세대 교체를 한다고 해서 그 사회가 한층 더 빨리 발전한다는 보장은 없다. 오히려 서서히 자연스럽게 교체를 해야만 부작용이 최소한으로 줄어드는 것이다. 묵은 뿌리가 죽고 낙엽이 바람에 날리듯 기성 세대는 때가 되면 자연스럽게 사라진다.

사람도 사회도 날마다 조금씩 변한다. 그런데 변화의 한가운데에 서 있으면 그 변화를 느끼지 못한다. 그러나 멀리서 바라보면 누적된 변화가 엄청나다는 것을 새삼 깨닫고 놀란다. 3~4년 동안 해외 근무를 마치고 돌아온 사람들이 우리 사회가 그동안 크게 변한 것을 보고 놀라는 것도 바로 그런 이유인 것이다. 중요한 것은 그 변화가 어떤 종류의 변화인가 하는 문제다. 젊다고 큰소리만 칠 것이 아니다.

落葉飄飆

遊鯤獨運 [195] 유곤독운 | 유유히 노는 곤 새가 홀로 움직이고

凌摩絳霄 [196] 능마강소 | 붉게 물든 하늘을 마음대로 날아다닌다

遊 (놀 유) 놀다, 여행하다, 떠돌다, 유세하다, 여가, 놀이
鯤 (곤이 곤) 곤이(물고기 뱃속의 알), 곤(鯤) 새
獨 (홀로 독) 홀로, 외롭다, 오직, 홀몸, 어찌, 장차, 어느, 그
運 (운전할 운) 운전하다, 움직이다, 옮기다, 운수, 길, 천체의 궤도
凌 (능멸할 릉) 깔보다, 능가하다, 침범하다, 올라타다, 넘다
摩 (만질 마) 만지다, 갈다, 닿다, 멸하다, 헤아리다, 고치다, 줄다
絳 (붉을 강) 진홍색, 지명, 강 이름
霄 (하늘 소) 하늘, 진눈깨비, 밤, 구름, 꺼지다, 다되다

독수리들은 홀로 날아다닌다.
Eagles fly alone.(영국 속담)
맹금들은 무리를 이루지 않는다.
Birds of prey do not flock together.(포르투갈 속담)
하늘 높이 나는 매는 군주와 같다.
High-flying hawks are fit for princes.(서양 속담)
그는 자기 날개로 날아간다.
He flies with his own wings.(로마 속담)

■ '유곤'은 '遊鵾'으로 표기하기도 한다. 곤(鯤)은 장자 소요유(莊子 逍遙遊)에 나오는 상상의 물고기다. 북쪽 바다에 사는데 크기가 몇 천 리인지 모른다. 변해서 붕조(鵬鳥), 즉 곤(鵾) 새가 되는데 날개의 넓이가 만 리이고 길이가 천 리이다. 한편 곤(鵾) 새는 곤계(鵾鷄)와 같은 새로 봉황의 일종이라고도 한다. '강소'는 해가 뜰 때 붉게 물드는 동쪽 하늘을 말한다.

遊鯤獨運

■ 부화뇌동(附和雷同)하는 오합지졸(烏合之卒)들은 인생의 참된 묘미를 모른다. 선동가들의 구호나 깃발에 따라 이리 몰리고 저리 몰리다가 자신의 아까운 세월을 모두 낭비하고 만다. 그들은 바람에 흩날리는 낙엽과 같다. 혼자 있으면 불안해서 못 견딘다.

그래서 사람들이 많이 모이는 곳이라면 무작정 찾아가서 함께 구호를 외친다. 그렇게 외치는 구호의 결과가 자신에게 어떤 피해를 가져오는지 깨닫지도 못한다.

자신의 삶에 충실한 사람은 오합지졸의 대열에 끼이지 않고 홀로 움직인다. 다른 사람의 눈이 아니라 자신의 눈으로 모든 사물과 일을 판단한다. 여론이나 인기 따위에 휩쓸리지도 않는다.

진리는 다수결로 결정되는 것이 아니라는 사실을 그는 명심한다. 물론 모든 진리가 한 사람의 판단으로 결정되는 것은 아니라는 것도 안다.

그는 끊임없이 공부하고 지혜를 축적한다. 풍부한 지식과 지혜는 새의 튼튼한 날개와 같다. 날개가 없으면 새가 날아갈 수 없듯이 사람도 지식과 지혜가 없으면 세상의 험한 풍파를 헤쳐나갈 수 없는 것이다.

凌摩絳霄

耽讀翫市 [197] 탐독완시 │ 독서를 너무 좋아해서
　　　　　　　　　　　　시장에서도 즐겨 읽고

寓目囊箱 [198] 우목낭상 │ 한 번 보면 책을 주머니나
　　　　　　　　　　　　상자에 넣듯 모두 외운다

耽 (즐길 탐) 즐기다, 좋아하다, 탐닉하다
讀 (읽을 독) 읽다, 해독하다, 설명하다 (구두 두) 구두점, 이두
翫 (구경할 완) 구경하다, 가지고 놀다, 장난감, 익숙하다, 싫다
市 (저자 시) 저자, 시장, 시가지, 장사, 거래, 흥정하다
寓 (붙일 우) 붙어서 살다, 머무르다, 보내다, 맡기다, 핑계 삼다
目 (눈 목) 눈, 보다, 요점, 조목, 당장, 두목, 명목, 죄목
囊 (주머니 낭) 주머니, 자루, 지갑, 넣다, 싸서 동여매다, 불알
箱 (상자 상) 상자, 수레 위, 쌀 창고, 곁채

책을 많이 읽을 것이 아니라 깊이 읽으라.

Read much, not many books.(로마 속담)

책과 친구는 극소수의 좋은 것을 가져야 한다.

Books and friends should be few and good.(스페인 속담)

읽지 않는 책은 종이 묶음에 불과하다.

A book that is shut is but a block.(서양 속담)

나쁜 책은 가장 큰 도둑이다.

No worse thief than a bad book.(이탈리아 속담)

■ 책을 싼 보자기나 책이 든 주머니를 서낭(書囊)이라고 한다. 책이 든 상자는 서상(書箱) 또는 서록(書簏)이라고 한다. 한나라의 왕충(王充)은 책읽기를 너무나도 좋아했지만 집이 가난해서 읽을 책이 별로 없었다. 그래서 낙양의 시장에 나가서 책방의 책을 열심히 들쳐보며 읽었다. 그리고 한 번 보기만 해도 책을 주머니나 상자에 넣듯이 모조리 암기하는 비상한 기억력이 있었다. 당나라의 한퇴지(韓退之)는 "글을 읽으면 어질게 되고 부귀를 얻을 것이다. 그러나 글을 읽지 않으면 어리석게 되고 가난해질 것이다."라고 아들에게 훈계했다.

耽　讀　翫　市

■ 물론 지식이 풍부하다고 해서 반드시 출세하고 부귀 영화를 누리는 것은 아니다. 그리고 그런 목적으로만 책을 읽는 것도 아니다. 또한 지식이 풍부한 사람이 반드시 지혜로운 것도 아니다. 지식과 지혜는 별개의 것이다.

좋은 책은 좋은 친구다. 그래서 책을 읽는 것이다. 현실에서는 철석같이 믿던 친구에게 배신당하는 경우가 많다. 그러나 좋은 책은 자기를 좋아하는 친구를 해치는 경우가 절대로 없다. 거기 들어 있는 내용은 모두가 읽는 사람에게 유익한 것이기 때문이다.

하기야 책이라고 해서 다 좋은 책은 아니다. 나쁜 책이 좋은 책보다 훨씬 더 많다. 읽는 것이 시간 낭비에 불과한 것은 그래도 약과이다. 읽으면 해로운 것이 많은 것이다. 따라서 좋은 책과 나쁜 책을 가려서 읽지 않으면 자기도 모르게 큰 피해를 입게 된다.

불과 20~30년 전까지만 해도 대부분의 사람들은 왕충처럼 돈이 없어서 책을 사지 못했다. 그래서 남의 책을 빌려서라도 열심히 읽었다. 책 도둑은 도둑도 아니라는 말도 그때 유행했다. 그런데 요즈음은 돈이 없어서 책을 못 사는 경우는 드물다. 그런데도 책을 읽지 않는다. 술친구는 많이 만들어도 좋은 책을 친구로 만드는 사람은 드물다. 어리석은 사람들이다.

寓目囊箱

易輶攸畏 **[199] 이유유외** | 말을 경솔하게 하지 않도록 조심해야 한다

屬耳垣墙 **[200] 속이원장** | 남이 담에 귀를 대고 듣고 있을지 모르기 때문이다

易 (쉬울 이) 쉽다, 편안하다 (바꿀 역) 바꾸다, 고치다, 옮기다, 장사하다
輶 (가벼울 유) 가볍다, 가벼운 수레
攸 (바 유) 바, 곳, 느긋한 모양, 아득하다
畏 (두려울 외) 두려워하다, 꺼리다, 겁내다, 조심하다
屬 (무리 속) 무리, 한패, 혈족, 복종하다, 뒤따르다, 하급관리
　　(이을 촉) 잇다, 붙이다, 부탁하다, 돌보다
耳 (귀 이) 귀, 듣다, 말 그치다, 곡식의 싹, 뿐
垣 (담 원) 낮은 담, 호위하는 사람
墙 (담 장) 담, 경계, 칸막이, 감옥, 사모하다 (동자: 牆)

들에는 눈이, 숲에는 귀가 있다.
Fields have eyes, and hedges ears.(영국 속담)
담에는 귀가 있다.
Walls have ears.(네덜란드 속담)
비밀은 너의 피다. 그것을 자주 흘리면 너는 죽는다.
A secret is your blood; let it out too often and you die.(아랍 속담)

■ 시경에서는 "남의 귀가 담에 붙어 있으니 군자는 말을 함부로 해서는 안 된다."고 했다(소아 소변 小雅 小辯). 어떤 사람이 뱀을 잡아서 삶았는데 익지 않아서 담 밑에 내버렸다. 꼬리가 아홉인 여우가 밤에 와서 뱀에게 어떻게 하면 뱀을 삶아서 익힐 수 있는지 물었다. 뱀은 뽕나무 가지와 함께 삶으면 익는다고 대답했다. 여우는 담에도 귀가 있으니 말을 함부로 해서는 안 된다고 충고하고 떠났다. 그때 정말로 사람이 담 뒤에 숨어서 그 말을 듣고 있다가 뽕나무 가지와 함께 뱀을 삶아서 익혔다. 뱀은 혀를 경솔하게 놀리다가 죽은 것이다.

易 輶 攸 畏

■ 낮말은 새가 듣고 밤말은 쥐가 듣는다는 속담이 있다. 말을 함부로 했다가는 큰코를 다친다고 경고하는 말이다. 한번 뱉은 말은 주워담을 수가 없다. 그런 줄 알면서도 사람들은 말을 함부로 한다. 남의 가슴에 비수를 꽂는 말도 서슴지 않는다.

더욱 고약한 것은 말을 함부로 해 놓고는 그것이 자기에게 불리하게 작용하면 언제든지 말을 바꾸는 비열한 짓이다. 자기 말의 진의가 잘못 전해졌다거나 언론이 왜곡해서 보도했다는 식으로 얼버무린다.

백성들을 지도하겠다고 나서는 소위 '인물'이라는 사람들 가운데 이런 짓을 하는 자들이 많다. 자기 혀 하나 다스릴 줄 모르는 사람이 어떻게 수많은 사람을 지도한단 말인가?

반드시 해야만 하는 말도 하지 말라는 것은 아니다. 불의가 저질러지는 것을 보고도 바른 말을 하지 않는다면 그는 그 불의에 가담하는 것이다. 특히 각계각층의 지도자들은 항상 바른 말을 해야 할 의무가 있다. 바른 말을 하기 싫다면 자기 자리에서 물러나는 것이 마땅하다.

해서는 안 될 말도 있다. 권력에 아첨하거나 불의를 부추기는 말, 남을 모함하거나 근거 없이 비난하는 말, 그리고 거짓말은 해서는 안 된다. 그런데 요즈음은 해서는 안 되는 말만 일부러 골라서 하는 사람이 많다. 거짓말도 태연하게 잘도 지껄인다. 배짱이 두둑하고 후안무치(厚顔無恥)인 것은 좋지만 과연 그들이 언제까지 무사할까?

屬耳垣墻

具膳飱飯 [201] 구선손반 | 반찬을 갖추어서 밥을 먹는데

適口充腸 [202] 적구충장 | 입에 맞아 배를 채우면 충분하다

具 (갖출 구) 갖추다, 함께, 모두, 만족하다, 설비하다, 그릇, 연장
膳 (반찬 선) 반찬, 먹다, 제물로 바친 고기
飱 (저녁밥 손) 저녁밥, 밥을 물이나 국에 말다 (속자: 飧)
飯 (밥 반) 밥, 먹이다, 기르다, 낮잠
適 (맞을 적) 맞다, 알맞다, 편안하다, 마침, 가다, 시집가다, 좇다
口 (입 구) 입, 식구, 인구, 입구, 구멍, 실마리, 말하다
充 (채울 충) 채우다, 막다, 아름답다, 번거롭다, 갖추다, 끝나다
腸 (창자 장) 창자, 마음, 충심, 자세하다

나는 먹는다. 그러므로 존재한다.
I eat, therefore I exist.(로마 속담)
먹기 위해 사는 것이 아니라 살기 위해 먹으라.
Eat to live, but do not live to eat.(키케로)
고기를 먹든 냉수를 마시든 배만 부르면 그만이다.
A bellyful's a bellyful, whether it be meat or drink.(영국 속담)
저녁을 가볍게 먹으면 오래 산다.
Light supper makes long life.(서양 속담)

━ 논어에서는 "군자는 배가 너무 부르도록 먹지 않고 안락한 거처를 즐기지 않는다."고 했다(학이편 學而篇). 회남자(淮南子)에서는 "가난한 사람은 여름에 콩밥을 먹고 물을 마시고 창자를 채워서 더위를 견딘다."고 했다(제속훈 齊俗訓). 식사할 때는 음식의 종류가 반드시 많아야 할 필요는 없다. 기름진 음식이 건강에 반드시 도움이 되는 것도 아니다. 배고프다는 느낌이 가실 정도로 배를 채우면 그것으로 충분한 것이다.

具 膳 飱 飯

■ 흉년에 어른은 배곯아 죽고 아이는 배 터져 죽는다는 속담이 있다. 부모가 자식은 배불리 먹이고 자기는 굶어 죽는다는 말이다. 그러나 이것도 옛말이다. 자식을 태연하게 버리고 가는 미혼모가 한둘이 아닌 세상이다.

자녀들의 불행은 아랑곳지 않은 채 간단하게 이혼하거나 헤어지는 부부도 많다. 부모야 굶어 죽든 말든 자기 배만 채우는 자식들은 또 얼마나 많은가!

못 먹어서 죽은 귀신보다 먹고 죽은 귀신이 때깔이 더 좋다고 하면서 무작정 먹어대는 사람들이 정말로 많다. 살기 위해 먹는 것이 아니라 먹기 위해 사는 사람들이다.

영양 부족보다 영양 과다 때문에 수많은 사람들이 병에 걸리고 고생을 한다. 그리고 자기 수명을 스스로 단축한다. 어리석은 정도가 아니라 자살에 가깝다.

적게 먹고 오래 살든지, 많이 먹고 짧게 살든지, 그것은 각자의 선택이다. 적게 먹고 건강하게 살든지, 많이 먹고 질병으로 고생하며 살든지, 그것도 각자의 자유에 달렸다. 그러나 평소에 먹는 분량을 각자가 조금씩만 줄인다면, 그리고 그 줄인 것을 가난하고 불우한 이웃에게 준다면, 그들 자신도 좀더 건강해지고 사회도 한층 더 밝아질 것이다.

適 口 充 腸

飽飫烹宰 [203] 포어팽재 | 배가 부르면 맛있는 요리도 먹기 싫고

饑厭糟糠 [204] 기염조강 | 배가 고프면 술지게미에도 만족한다

飽 (배부를 포) 배부르다, 싫증나다, 만족하다
飫 (먹기 싫을 어) 먹기 싫다, 주연, 식사
烹 (삶을 팽) 삶다, 삶아 죽이다, 요리
宰 (재상 재) 재상, 주관하다, 다스리다
饑 (주릴 기) 굶주리다, 흉년 들다
厭 (싫을 염) 싫다, 만족하다, 편안하다
糟 (술지게미 조) 술지게미, 거르지 않은 술
糠 (겨 강) 쌀겨, 매우 작은 것

입맛에 관해서는 논쟁하지 말라.
There is no disputing about tastes.(로마 속담)
굶주림이 최고의 양념이다.
Hunger is the best sauce.(서양 속담)
굶주린 배는 귀가 없다.
The hungry belly wants ears.(로마 속담)
멜론 뒤에 나오는 포도주는 소용없다.
After melon wine is felon.(영국 속담)

■ 한나라의 고조(유방 劉邦)를 섬긴 한신(韓信)은 젊었을 때 너무나도 가난해서 남의 참외를 훔쳐 먹다가 잡혀서 주인의 가랑이 밑을 지나가야만 하는 수치를 당했다. 그리고 강에서 낚시를 하다가 빨래하는 여자의 동정을 사서 그 집에서 밥을 얻어먹은 적이 있다. 나중에 고관이 되자 참외 장수를 불러다가 자기 가랑이 밑을 세 번 지나가게 하고, 빨래하던 여자에게는 많은 보상금을 주었다.

飽 飫 烹 宰

■ 한마디로 시장이 반찬이다. 배가 고프면 돌도 먹고 소화시킨다. 배가 터져도 좋으니까 닥치는 대로 먹고 마시자고 덤비는 사람들이 참으로 많다.

대도시마다 게걸스럽게 먹어치우는 사람들로 가득 차 있다. 위로 먹으면 아래로 나가게 마련이다. 아래로 나가는 것의 분량은 이루 헤아릴 길이 없다. 그리고 그것이 강물을 얼마나 오염시키는지 측정할 길도 없다.

짐승은 배가 부르면 더 이상 먹지 않는다. 배부른 사자는 사슴이 지나가도 거들떠보지 않는다. 그러나 사람은 배가 잔뜩 불러도 먹을 것을 찾아서 두리번거린다.

창고에 쌀이 가득한 경우에도 남의 것을 빼앗아 마당에 쌓으려고 눈을 부라린다. 탐욕이 끝이 없는 것이 사람인 것이다. 그리고 그 탐욕 때문에 스스로 파멸하기도 한다.

아무리 먹어도 배가 차지 않는 것이 있다. 그것이 바로 돈이다. 그래서 수단과 방법을 가리지 않고 밤이나 낮이나 돈을 먹으려고 사람들은 날뛴다.

돈은 바닷물과 같다. 마시면 마실수록 갈증이 더욱더 심해진다. 돈은 많이 먹으면 먹을수록 더욱 먹고 싶어진다. 결국은 그 갈증에 못 이겨 사람은 지쳐 죽게 마련이다. 그러면 무덤에 엽전을 한 꾸러미 던져 주는가?

飢厭糟糠

親戚故舊 [205] 친척고구 | 친척과 오랜 친구들을 접대하는 경우에는
老少異糧 [206] 노소이량 | 늙은이와 젊은이의 음식을 서로 달리해야 한다

親 (친할 친) 친하다, 가깝다, 화목하다, 친히, 우정, 부모, 친척, 친구
戚 (겨레 척) 겨레, 친족, 슬퍼하다, 근심하다, 성내다, 도끼
故 (연고 고) 연고, 까닭, 예전, 오래되다, 죽다, 그러므로, 고의, 과실
舊 (옛 구) 옛, 오래다, 늙은이, 친구, 묵은 사례, 평소
老 (늙을 로) 늙다, 늙은이, 지치다, 약해지다, 노련하다
少 (적을 소), (젊을 소) 적다, 줄어들다, 젊다, 어리다, 버금, 작다
異 (다를 이) 다르다, 잘못, 뛰어나다, 이상하다, 나누어주다
糧 (양식 량) 양식, 식량, 먹이, 재료, 조세, 급여

친구 집에 오래 머물면 우정이 식는다.
A long stay changes friendship.(프랑스 속담)
생선과 손님은 사흘이 지나면 냄새가 난다.
Fishes and guests smell at three days old.(영국 속담)
한창 자라는 젊은이는 뱃속에 늑대가 들어 있다.
A growing youth has a wolf in his stomach.(서양 속담)

■ 예기에서는 "나이 50이 되면 기운이 떨어지니 음식을 달리해야 한다. 60에는 고기를 자주 먹고, 70에는 반찬 두 가지를 먹으며, 80에는 진귀한 음식을 먹는다. 90에는 음식이 늘 곁에 있어야 한다."고 했다(왕제 王制).

왕망(王莽)이 한나라를 없애고 신나라를 세웠을 때 천하가 어지럽고 흉년이 들었다. 사방에서 도적들이 일어나 사람을 죽여 그 고기를 먹었다. 이때 최순(崔順, 또는 채순 蔡順)은 12세에 혼자서 늙은 어머니를 모시고 살았다. 도적들에게 잡혀서 죽게 된 그는 뽕나무에서 오디를 따면서 검은 것은 어머니를 드리고 붉은 것은 자기가 먹는다고 가려서 땄다. 그것을 본 도적들은 효자라고 인정하여 그를 놓아주고 쌀과 고기를 주었다.

親戚故舊

■ 노인에게 좋은 음식, 진귀한 음식을 대접하기를 바라는 것은 사치스러운 생각이고, 늙은 부모를 길에 내다버리지나 말아 주기를 바라는 시대가 되었다.

양로원, 노인 홈 등이 날로 늘어만 가는 시대이다. 친구를 집에 맞아들여 대접하는 시대도 지났다. 친구를 찾아가서 재워 달라고 하는 사람도 거의 없다. 식당, 여관, 호텔 등이 모든 것을 해결해 준다.

아무리 그렇다고는 해도 노인을 푸대접하는 사회가 정상적으로 굴러갈 리는 만무하다. 어린 자녀들은 부모가 조부모를 홀대하는 광경을 뻔히 바라보면서 자란다. 그리고 자신이 어른이 되면 역시 늙은 부모를 버릴 것이다.

늙은 부모를 제대로 대접하지 않는 젊은 부부가 자기 자녀에게서 효도를 기대한다는 것은 참으로 어리석다. 예로부터 효도는 그 자체의 가치보다도 사실은 사회적 안전 장치의 기능 때문에 최고의 덕목으로 인정된 것이다. 가정 안에서 상부상조(相扶相助)의 원칙이 지켜지고 가정이 튼튼하게 유지되어야만 나라가 부강할 수 있었기 때문이다.

老少異糧

姜御績紡　侍巾帷房

[207] 첩어적방 | 아내나 첩은 길쌈을 하고

[208] 시건유방 | 안방에서 수건을 들고 남편의 시중을 든다

姜 (첩 첩) 첩, 작은집, 계집종, 저(여자의 겸칭)
御 (모실 어) 모시다, 거느리다, 부리다, 마부, 임금에 대한 경칭
績 (길쌈 적) 길쌈하다, 잇다, 이루다, 일, 공적, 쌓다
紡 (길쌈 방) 잣다, 실을 뽑다, 실, 매달다
侍 (모실 시) 모시다, 모시는 사람, 가깝다, 좇다, 기다리다
巾 (수건 건) 수건, 두건, 헝겊, 덮다, 입히다
帷 (휘장 유) 휘장, 장막
房 (방 방) 방, 침실, 집, 관청, 사당, 도마, 둑

여자들은 설교가 아니라 길쌈을 하도록 하라.
Let women spin, not preach.(서양 속담)
남자들은 돈을 벌고 여자들은 그것을 저축한다.
Men make money and women save it.(이탈리아 속담)
남편에게 복종하는 아내가 그를 지배한다.
An obedient wife commands her husband.(서양 속담)

■ 후한의 강시(姜詩)는 효성이 지극해서 강물 마시기를 좋아하는 어머니를 위해 매일 6~7리나 되는 먼 곳의 양자강 물을 길어다 바쳤다. 결혼한 뒤 아내가 물을 길으러 가서 늦게 왔기 때문에 야단을 치고 이혼했다.

그러나 그 여인은 친정으로 돌아가지 않고 근처에 머물면서 길쌈으로 돈을 벌었다. 그리고 강시의 어머니가 좋아하는 잉어 회를 다른 사람을 시켜서 매일 강시의 집으로 보냈다. 나중에 사정을 알게 된 시어머니가 며느리를 다시 집으로 불러들였다.

한나라의 포선(鮑宣)은 어진 선비인데 몹시 가난했다. 부잣집 딸을 아내로 맞이했는데 아내는 안방에서 수건과 빗을 들고 그의 시중을 극진히 들었다.

姜御績紡

■ 여자가 길쌈을 한다는 것은 남편이 벌어다 주는 돈만 쳐다볼 것이 아니라 자기 손으로 집안에 보탬이 되는 일을 한다는 의미이다. 부부가 맞벌이를 한다는 의미인 것이다. 동시에 아내는 집안일을 잘 돌보고 남편의 시중도 들어야 한다는 말이다.

가정이란 돈만으로 지탱이 되는 것이 아니다. 생활비를 남편이 번다고 해서 아내를 함부로 쫓아내서는 안 되는 것과 마찬가지로, 남편이 실직을 하여 경제 능력이 없어지거나, 아내가 남편보다 돈을 더 많이 번다고 해서 아내가 남편을 내쫓아서는 안 되는 것이다. 어느 쪽이 돈을 벌든 그것은 가정을 유지하기 위한 수단에 불과하기 때문이다.

그리고 돈을 버는 것도 정상적이고 올바른 방법으로 벌어야 한다. 도둑질, 사기, 뇌물 등으로 돈을 버는 것은 올바른 방법이 아니다. 윤락 행위로 돈을 버는 것도 마찬가지다. 설령 그런 식으로 돈을 번다 해도 그런 돈으로는 가정이 원만하게 유지될 리가 없다. 자녀의 교육비를 번다는 명목으로 자기 몸을 파는 여자가 있다면, 그녀는 어머니의 자격을 이미 스스로 포기한 것이다. 어머니답지 못한 어머니가 어떻게 자녀를 교육한다는 말인가?

侍巾帷房

紈扇圓潔 [209] 환선원결 | 흰 비단으로 만든 부채는 둥글고 깨끗하며
銀燭煒煌 [210] 은촉위황 | 은빛 같은 촛불은 밝게 빛난다

紈 (흰 비단 환) 흰 비단, 맺다, 포개지다
扇 (부채 선) 부채, 부채질하다, 선동하다, 행주, 거세하다
圓 (둥글 원) 둥글다, 원, 둘레, 원만하다, 온전하다, 알
潔 (맑을 결) 맑다, 깨끗하다, 바르다, 청렴하다
銀 (은 은) 은, 돈, 은 도장, 땅의 경계, 칼날
燭 (촛불 촉) 촛불, 등불, 비치다, 밝다, 촉광
煒 (밝을 위) 밝다, 붉다 (빛날 휘) 빛나다, 빛
煌 (빛날 황) 빛나다, 환하다

청결함은 수명을 잘 보존해 준다.
Cleanliness is a fine life-preserver.(서양 속담)
가장 고운 비단이 가장 빨리 더러워진다.
The fairest silk is soonest stained.(서양 속담)
캄캄해지기 전에 등불을 켜라.
Light your lamp before it becomes dark.(아랍 속담)
남의 촛불에 불을 붙여 주지만 네 것을 끄지는 말라.
Light another's candle, but don't put your own out.(서양 속담)
작은 불꽃이 어둠 속에서는 밝게 빛난다.
A small spark shines in the dark.(프랑스 속담)

■ 흰 비단은 제나라에서 나는 것이 유명했다. 눈이나 서리처럼 희디흰 그 것으로 합환선(合歡扇)을 만드니 둥근 모양이 마치 보름달과 같았다. 진(晉) 나라 부함(傅咸)은 "고요한 방에서 촛불을 밝히니 붉은 빛이 밝게 퍼지고 붉 은 불꽃이 찬란하여 깊은 밤이 대낮과 같다."고 노래했다.

紈扇圓潔

■ 시대가 변해서 부채는 선풍기나 에어컨에, 촛불은 형광등에 밀려났다. 부채는 장식품으로 이용되고 촛불은 은은하게 무드를 잡거나 빈소의 필수품으로 주로 이용된다. 촛불도 불은 불이다. 볏짚더미에 촛불을 가져다 대면 헛간과 집 전체가 타 버린다. 그런 무서운 불이 어떻게 평화나 정의를 상징할 수가 있는지 모를 일이다. 평화의 상징은 올리브 나뭇가지이고, 정의의 상징은 칼 또는 저울이 아닌가!

부채와 촛불은 공통점이 있다. 부채는 자기 몸을 열이 나게 움직여서 다른 사람의 열을 식혀 준다. 촛불은 자기 몸을 태워서 어둠을 물리치고 주위를 밝게 만든다. 말하자면 부채든 촛불이든 자신을 희생하면서까지 남을 위해 봉사하는 것이다.

물론 남을 위해 봉사한다고 해서 반드시 자신을 희생해야만 하는 것은 아니다. 아무런 피해를 입지 않으면서도 얼마든지 봉사할 수 있다. 오히려 봉사를 많이 하면 할수록 자신에게 더 큰 이익이 돌아올 수도 있다.

너도 살고 나는 더 잘 사는 공생의 원칙이 실현될 수 있는 것이다. 주위를 차분히 돌아다보면 봉사할 일감은 얼마든지 있다. 사람들이 봉사할 마음이 없어서 찾지 않을 뿐이다.

銀燭煒煌

晝眠夕寐 [211] 주면석매 │ 낮잠을 잘 때와
밤에 잠잘 때는

藍筍象床 [212] 남순상상 │ 푸른 대나무 돗자리와
상아로 장식한 침상을 사용한다

晝 (낮 주) 낮, 대낮, 한낮
眠 (졸음 면) 졸다, 잠자다, 모르다, 어지럽다, 잠
夕 (저녁 석) 저녁, 밤, 저물다, 서녁, 한 움큼, 연말, 월말
寐 (잠잘 매) 잠자다, 쉬다
藍 (쪽 람) 쪽, 쪽빛, 옷이 해지다, 누더기, 걸레, 절
筍 (죽순 순) 죽순, 악기 다는 틀 (동자: 笋)
象 (코끼리 상) 코끼리, 상아, 모습, 초상화, 조짐, 본뜨다
床 (평상 상) 평상, 밥상, 우물 난간, 마루, 걸상, 못자리 (동자: 牀)

점심 먹은 뒤의 낮잠은 좋지 않다.
Sleep after luncheon is not good.(플라우투스)
자정 전에 한 시간 자는 것은 자정 뒤에 세 시간 자는 것과 같다.
One hour's sleep before midnight is worth three after.(서양 속담)
저녁을 잘 먹으면 잠도 잘 잔다.
Who sups well sleeps well.(이탈리아 속담)

■ 공자는 제자인 재여(宰予)가 낮잠을 잔다는 말을 듣고 썩은 나무토막과
헐어빠진 담에는 조각을 할 수 없다고 말했다. 게으른 사람은 학문을 이룰
수 없다고 경고한 것이다. 후한의 변소(邊韶)가 낮잠을 잔 적이 있는데 어느
제자가 그를 조롱했다. 그러자 그는 "나의 뱃속에는 다섯 가지 경전이 들어
있다. 그리고 나는 꿈속에서 주공과 의견을 나누고 공자와 뜻이 일치한다.
어찌 감히 나를 비웃는단 말이냐?"라고 나무랐다. 전국책(戰國策)에서는 "맹
상군(孟嘗君)이 여러 나라를 순회할 때 초나라에서 그에게 상아로 장식한
침상을 바쳤다."고 했다. 그러나 맹상군은 공손술(公孫戌)의 충고에 따라 그
침상을 받지 않았다.

晝 眠 夕 寐

■ 사람은 누구나 하루의 3분의 1을 잠으로 보낸다. 그렇다고 잠 자는 시간을 아깝다고 여겨야 할까? 잠을 자지 않으면 나머지 3분의 2에 해당하는 시간도 원만히 활동하기가 어렵다. 잠을 자지 않을 수가 없는 것이다. 다만 하루에 꼭 8시간을 자야만 하는가 하는 문제에는 사람마다 대답이 다를 것이다. 더 자는 사람도 있고 덜 자는 사람도 있다. 밤을 꼬박 새워서 일하는 사람도 있다.

이왕에 자야만 하는 잠이라면 편안하게 자는 것이 좋다. 그런데 마음이 편하지 않으면 잠자리도 뒤숭숭해지게 마련이다. 마음을 편안하게 가지려면 늘 좋은 일만 하고 나쁜 짓은 피해야 한다.

그런 줄 뻔히 알면서도 나쁜 짓을 일삼는 사람들이 많으니 참으로 이상한 세상이다. 좋은 일보다는 나쁜 짓이 더 재미가 있다는 말인가? 금지된 과일이 더 맛있다는 말을 믿고 금단의 과실을 꼭 먹어치워야만 속이 시원하다는 뜻인가?

침대에 누워서 자는 것만이 자는 것은 아니다. 나라마다 인재를 양성하고 기술을 개발하기 위해 눈에 불을 켜고 애쓰고 있는 판에 교육을 망치고 있는 나라가 있다면, 그런 나라는 깊은 잠에 곯아 떨어져 있는 것이다. 눈을 뜨고 나면 주위에 가난과 굶주림만 나뒹 굴 것이다.

藍筍象床

絃歌酒讌

[213] 현가주연 | 거문고를 타고 노래하며 술잔치를 베풀고

接杯擧觴

[214] 접배거상 | 잔을 서로 채우고 술잔을 든다

絃 (줄 현) 악기 줄, 현악기, 새끼
歌 (노래 가) 노래, 노래하다, 읊다, 새가 지저귀다
酒 (술 주) 술, 냉수, 잔치
讌 (잔치 연) 잔치하다, 주연, 모여서 말하다
接 (사귈 접) 사귀다, 합하다, 모으다, 잇다, 잇닿다, 교차하다
杯 (잔 배) 술잔, 그릇, 잔을 세는 말 (동자: 盃)
擧 (들 거) 들다, 권하다, 일으키다, 모두, 날아가다, 일컫다
觴 (잔 상) 술잔, 잔을 돌리다, 술을 마시다

매일 잔치하는 사람은 좋은 요리를 결코 만들지 못한다.
He that banquets every day never makes a good meal.(서양 속담)
식탁의 우정은 곧 변한다.
Table friendship soon changes.(서양 속담)
술이 들어오면 지혜가 떠난다.
When drink enters, wisdom departs.(서양 속담)
술은 남의 것이 제일 맛있다.
The best wine is someone else's.(서양 속담)

■ 술잔치 때에는 거문고를 연주하여 흥을 돋운다. 술잔을 받으면 노래를 하고 술잔을 보내서 권하는 것이 예의에 맞는 일이다. 공자는 무성(武城)에 갔을 때 거문고 소리에 맞춰서 부르는 노랫소리를 들은 적이 있다(논어 양화편 陽貨篇).

絃歌酒讌

■ 창세기에는 노아시대에 술이 등장하지만 실제로 술의 역사는 그보다 더 오래된 것이라고 보아야 옳다. 농경시대 이전에 과일이 열리기 시작했을 때부터 술은 만들어졌을 것이다.

마음이 괴로운 사람에게 술을 주라고 했다. 그리고 로마시대에는 술 속에 진리가 있다고 했다. 다 옳은 말이다. 술을 마시면 괴로운 일을 잊을 수도 있고 술에 취하면 마음에 감추어 두었던 비밀도 털어놓기 때문이다.

그러나 모든 문제를 술로 풀려고 해서는 안 된다. 술이 모든 문제를 해결해 주는 것도 아니다. 오히려 날이면 날마다 술을 마시다가는 자기도 모르는 사이에 알코올 중독에 걸리고 만다. 일단 중독이 되고 나면 헤어나기가 매우 어렵다.

술은 그 자체가 좋은 것도 나쁜 것도 아니다. 좋게 쓰면 좋은 것이 되고 나쁘게 쓰면 나쁜 것이 된다. 술 때문에 실수를 저지르고 나중에 후회하는 경우가 많다. 음주운전으로 적발되어 혼이 나는 경우도 그렇다. 알렉산더 대왕은 만취 상태에서 격분하여 가장 친한 죽마고우(竹馬故友)를 창으로 찔러 죽였다. 그리고 다음날 통곡했다. 이미 때는 늦은 것이다.

接杯擧觴

矯手頓足 [215] 교수돈족 | 손을 들고 발을 구르며 춤을 추니

悅豫且康 [216] 열예차강 | 기쁘고 즐거우며 마음이 편안하다

矯 (바로잡을 교) 바로잡다, 거짓, 핑계하다, 굳세다, 들다
手 (손 수) 손, 사람, 솜씨, 수단, 쥐다, 손바닥으로 치다
頓 (조아릴 돈) 조아리다, 졸다, 무너지다, 배부르다, 갑자기
　(둔할 둔) 둔하다
足 (발 족) 발, 뿌리, 근본, 밟다, 흡족하다, 넉넉하다, 더하다, 아첨하다
悅 (기쁠 열) 기쁘다, 즐겁다, 복종하다
豫 (미리 예) 미리, 먼저, 기뻐하다, 참여하다, 머뭇거리다, 놀다
且 (또 차) 또, 또한, 그 위에, 바야흐로, 거의, 막상, 가령
康 (편안할 강) 편안하다, 즐거워하다, 풍년 들다, 헛되다

가볍게 춤을 춘다고 해서 누구나 유쾌한 것은 아니다.
All are not merry that dance lightly.(서양 속담)
춤을 잘 추는 사람은 대개 머리보다 발이 더 좋다.
Good dancers have mostly better heels than heads.(서양 속담)
기쁨은 드러내고 슬픔은 감추어야 한다.
We should publish our joy and conceal our grief.(서양 속담)
질병은 향락의 이자이다.
Diseases are the interests of pleasures.(영국 속담)

■ '교수'는 손을 높이 드는 것이고, '돈족'은 발을 올렸다 내렸다 하는 것으로 뛰면서 춤을 추는 모습을 가리킨다. 문선(文選)에서는 "악기를 연주하는 소리가 들려오자 발을 굴러 일어나 춤을 추고 큰소리로 노래한다."고 했다(반악 潘岳의 한거부 閑居賦).

矯手頓足

■ 마음에 기쁨이 넘치면 저절로 손발이 움직이고 춤을 추게 된다. 그렇게 시작된 춤은 출수록 더욱 흥겨워진다. 그래서 밤이 새는 줄도 모르고 춤을 계속해서 추는 것이다. 춤바람에 미친 여자의 눈에 남편이고 가정이고 보이지 않는 것도 무리는 아니다. 그러나 흥겹고 즐거운 것은 좋지만, 몸도 망치고 가정마저 파탄이 나는 것은 작은 문제가 아니다.

흥겹지도 않은데 억지로 손발을 움직이며 춤을 춘다면 그것은 춤이 아니라 고역이다. 협박을 받아서 추는 춤은 더욱이나 고달프다. 꼭두각시가 춤을 출 때 사람들은 꼭두각시의 꼴을 쳐다보면서 배를 잡고 웃는다. 그렇지만 꼭두각시는 고달프고 처량하기 짝이 없는 것이다. 춤을 추면서 눈물을 흘릴 수도 없으니 더욱 죽을 지경이다.

그런데 자진해서 꼭두각시의 춤을 추겠다고 나서는 무리가 너무나도 많은 세상이다. 권력 실세에게 아첨하고 그 시녀 노릇을 하는 꼭두각시가 되겠다고 자청하는 사람들이다. 그러나 권력이란 그리 오래 가지 못하고 무너지는 법이다. 백성을 돌보지 않고 날뛰는 권력일수록 빨리 허망하게 무너진다. 그러면 꼭두각시들은 아궁이에 던져져서 불쏘시개로 전락한다.

悅 豫 且 康

嫡後嗣續

[217] 적후사속 | 맏아들이 뒤를 이어 가계를 계승하고

祭祀蒸嘗

[218] 제사증상 | 겨울 제사와 가을 제사 등 계절마다 제사를 지낸다

嫡 (정실 적) 정실, 본처, 본처가 낳은 아들, 맏아들
後 (뒤 후) 뒤, 다음, 자손, 뒤지다, 아랫사람 (통자: 后)
嗣 (이을 사) 잇다, 상속자, 후임자, 자손
續 (이을 속) 잇다, 계속, 공적
祭 (제사 제) 제사, 제사 지내다, 미루어 헤아리다
祀 (제사 사) 제사, 제사 지내다, 해(年)
蒸 (찔 증) 찌다, 무덥다, 많다, 무리, 해, 섶, 겨울 제사 (동자: 烝)
嘗 (맛볼 상) 맛보다, 일찍, 경험하다, 시험하다, 가을 제사

그는 조상의 명예에 명예를 추가한다.

He adds honor to ancestral honor.(로마 속담)

네 머리는 아버지의 모자를 결코 채우지 못할 것이다.

Your head will never fill your father's bonnet.(스코틀랜드 속담)

죽은 자는 가족도 친척도 없다.

Dead men are of no family and are akin to none.(서양 속담)

장례식의 조사(弔辭)는 거짓말이다.

Funeral sermon, lying sermon.(독일 속담)

■ 계절마다 제사의 명칭이 다르다. 봄 제사는 농작물의 싹이 트기를 기원하는 약(祠), 여름 제사는 농작물이 잘 자라기를 기원하는 체(禘), 가을 제사는 농작물이 잘 익은 것을 기뻐하는 상(嘗), 겨울 제사는 수확의 은덕에 보답하는 증(蒸)이다. 주나라 때에는 봄 제사를 사(祠), 여름 제사를 약(祠)으로 불렀다고 한다.

嫡後嗣續

■ 과거에 맏아들에게 전 재산을 물려준 것은 부모가 죽은 뒤에 제사를 제대로 바치라는 뜻이었다. 죽은 귀신도 제사 상을 받지 못하면 배가 고픈 모양이다. 그렇지만 다섯 손가락은 어느 것을 깨물어도 아픈 법이다. 맏아들만 사람이고 나머지 아들 딸들은 장식품이란 말인가?

장남이 마음씨가 착하거나 그 아내가 어진 경우라면 동생들의 생활을 잘 돌보아 주겠지만, 그렇지 못한 경우에는 고생을 죽도록 하는 경우도 많다. 같은 부모 밑에서 태어났는데 순서가 늦었다고 해서 운명이 그렇게 가혹해도 되는 것인가? 산 사람이 바치는 음식은 죽은 귀신이 먹지도 못하는데 말이다.

서자라고 해서 차별을 둔 것도 사실은 예전부터 고질적인 사회악이었다. 결혼 제도는 엄숙한 것이다. 그러나 서자도 사람은 사람이다. 그렇게 차별 대우를 할 바에야 아예 서자를 낳지 말았어야 옳다. 죄 없이 태어난 아이들을 서자, 서녀라고 해서 차별한 것은 분명히 잘못이다.

지금은 장남 이하의 아들들이나 출가한 딸들도 재산의 상속권을 주장하는 세상이다. 그렇지만 부모가 살아 있을 때부터 자녀들이 재산에 눈독을 들이고 소송 사태를 벌이는 꼴은 더욱더 목불인견(目不忍見)의 가관이다.

祭 祀 蒸 嘗

稽顙再拜 **[219] 계상재배** | 이마를 땅에 대고 있다가
두 번 절하고

悚懼恐惶 **[220] 송구공황** | 송구스럽고 두렵고 황송하다는
태도를 취한다

稽 (조아릴 계) 조아리다, 꾸벅거리다, 헤아리다, 의논하다, 익살 부리다
顙 (이마 상) 이마, 머리, 꼭대기
再 (두 재) 둘, 두 번, 두 개, 거듭하다
拜 (절 배) 절, 절하다, 굴복하다
悚 (두려울 송) 두렵다, 두려워하다
懼 (두려울 구) 두려워하다, 조심하다, 깜짝 놀라다 (동자: 瞿)
恐 (두려울 공) 두렵다, 겁내다, 염려하다, 의심하다
惶 (두려울 황) 두렵다, 혹하다, 황공해하다, 당황하다, 급하다

남을 존경하지 않는 자는 존경을 받지 못한다.
He that respects not is not respected.(서양 속담)
지나친 겸손은 오만이다.
Too much humility is pride.(독일 속담)
보이지 않으면 잊혀진다.
Out of sight out of mind.(서양 속담)
죽은 자는 말이 없다.
Dead men tell no tales.(서양 속담)

■ '계상'은 무릎을 꿇고 이마를 땅에 대고 잠시 그대로 있다가 서서히 머리를 드는 정중한 인사의 방법이다. 조상에게 제사를 지낼 때는 그렇게 해야 한다는 것이다. '계수'(稽首)와 같은 말이다. 군자는 부모가 살아 있을 때는 공경하여 봉양하고 돌아가신 뒤에는 공경하여 제사를 지낸다.

稽顙再拜

■ 겉으로 공손한 태도를 취하고 말을 겸손하게 하는 사람이 모두 어진 인물은 아니다. 아무리 예의가 바르고 상대방을 잘 대접한다 해도, 자신의 이익을 도모하려는 불순한 동기에서 나온 행동이라면 그것은 위선일 뿐이다.

지위, 명예, 권력, 돈, 이권 등을 위해서는, 머리를 조아리는 정도가 아니라, 상대방의 발이라도 핥아 주겠다고 덤비는 무리가 한둘이 아니다. 그들은 간도 쓸개도 내줄 듯이 아첨에 능란하다. 물론 그들은 간도 쓸개도 내주지 못한다. 원래 간도 쓸개도 없기 때문이다. 설령 있다 해도 내줄 리가 없다.

고대 유대의 율법에는 부모에게 욕을 하거나 부모를 때리는 자식은 사형에 처하게 되어 있다. 요즈음은 부모에게 욕하는 자식이 한둘이 아니다. 부모를 때리는 자식도 많다. 심지어는 유산이 탐이 나서 부모를 죽이는 경우까지 있다.

이런 불효 막심한 자식들은 사형에 처해야 한다고 주장하는 사람이 있다면 시대착오적일까? 사형이 심하다면 그런 고약한 자식들은 곤장이라도 쳐야 마땅할 것이다.

지나치게 공손한 태도를 취하는 사람은 조심해야 한다. 뭔가 저의가 있는 경우가 대부분이기 때문이다. 짖지 않는 개가 사람을 문다. 소리 없이 조용히 흐르는 물이 대단히 깊고 무서운 것이다.

悚 懼 恐 惶

牋牒簡要 [221] 전첩간요 | 편지와 문서는
간단히 요점을 적어야 하고

顧答審詳 [222] 고답심상 | 대답할 때는 주위를 돌아보고
살펴서 자세히 해야 한다

牋 (편지 전) 편지, 장계, 문서, 종이 (통자: 箋)
牒 (편지 첩) 편지, 글씨 판, 계보, 공문서, 명부
簡 (간략할 간) 간략하다, 분별하다, 크다, 쉽다, 가려내다, 정성, 대쪽, 편지
要 (구할 요) 구하다, 근본, 살피다, 허리, 요약, 반드시, 요구하다
顧 (돌아볼 고) 돌아보다, 돌보다, 반성하다, 방문하다, 도리어
答 (대답할 답) 대답하다, 갚다, 알맞다, 응답, 굵은 베
審 (살필 심) 살피다, 알아내다, 심문하다, 자세하다, 참으로, 과연
詳 (자세할 상) 자세하다, 모조리, 거짓

가장 짧은 대답은 행동이다.
The shortest answer is doing.(서양 속담)
대답이 없는 것도 대답이다.
No answer is also an answer.(독일 속담)
대부분의 사람이 실패하는 것은 생각이 부족해서 그렇다.
It is for want of thinking that most men are undone.(서양 속담)
뛰어내리기 전에 먼저 살펴보라.
Look before you leap.(서양 속담)

■ 전(牋)은 윗사람에게 올리는 편지이고 첩(牒)은 대등한 사이에 오가는 편지를 말한다. 또는 전(牋)은 개인의 편지, 첩(牒)은 관청의 공문서라고 해석하기도 한다. 주위를 돌아보고 살펴서 대답하는 '고답'은 윗사람을 모시고 있을 때의 태도를 가리킨다. 한편 예기 곡례(曲禮)에서는 "군자를 모시고 있을 때 주위를 돌아보고 대답하는 것은 예의가 아니다."라고 했다.

牋 牒 簡 要

■ 팩스가 처음 나왔을 때는 얼마나 신기했는지 모른다. 그런데 요즈음은 이메일마저도 별로 신기하게 여기지 않는다. 전화기가 재산 목록 제1호로 아낌을 받던 시절이 불과 30년 전이다. 공중전화가 각광을 받던 시절도 엊그제다.

그러나 이제는 어린아이들마저 휴대전화를 만지작거리면서 길을 걸어간다. 컴퓨터를 통한 채팅도 너무나 흔하다. 그러니까 편지라는 것이 까맣게 잊혀진 시대다. 연말연시에 카드는 아직도 쓰고 있지만 편지를 자주 쓰는 사람은 드물다. 편지를 어떻게 써야 좋을지 모르는 사람도 많다.

그렇지만 편지는 아직도 마음을 진솔하게 전달하는 가장 효과적인 수단이다. 컴퓨터로 인쇄된 것보다는 친필로 정성스럽게 쓴 편지를 받아 볼 때 마음이 뿌듯해지는 것은 바로 그런 이유 때문이다.

평소에 편지를 정성껏 잘 쓰는 습관이 있는 사람은 논술을 걱정할 필요가 없다. 논술 참고서와 씨름하며 따로 공부할 필요조차 없다. 부모에게, 스승에게, 선배나 친구들에게, 애인에게 편지를 자주, 그리고 잘 쓰는 것은 돈도 안 드는 탁월한 논술 준비다.

顧 答 審 詳

骸垢想浴

[223] 해구상욕 | 몸에 때가 끼면
목욕을 생각하고

執熱願凉

[224] 집열원량 | 뜨거운 것을 쥐면
찬 것을 원한다

骸 (뼈 해) 뼈, 해골, 몸
垢 (때 구) 때, 티끌, 더럽혀지다, 부끄럽다
想 (생각 상) 생각, 생각하다, 바라다
浴 (목욕할 욕) 목욕하다, 목욕, 입다, 받다
執 (잡을 집) 잡다, 지키다, 막다, 사귀다, 두려워하다
熱 (더울 열) 덥다, 뜨겁다, 더위, 열, 흥분하다, 정성
願 (원할 원) 원하다, 희망하다, 기원하다, 부탁하다, 소원
凉 (서늘할 량) 서늘하다, 슬퍼하다, 쓸쓸하다

까마귀는 아무리 몸을 씻어도 희게 되지 않는다.

A crow is never white though being washed several times.(서양 속담)

더러운 물은 깨끗이 씻어 주지 못한다.

Dirty water does not wash clean.(이탈리아 속담)

피해를 입고 나면 누구나 현명해진다

When the damage is done everyone is wise.(스페인 속담)

역경은 사람을, 행운은 괴물을 만든다.

Adversity makes a man, luck makes monsters.(프랑스 속담)

■ 몸에 때가 끼어서 더러워지면 목욕을 해서 깨끗하게 만들기를 원하고, 손에 뜨거운 것을 쥐게 되면 찬물로 식히기를 바라는 것은 인지상정(人之常情)이다. 시경에서는 "뜨거운 것을 잡은 사람 치고 누가 가서 찬물로 손을 씻지 않고 배길 수 있겠는가?"라고 했다(대아 상유편 大雅 桑柔篇). 한편 장자는 "세상 사람들이 몸을 씻는 것은 알지만 지혜로 마음을 씻는 것은 모른다."고 했다.

骸垢想浴

■ 로마 제국 당시에는 목욕이 중대한 교제의 수단이었다. 정치적 음모도, 막대한 돈이 오가는 흥정도 목욕탕에서 이루어졌다. 요즈음 골프장에서 각종 사교나 뒷거래가 이루어지는 것과 같다. 그리고 목욕탕에서 암살이 일어난 경우도 적지 않다.

프랑스 대혁명 때 수많은 사람을 단두대로 보낸 독재자이자 혁명 지도자인 마라는 목욕을 하다가 하녀에게 암살당했다. 선동에 넘어가거나 돈으로 매수된 일부 유대인들이 예수를 죽이라고 소리칠 때, 로마 총독 빌라도는 그들이 보는 앞에서 물로 손을 씻었다.

사람들이 보는 앞에서 발가벗고 목욕을 할 수는 없는 노릇이니 손을 씻었을 것이다. 그것은 자기는 예수의 죽음에 대해 아무런 책임도 없다고 공개 선언하는 위선적 행동이었다. 그는 생사여탈(生死與奪)의 막강한 권력을 쥔 총독이다. 아무리 손을 씻어도 책임을 피할 수가 없는 것이다.

그리스도 교회에서는 물로 세례를 준다. 온몸을 물에 담그는 것이든 이마에 물을 붓는 것이든 그 의미는 마찬가지다. 물론 세례는 예수나 세례자 요한이 시작한 것은 아니다. 그 이전에도 물로 세례를 주는 예식은 있었다. 그리고 다른 여러 종교에서도, 동서양을 막론하고 목욕으로 영혼을 씻는 예식은 있었다. 제사를 지내기 전에 목욕재계하는 것도 같은 맥락이다.

執熱願涼

驢騾犢特

[225] 여라독특 | 나귀와 노새와 송아지와 황소는

駭躍超驤

[226] 해약초양 | 놀라서 펄쩍 뛰고 높이 뛰어서는 내달린다

驢 (나귀 려) 나귀, 당나귀, 검다
騾 (노새 라) 노새(수나귀와 암말 사이의 튀기)
犢 (송아지 독) 송아지
特 (특별 특) 특별하다, 뛰어나다, 우뚝하다, 특히, 황소, 수컷
駭 (놀랄 해) 놀라다, 소란, 흩어지다, 경계하다
躍 (뛸 약) 뛰다, 흥분하다, 빠르다
超 (넘을 초) 넘다, 뛰어넘다, 높다, 뛰어나다
驤 (달릴 양) 뛰어오르다, 달리다, 빠르다, 멀다

자유는 법이 허용하는 범위 안에 있다.
Liberty under the laws.(로마 속담)
사람과 당나귀는 그 귀를 잡아야 한다.
Men and asses must be held by the ears.(서양 속담)
신은 난폭한 황소에게 짧은 뿔을 준다.
God gives short horns to the savage ox.(로마 속담)
노새들은 자기 조상이 말이라고 크게 자랑한다.
Mules boast much that their ancestors were horses.(독일 속담)

■ 여기서 '여라독특'은 모든 가축을 의미한다. 약(躍)은 크게 뛰는 것, 뛰어서 그 자리에 돌아오지 않는 것이다. 용(踊)은 작게 뛰는 것, 뛰어서 제자리에 돌아오는 것이다. '초양'은 높이 뛰어 넘어서 내달리는 모습인데 가축들이 놀라서 내달리면 제지하기가 어렵다. 이것은 사람이 오만과 방종에 빠져서 제멋대로 행동하면 억제하기 어려운 것과 같다.

驢騾犢特

■ 벼락부자가 되거나 벼락감투를 쓴 사람은 자기가 잘나서 그렇게 된 줄 알고 오만하기 짝이 없다. 큰 재산과 막강한 권력을 현명하게 사용할 줄을 모르기 때문에 많은 사람을 괴롭히기 일쑤다.

자기 신세마저도 대개는 망치고 만다. 이런 사람들은 미친 듯이 날뛰는 가축을 제어하기 어려운 것과 마찬가지로 주위 사람들이 말리기가 매우 어렵다. 말하자면 못 말리는 사람들이다.

사람이 짐승과 달리 사람답다는 말을 들으려면 자기 분수를 지킬 수 있어야 한다. 못된 송아지는 엉덩이에 뿔이 난다고 한다. 그런데 못된 사람은 혀와 온몸에 뿔이 난다. 말을 함부로 건방지게 내뱉는가 하면 몸도 헤프게 마구 굴린다.

상식마저 무시한 채, 자기 이익과 세력 확장을 도모하기 위해 무슨 수단이든 모조리 동원한다. 법을 어기면서도 그것이 합법적인 행동이라고 궤변마저 서슴지 않는다. 그러다가 결국은 짐승만도 못한 자가 되어 버린다.

짐승은 짐승이니까 짐승처럼 군다고 치자. 그러나 사람이 짐승처럼, 아니, 짐승만도 못하게 날뛴다면 도대체 어떻게 해야 좋을까? 못된 짐승은 몽둥이로 다스리거나 도살해 버리면 그만이다.

그러나 못되게 군다고 해서 사람을 무작정 개 패듯 팰 수도 없고 도살장으로 보내기도 어렵다. 법이 솜방망이에 불과하다면 더욱 난감한 일이다.

駭躍超驤

誅斬賊盜 **[227] 주참적도** | 살인자와 도둑은
그 목을 베어 죽이고

捕獲叛亡 **[228] 포획반망** | 반역자와 도망자는
사로잡아서 처벌한다

誅 (벨 주) 베다, 처형하다, 토벌하다, 제거하다
斬 (벨 참) 베다, 목을 베다, 끊다, 죽이다, 매우
賊 (도둑 적) 도둑, 해치다, 훔치다, 강탈하다, 역적
盜 (훔칠 도) 훔치다, 도둑, 소인(小人)
捕 (잡을 포) 사로잡다, 구하다, 찾다
獲 (잡을 획) 잡다, 얻다, 뺏다, 포로, 맞히다, 계집종
叛 (배반할 반) 배반하다, 분리되다, 달아나다, 어긋나다
亡 (도망 망) 도망치다, 죽이다, 망하다, 잃다, 없다, 없애다

남을 죽이는 자는 죽임을 당해야만 한다.

He that slays shall be slain.(스코틀랜드 속담)

범죄자를 사면하면 판사가 처벌된다.

The judge is condemned when the criminal is absolved.(서양 속담)

하느님의 맷돌은 느리지만 확실하게 갈아 버린다.

God's mill grinds slow but sure.(서양 속담)

두려움은 법이 거느리는 관리이다.

Fear is the beadle of the law.(서양 속담)

늑대들의 죽음은 양들의 안전이다.

The death of wolves is the safety of sheep.(서양 속담)

■ 좌전(左傳)에서 계문자(季文子)는 "사람을 죽이고도 거리낌이 없는 자를 적(賊), 남의 물건을 훔치는 자를 도(盜)라고 한다."고 말했다. 반(叛)은 임금을 배반하고 스스로 임금이 되려고 하는 반역자를 의미하고, 망(亡)은 나쁜 짓을 저지른 뒤 달아나 종적을 감추려는 자를 말한다.

誅斬賊盜

■ 예전에는 형벌이라고 하면 대부분이 사형을 의미했다. 칼이 흔하던 시대니까 칼로 모든 것을 해결한 것이다. 칼로 아무리 많은 목을 베어도 돈이 별로 들지 않기 때문이었다. 어쩌면 밧줄로 목을 매어 죽이는 편이 더 나았을지도 모른다.

사형 가운데도 자결, 사약 등은 군주가 특혜를 베푸는 것이라고 하는데, 아무리 특혜를 받아도 죽기는 매한가지다. 이 말을 뒤집어 본다면, 능지처참을 당하든 감옥에서 굶어죽든, 죽는다는 사실에는 변함이 없다. 더 비참한 것도 아니다. 숨이 끊어지지 직전까지 잠시 동안 고통이 약간 더 클 따름이다. 그래서 충신들이나 순교자들은 죽음 자체를 별로 두려워하지 않았다.

살인자, 반역자, 적 앞에서 도망치는 자 등은 오늘날에도 대개는 사형에 처한다. 그러나 도적을 무조건 사형에 처한 것은 문제가 될 수도 있다. 물건보다 사람의 목숨을 가볍게 여기는 태도이기 때문이다. 그러나 예전의 도적은 살인자나 강도와 같은 자들이니까 요즈음의 도둑과 그 성질이 다르다.

어쨌든 인권, 생명 존중 등을 내세우면서 사형 폐지를 주장하는 소리가 날로 높아간다. 아무리 흉악한 범인이라 해도 새사람이 될 기회를 주자는 취지는 좋다.

그러나 총을 무차별로 난사하여 수십 명을 죽인 자, 연쇄 살인을 한 자 등에게 희생된 사람의 가족들에 대한 형평성의 문제가 이만저만 심각한 것이 아니다. 법에도 눈물은 있어야 하지만, 형평의 원리에 벗어난 법은 법이 아닌 것이다. 고대 그리스에서 법의 여신이 눈을 가린 채 저울을 들고 있는 모습은 사람을 차별하지 말고 누구에게나 법을 공평하게 적용해야만 한다는 것을 가르친 것이다.

布射僚丸

[229] 포사요환 | 여포(呂布)의 궁술과
웅의료(雄宜僚)의 방울 던지기

嵇琴阮嘯

[230] 혜금완소 | 혜강(嵇康)의 거문고와
완적(阮籍)의 휘파람은 유명하다

布 (베 포) 베, 피륙의 총칭, 돈, 깔다, 널리 알리다, 베풀다
射 (쏠 사) 쏘다, 궁술 (맞힐 석) 맞히다
僚 (동료 료) 동료, 벗, 벼슬아치, 예쁘다, 희롱하다
丸 (둥글 환) 둥글다, 구르다, 알, 총알, 환약
嵇 (산 이름 혜) 산 이름 (동자: 嵆)
琴 (거문고 금) 거문고
阮 (관문 완) 관문 이름(오완 五阮), 나라 이름, 월금(月琴)
嘯 (휘파람 소) 휘파람, 읊다, 울부짖다, 이명(耳鳴)

습관이 되면 모든 것이 쉽다.
Custom makes all things easy.(서양 속담)
실행하면 모든 것을 할 수 있다.
Practice can do all things.(라틴어 속담)
나이팅게일은 자기 노래를 제일 잘 부른다.
Nightingales can sing their own song best.(서양 속담)

■ 삼국시대 때 장수인 여포는 활을 잘 쏘았다. 백 걸음 떨어진 곳의 버드
나무 잎을 백 번 쏘아서 백 번 다 명중시켰다. 전국시대 초나라 사람 웅의
료는 9개의 방울을 공중에 던져서 8개는 항상 떠 있게 하고 하나는 항상
왼손에 잡고 있었다. 삼국시대 위나라 사람으로 죽림칠현에 속하는 혜강과
완적은 각각 거문고와 휘파람의 명수였다.
　예전의 천자문에는 요(僚)를 요(遼)로 표기했다.

布射遼丸

■ 재주가 뛰어나다고 해서 반드시 행복하게 사는 것은 아니다. 차라리 재주가 남보다 못한 사람이 더 무사하게 한 세상을 살아가는 경우가 많다. 백발백중의 명궁인 여포도 자신의 주군과 장인을 죽이고 여기 붙었다 저기 붙었다 하다가 결국은 비참한 최후를 맞았다. 풍부한 학식과 인격을 겸비한 죽림칠현도 당시의 세상이 오죽이나 어지러웠으면 대나무 밭에서 음풍영월(吟諷咏月)로 세월을 보냈겠는가?

재주가 많으면 한 가지 재주에도 능통하기 어렵다는 말도 있다. 팔방미인이 결국은 아무런 성과도 거두지 못하고 만다는 말이다. 그러나 시대가 달라진 오늘날에는 각 분야에 관해서 얕은 지식밖에는 없는 팔방미인들이 더욱 힘차게 활개를 젓고 다닌다. 퀴즈에서 일등을 하는 사람이 정말 세상의 모든 것을 다 아는 것으로 통하기도 한다. 그러나 그들은 김치를 담그는 손재주도 없다.

물론 한 가지 재주만 남보다 확실하게 뛰어나면 출세를 하는 세상이다. 그러나 출세가 곧 자신의 행복인 것은 결코 아니다. 출세를 했기 때문에, 인기를 많이 얻었기 때문에 더욱 불행해지는 경우도 적지 않다. 유명해진 사람이 무명인사가 되기는 불가능하다.

유명인사는 온갖 구설수에 다 오른다. 시기를 받아 비참해지기도 더 쉽다. 출세나 명성은 위험하기 짝이 없는 것이다. 출세나 명성에 마음이 흔들리지 않는 사람만이 그것을 얻을 자격이 있고, 그것을 얻어도 안전하게 지낼 수가 것이다.

祕琴院嘯

恬筆倫紙 [231] 염필윤지 | 몽염(蒙恬)은 붓을, 채륜(蔡倫)은 종이를 만들었고

鈞巧任釣 [232] 균교임조 | 마균(馬鈞)은 재주가 뛰어나고 임공자(任公子)는 낚시 명수였다

恬 (편안할 념) 편안하다, 고요하다, 태평한 모양
筆 (붓 필) 붓, 쓰다, 산문, 필적, 글씨, 필재(筆才)
倫 (인륜 륜) 인륜, 윤리, 도리, 또래, 무리, 순서, 떳떳하다
紙 (종이 지) 종이, 편지
鈞 (서른 근 균) 서른 근, 고르게 하다, 저울로 달다, 노랫가락
巧 (교묘할 교) 교묘하다, 솜씨 있다, 꾸미다, 예쁘다, 재주, 꾀
任 (맡길 임) 맡기다, 맡다, 맡은 일, 마음대로, 임신하다
釣 (낚시 조) 낚시, 낚다, 유혹하다, 탐내다

발명에 추가하기는 쉽다.
It is easy to add to inventions.(로마 속담)
천재는 인내이다.
Genius is patience.(서양 속담)
재주가 뛰어난 사람은 일을 하고, 천재는 창조한다.
Talent works, genius creates.(독일 속담)

■ 진시황 때 몽염(蒙恬)은 흉노족을 토벌하고 60만 명의 군사를 동원해서 만리장성을 쌓은 명장이다. 그는 형산의 흰 토끼를 잡아서 그 털로 붓을 최초로 만들어 널리 전파했다. 후한 때 궁중의 토목 공사를 담당하는 관리인 채륜(蔡倫)은 낡은 베옷을 찧어서 종이를 처음 만들었다. 닥나무와 뽕나무 껍질을 찧어서 종이를 만들었다는 설도 있다.

위나라 무제 때 마균(馬鈞)은 재주가 뛰어나서 나침반을 실을 수레를 처음 만들었는데 이것이 지금도 전해지고 있다. 그는 또한 연자매도 발명했다. 옛날에 임공자(任公子)는 삼천 근이나 되는 낚시로 길이가 10리나 되는 큰 물고기를 잡았다고 한다.

恬筆倫紙

■ 붓과 종이의 발명은 인류 역사상 가장 획기적인 사건 가운데 하나이다. 대나무나 점토판 등에 쓰던 글을 종이에 쉽게 쓸 수 있게 되자 글은 천지사방으로 쉽게 전파되었다. 말하자면 통신의 혁명이 일어난 것이다.

물론 붓을 처음 만든 사람이 몽염은 아닐 것이다. 그 이전에도 붓과 비슷한 것이 없었을 리가 없다. 다만 그가 오늘날까지 사용하는 형태의 붓을 고안해 냈다는 의미일 것이다.

채륜이 만든 종이도 오늘날 우리가 사용하는 종이와 다르다. 그러나 기본 발상은 마찬가지다. 연필, 만년필, 볼펜 등이 출현하면서 붓은 뒷전으로 물러나 앉게 되었다. 컴퓨터와 영상 매체의 발달로 종이도 점차 뒷전으로 밀린다. 전자북이라는 것이 종이로 된 책을 대체할 것이라는 주장도 있다. 어쨌든 글은 인간의 의사를 전달하는 기본 수단이다.

그리고 인간에게는 손으로 만질 수 있는 종이에 적힌 글이 컴퓨터 화면에 뜬 글보다 더 친숙하게 느껴지고 더 오래 기억되게 마련이다. 전자 북이 아무리 설쳐대도 종이에 인쇄된 책, 신문 등은 적어도 지구상에서는 영원히 계속될 것이다. 그리고 인간에게 손이 있는 한, 글을 쓰는 필기 도구는 어떠한 형태로든 존속할 것이다.

釣巧任釣

242

釋紛利俗　[234] 석분이속 | 세상의 어지러움을 수습하여
　　　　　　　　　　　　사람들을 이롭게 했으니
竝皆佳妙　[235] 병개가묘 | 모두 훌륭하고 탁월한
　　　　　　　　　　　　인물들이다

釋 (풀 석) 풀다, 처리하다, 없애다, 설명하다
紛 (어지러울 분) 어지럽다, 섞이다, 많다
利 (이로울 리) 이롭다, 날카롭다, 좋다, 빠르다, 편리하다, 이익, 이자
俗 (풍속 속) 풍속, 속되다, 야비하다, 세상, 속인, 보통, 항상
竝 (아우를 병) 아우르다, 견주다, 함께, 겸하다, 모두 (동자: 並)
皆 (다 개) 모두, 두루 미치다, 함께
佳 (아름다울 가) 아름답다, 훌륭하다, 좋다, 기리다, 크다
妙 (묘할 묘) 묘하다, 뛰어나다, 색다르다, 공교롭다, 젊다

위인은 가난한 집에서 나오는 경우가 많다.
Often a great man comes forth from a humble cottage.(로마 속담)
거창한 포부가 위인을 만든다.
Great hopes make great men.(서양 속담)
위대한 사람이 착한 경우는 거의 없다.
Great and good are seldom the same man.(서양 속담)
위대한 사람들의 자녀들은 슬픔의 원인이다.
The children of great men are a cause of sorrow.(그리스 속담)

■ 위에 열거된 여덟 명은 재능과 기술이 뛰어나서 혼란을 가라앉히거나
수많은 백성을 이롭게 했으니 모두가 뛰어난 인물이다. 춘추전국시대 때 노
중련(魯仲連)은 "선비란 남의 근심을 제거해 주고 어려운 일을 풀어 주며 시
끄럽고 어지러운 일을 해결해 주고서도 사례를 받지 않는 것을 참으로 보람
이 있는 일로 본다."고 말했다(사기 노중련전).

釋 紛 利 俗

■ 난세가 영웅을 낳는다는 말이 있다. 세상의 질서가 무너지면 영웅이 출현해서 바로잡는다는 뜻이다. 그런데 자칭 영웅들이 많아서 세상이 어지러워지는지도 모른다. 그들은 진짜 영웅이 출현할 바탕을 만들기 위해 질서를 어지럽히고 서로 다투는지도 모른다는 말이다.

그렇다면 참된 위인과 가짜 위인을 구별하는 기준은 무엇인가? 단순히 재능과 기술의 차이만 가지고 가릴 것인가? 그것도 한 가지 기준은 된다. 그러나 더 중요한 것은 사심 없이 자신을 희생하려는 의지, 그리고 백성을 사랑하는 참된 마음이다.

이것이 없으면 천하없는 천재도 위인도 가짜일 수밖에 없다. 그런 자는 결국 자기 이익만 챙기고 제멋대로 굴기만 한다. 그리고 위기가 닥치면 자기 몸 하나만 보존하겠다고 제일 먼저 줄행랑을 친다.

성공 여부는 중요하지 않다. 실패한 경우도 위인은 위인인 것이다. 백제의 운명을 걸고 황산벌에 출전한 계백 장군은 비록 역부족으로 적을 막아내지는 못했지만, 보기 드문 명장에, 충신에, 위인이 아닌가!

並皆佳妙

毛施淑姿　[236] 모시숙자 | 모장(毛嬙)과 서시(西施)는
　　　　　　　　　　　　　　　자태가 매우 아름다웠고

工顰妍笑　[237] 공빈연소 | 묘하게 얼굴을 찡그리고
　　　　　　　　　　　　　　　매력적으로 웃었다

毛 (털 모) 털, 가볍다, 짐승, 모피, 풀, 채소
施 (베풀 시) 베풀다, 주다, 시행하다, 사용하다, 나타내다, 은혜
淑 (맑을 숙) 맑다, 착하다, 정숙하다, 사모하다, 처음
姿 (자태 자) 자태, 태도, 맵시, 풍취, 멋, 성품, 모양 내다
工 (장인 공) 장인, 교묘하다, 만들다, 벼슬아치
顰 (찡그릴 빈) 찡그리다, 흉내내다
妍 (고울 연) 곱다, 우아하다, 사랑스럽다, 총명하다
笑 (웃을 소) 웃다, 웃음, 비웃다, 꽃이 피다

미모는 훌륭한 소개장이다.
Beauty is a good letter of introduction.(독일 속담)
미모와 어리석음은 단짝인 경우가 많다.
Beauty and folly are often companions.(이탈리아 속담)
피부 아래에는 미모가 없다.
Beauty is but skin-deep.(서양 속담)

■ 모장과 서시는 절세의 미녀였다. 모장은 춘추시대 때 월나라 왕 구천(句踐)의 애첩이다. 서시는 저라산(苧蘿山)에서 땔나무 장사를 하던 여자인데 구천이 손에 넣었다가 오나라 왕 부차(夫差)에게 바친 여자이다. 서시는 부차의 왕비가 되었다. 평소에 가슴에 통증을 심하게 느낀 그녀는 걸어다닐 때 늘 눈살을 찌푸렸다.

　그런데도 사람들은 그녀를 황홀하게 쳐다보면서 감탄했다. 그것을 본 어느 마을의 못생긴 여자가 서시의 흉내를 내면 사람들이 자기를 미녀라고 여길 것이라고 생각했다. 그래서 눈살을 찌푸리고 다녔지만 보는 사람마다 그녀를 피했다. 그녀는 자기 주제를 착각한 것이다.

毛施淑姿

■ 거지 노릇을 하던 여자도 반반한 얼굴 하나로 하루아침에 왕비가 될 수 있다. 미꾸라지가 용이 되는 것이다. 물론 거지 왕자가 나중에 진짜 왕자로 변신하는 경우도 있기는 하다. 그러나 여자가 벼락출세를 하는 편이 남자의 경우보다 훨씬 더 쉽고 훨씬 더 많은 것이 현실이다.

문제는 그렇게 귀하신 몸이 된 뒤에 어떻게 처신하는가 하는 점이다. 대개는 오만 방자하게 굴기 쉽다. 하지만 아르헨티나 대통령의 부인이 된 에비타처럼 자선 사업에 큰 발자취를 남긴다면 사후에도 두고두고 추앙을 받을 것이다.

클레오파트라나 양귀비처럼 절세의 미녀라 해도 한 가지 명심할 것이 있다. 아름다운 꽃일수록 일찍 시들고 미모란 그리 오래 가지 못한다는 사실이다. 자기보다 더 아름다운 여자가 성장하고 있다는 엄연한 사실도 잊어서는 안 된다. 여자는 나이가 들수록 미모보다는 미덕과 착한 마음씨로 더욱 사랑을 받는 법이다.

工 頻 姸 笑

年矢每催　[238] 연시매최 | 세월은 화살처럼 항상 사람을 재촉하고
羲暉朗曜　[239] 희휘낭요 | 햇빛은 밝고 찬란하다

年 (해 년) 해, 나이, 세월, 나아가다
矢 (화살 시) 화살, 곧다, 베풀다, 떠나다, 똥
每 (매양 매) 매양, 언제나, 그 때마다, 자주
催 (재촉할 최) 재촉하다, 일어나다, 열다, 베풀다
羲 (복희 희) 내쉬는 숨, 기운, 복희씨나 왕희지의 약칭
暉 (빛날 휘) 빛, 광채, 빛나다 (통자: 輝)
朗 (밝을 랑) 밝다, 명랑하다, 낭랑하게
曜 (빛날 요) 빛나다, 빛, 햇빛, 요일(曜日)

예술은 길고 시간은 빨리 지나간다.
Art is long, time is fleeting.(서양 속담)
시간은 밧줄에 매이지 않다.
Time and hour are not to be tied with a rope.(서양 속담)
미래의 시간은 과거와 마찬가지로 우리 것이 아니다.
The time to come is no more ours than the time past.(서양 속담)
잃어버린 시간은 잡을 수 없다.
Lost time is never found.(서양 속담)
햇빛은 그늘을 만들게 마련이다.
No sunshine but has some shadow.(영국 속담)

■ 문선(文選)에서는 "세월이 화살처럼 빠르게 지나간다."고 했다(육기 장가행 陸機 長歌行). 흐르는 세월이 화살과 같다는 말이다. 시(矢)를 물시계 속에 떠 있는 화살, 즉 시간을 의미한다고 해석하는 견해도 있다. '연시'를 광음(光陰)과 같은 뜻으로 보는 것이다.

年矢每催

■ 사람은 태어나는 순간부터 죽기 시작한다는 서양 속담도 있다. 화살보다 더 빨리 지나가는 시간을 손으로 잡을 수 없다는 의미에서 인생을 비관적으로 표현한 말이다. 그러나 굳이 그렇게 비관적으로만 삶을 바라볼 필요는 없다.

시간은 눈에 보이지도 않는 것이니까 물론 잡을 수도 없고 비축해 두기도 불가능하다. 그렇지만 누구에게나 시간은 똑같이 주어진 것이니까 불평할 것도 없다. 인간은 신이 아닌 이상 유한한 존재다.

그러니까 죽음이란 필연적인 것이고 또한 누구에게나 한 번은 공평하게 찾아오는 손님, 즉 자연스러운 현상이다. 그러한 죽음에 대해 한탄할 것도 없고 두려워할 것도 없다.

다만 한정된 시간을 어떻게 잘 활용하는가는 각자의 노력에 달려 있다. 똑같은 시간도 멋지게 사용한다면 그 가치가 다른 사람의 경우보다 두 배, 세 배가 될 수 있다.

이것은 같은 인생이라도 어떤 사람은 남들보다 두 배, 세 배로 산다는 의미다. 할 일이 없어서 시간이 지루하기만 하다고 탄식하는 사람들이 마땅히 명심해야 할 진리다. 할 일이 없다니!

義暉朗曜

琁璣懸斡

[240] 선기현알 | 혼천의(渾天儀)는 공중에
매달려서 돌고

晦魄環照

[241] 회백환조 | 달은 그믐에 윤곽만 비친다

琁 (구슬 선) 구슬, 아름다운 옥 (동자: 璿)
璣 (구슬 기) 모가 난 구슬, 작은 구슬, 혼천의
懸 (매달 현) 매달다, 매달리다, 상을 걸다, 멀다
斡 (돌 알) 돌다, 돌리다, 돌보다
晦 (그믐 회) 그믐, 어둡다, 늦다, 안개, 조금
魄 (넋 백) 넋, 몸, 달, 달빛, 밝다, 명백하다
環 (고리 환) 고리, 두르다, 둘러싸다, 둘레
照 (비칠 조) 비치다, 비교하다, 빛나다, 햇빛

달은 밀을 익게 한다.
The moon ripens the corn.(스코틀랜드 속담)
세월은 가장 위대한 개혁가이다.
Time is the greatest innovator.(로마 속담)
시간은 모든 것을 드러낸다.
Time brings all to light.(서양 속담)
달을 쳐다보다가 도랑에 빠진다.
You gazed at the moon and fell into the gutter.(서양 속담)

━ '선기'는 아름다운 옥으로 별 모양을 만들어 천문을 측량하는 기계 위에 매달아 놓은 혼천의를 가리킨다. 순임금 때에도 있었던 기구이다. 한편 '선기'를 북두칠성의 두 번째와 세 번째 별로 보는 설도 있다. '회백'은 그 믐달을 의미한다.

琁璣懸斡

■ 보름달을 바라보면서 고향을 그리워하는 사람도 있고 멀리 있는 애인을 연상하는 사람도 있다. 초승달을 쳐다보면서 애인의 눈썹을 연상하여 가슴을 조리는 사람도 있다. 서양에서는 달이 여신 디아나(Diana, 영어로 다이아나)의 상징이니까 남자들이 달을 보고 애인을 연상하는 것이 자연스럽다고 하겠다.

그러면 태양이 아폴로(Apollo) 신의 상징이니까 여자들은 해를 쳐다보면서 남자 애인을 그리워할까? 유학간 어린 자녀들을 뒷바라지한다는 명목으로 해외로 나간 여자들은 국내의 기러기 아빠가 송금하는 돈을 받은 뒤 해를 보면서 날마다 남편을 그리워할까? 혹시라도 딴생각을 하는 것은 아닐까?

사랑의 연결 고리로는 상징성이 강한 물건이 필요하다. 반지가 그런 상징물이다. 그러나 너무 가난해서 구리 반지마저 애인에게 줄 수 없는 경우라면, 하늘에 떠 있는 달이나 별을 선물해도 된다. 달이나 별을 쳐다볼 때마다 자기를 기억해 달라고. 애인이 신의를 지키는 한, 금반지나 다이아몬드 반지보다 차라리 달이나 별이 사랑을 더욱 강하게 유지시켜 줄지도 모른다.

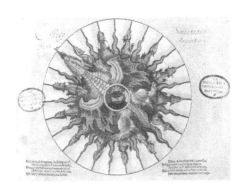

晦魄環照

指薪修祜 **[242] 지신수우** | 섶나무를 가리킨 옛일을 기억하여 복을 다스린다면

永綏吉邵 **[243] 영수길소** | 영구히 편안하고 길한 일을 많이 누릴 것이다

指 (가리킬 지) 손가락, 발가락, 가리키다, 지시하다, 뜻, 아름답다
薪 (섶 신) 섶나무, 장작, 풀, 나무를 하다, 봉급
修 (닦을 수) 닦다, 배우다, 다스리다, 수리하다, 꾸미다, 거행하다
祜 (복 우) 복, 돕다, 다행하다, 행복, 짝
永 (길 영) 길다, 오래다, 멀다
綏 (편안할 수) 편안하다, 안심하다, 물러서다, 말리다, 느리다
吉 (길할 길) 길하다, 좋다, 즐겁다, 착하다, 복, 음력 초하루
邵 (높을 소) 높다, 뛰어나다, 고을 이름

행운은 모든 사람의 문을 적어도 한 번은 두드린다.
Fortune knocks once at least at every man's gate.(서양 속담)
확실한 것은 불확실성뿐이다.
Nothing is certain but uncertainty.(라틴어 속담)
바보가 성공하면 성공이 그를 파멸시킨다.
If a fool have success it ruins him.(서양 속담)

■ '지신'은 노자가 죽을 때 그의 친구 진실(秦失)이 한 말이라고 한다. 육체를 섶나무에, 생명을 불에 비유했다. 섶나무가 다 타서 없어진 뒤에도 불은 남아서 다른 나무에 옮겨 붙는다. 따라서 생명은 불멸하는 것이라는 의미이다. 장자 양생주편(養生主篇)에 나오는 이야기다.

'수우'는 살아 있는 동안에 좋은 일을 많이 해서 하늘의 힘이 좌우하는 생사화복 등을 자신에게 유리하도록 다스린다는 뜻이다. 그렇게 하면 늘 마음이 편안하고 길한 일을 많이 누린다.

指薪修祜

■ 행운은 칼의 양날과도 같다. 잘못 사용하면 자기 몸이 베인다. 분에 넘치는 행운을 만나 파멸한 사람이 얼마나 많은가! 보약도 지나치게 많이 먹으면 독약이 되는 것과 마찬가지다.

문제는 행운이 문을 두드리는 소리가 사람의 귀에는 들리지 않는다는 데 있다. 사람의 마음은 대부분 욕심으로 흐려져 있기 때문이다. 그러나 마음의 귀가 유난히 밝은 사람은 그 소리를 듣는다.

아무런 욕심도 없이 오로지 올바른 사람이 되려고 노력하는 사람의 마음은 거울같이 맑아서 행운의 여신이 멀리서 걸어오는 발걸음 소리마저도 또렷이 들을 수가 있는 것이다. 그렇다고 해서 그는 흥분하거나 가슴이 들뜨지도 않는다. 담담한 심정으로 행운을 받아들인다. 그리고 자신의 행운을 가능하면 더 많은 사람들에게 나누어준다. 그러면 행운은 날로 더욱 증가한다.

반면에, 행운을 혼자서만 즐기고 독점하는 사람은 그나마 애써 잡은 행운마저도 쉽게 잃고 만다. 그는 행운을 누릴 자격이 없기 때문이다.

永綏吉卲

矩步引領　[243] 구보인령 ｜ 법도에 따라 걸으며 머리를 들고 자세를 바로해야 하며

俯仰廊廟　[244] 부앙낭묘 ｜ 궁궐에서 머리를 들고 숙이는 모든 동작은 적합하게 한다

矩 (법 구) 법, 곡척, 모서리, 가로와 세로, 새기다
步 (걸음 보) 걷다, 걸음, 보병, 운수, 처세하다
引 (이끌 인) 이끌다, 인도하다, 추천하다, 발전하다, 바로잡다
領 (옷깃 령) 옷깃, 목, 고개, 요긴한 곳, 거느리다, 차지하다, 받다, 우두머리
俯 (구부릴 부) 구부리다, 굽다, 머리 숙이다, 숨다
仰 (우러러볼 앙) 우러러보다, 쳐다보다, 사모하다, 믿다, 의지하다, 따르다
廊 (행랑 랑) 행랑, 복도
廟 (사당 묘) 사당, 묘당, 대청, 위패, 빈소, 절

조심해서 가면 안전하게 멀리 간다.
Who goes softly goes safely and also far.(이탈리아 속담)
많이 다닌 길이 가장 안전하다.
The beaten path is the safest.(라틴어 속담)
가장 무거운 밀 이삭이 고개를 가장 깊이 숙인다.
The heaviest ear of corn bends lowest.(스코틀랜드 속담)
관습은 시행되지 않으면 사라진다.
Customs are lost for want of use.(서양 속담)

■ '구보'는 법도에 맞는 걸음걸이를 말한다. '인령'은 목을 길게 늘이고 기다린다는 뜻인데, 여기서는 머리를 들고 자세를 바르게 한다는 의미로 본다. '부앙'은 위를 쳐다보는 것과 아래를 내려다보는 것인데, 여기서는 모든 동작을 의미한다. '낭묘'는 궁전의 회랑과 사당을 말하는데, 여기서는 왕과 신하들이 정무를 보는 조정을 가리킨다.

矩 步 引 領

■ 인생을 항해에 비유한다. 거친 파도를 헤치면서 배가 저 멀리 안전한 항구를 향해 나아가는 것이 인생이라는 뜻이다. 그런데 항로는 눈에 보이지 않는다.

그렇다고 항로란 없는 것인가 하면, 그렇지는 않다. 삶의 뱃길은 분명히 있다. 그것은 사람이면 누구나 걸어가야 마땅한 올바른 길이다. 이 길은 언제나 조심조심 걸어가야 한다. 좌우에 낭떠러지가 도사리고 있어서 자칫 발을 헛디디면 천 길 만 길 아래로 추락하고 만다.

그런데 자기 재주만 믿고 무모하게 달려가는 사람들이 많다. 재산이 많다고 으스대면서 거침없이 날뛰는 사람들도 많다. 돈이나 권력이면 무엇이든지 자기 마음대로 지배할 수 있다고 독불장군으로 노는 사람도 적지 않다.

그러나 세상은 그런 것이 아니다. 낭떠러지 아래에는 그런 사람들의 뼈가 산처럼 쌓여 있는 것이다. 인생의 뱃길을 가장 안전하게 항해하는 방법은 간단하다. 겸손하고 신중하게 처신하는 것이다. 여기에는 박사 학위도 많은 돈도 재주도 미모도 필요가 없다. 누구나 할 수 있는 일이다.

俯仰廊廟

束帶矜莊 **[245] 속대긍장** | 조정에서는 띠를 매고 복장을 갖춰 공손하고 장중해야 하며

徘徊瞻眺 **[246] 배회첨조** | 거닐거나 바라보는 것도 모두 예의에 맞게 해야 한다

束 (묶을 속) 묶다, 매다, 삼가다
帶 (띠 대) 띠, 띠다, 데리고 다니다
矜 (자랑 긍) 자랑하다, 공경하다, 삼가다, 교만하다
莊 (씩씩할 장) 씩씩하다, 단정하다, 엄숙하다, 별장
徘 (배회할 배) 배회하다
徊 (배회할 회) 배회하다
瞻 (볼 첨) 보다, 우러러보다, 위를 쳐다보다
眺 (바라볼 조) 바라보다, 살피다, 멀리 보다

좋은 옷은 모든 문을 연다.
Good clothes open all doors.(서양 속담)
내게 맞는 옷이 가장 좋은 옷이다.
That suit is best that fits me.(영국 속담)
예의가 사람을 만든다.
Manners make the man.(서양 속담)
수도복이 수도자를 만들지는 않는다.
The habit does not make the monk.(서양 속담)

■ 의관을 정제하고 장중한 태도를 지키면 사람들이 두려워하고 존경하게 된다. 궁전 안을 거닐 때는 걸음걸이에 맞는 예의를 지킨다.

束帶矜莊

■ 예의는 왕궁 안에서만 필요한 것이 아니라 사람이 사는 곳이라면 어디서나 반드시 지켜야 하는 것이다. 옷이 날개인 것은 사실이지만, 날개를 달았다고 해서 모든 문제가 저절로 해결되는 것은 아니다. 멋진 옷차림보다 더 중요한 것은 참된 마음가짐이다.

마음이 없는 예의는 허례허식이고 가면에 불과하다. 반면에 예의가 없는 마음은 옷을 입지 않고 발가벗은 채 날뛰는 야만인과 같다. 아무리 선한 마음이라도 예의가 없으면 사람과 사람 사이의 관계를 원만하게 만들 수가 없는 것이다.

예의란 개인관계뿐만 아니라 국제관계에서도 반드시 필요한 것이다. 외국에 대해서 무례하게 행동한다면 우호관계는 여지없이 깨지고 만다. 우호관계에 금이 가거나 깨지면 위기가 닥쳐서 외국의 협조나 원조가 긴요할 때 그것을 얻지 못하고 만다.

그런데 예의와 신의는 동전의 앞뒷면이다. 다른 나라에게 한 약속을 지키지 않고 요리조리 핑계를 대면서 미룬다면 그것은 예의도 신의도 없는 짓이다. 지킬 마음이 처음부터 없었다면 차라리 약속을 아예 하지 않는 것이 더 낫다.

국제관계에서 약속을 해 놓고 지키지 않는 것처럼 어리석은 짓은 없다. 그리고 그보다 더 위험한 불장난도 없는 것이다. 그것은 자기 목에 밧줄을 거는 것과 같은 자살 행위이기 때문이다.

徘 佪 瞻 眺

256

孤陋寡聞 [247] 고루과문 | 외롭고 속이 옹졸하여 견문이 적은 사람은

愚蒙等誚 [248] 우몽등초 | 어리석고 무지한 사람들마저 그를 비난한다

孤 (외로울 고) 외롭다, 우뚝하다, 홀로, 고아, 임금의 겸칭
陋 (더러울 루) 더럽다, 좁다, 적다, 낮다, 작다, 천하다
寡 (적을 과) 적다, 드물다, 과부, 임금의 겸칭
聞 (들을 문) 듣다, 들리다, 견문하다, 소문, 알려지다, 평판
愚 (어리석을 우) 어리석다, 고지식하다
蒙 (어릴 몽) 어리다, 어리석다, 입다, 입히다, 숨기다, 덮개, 무릅쓰다
等 (등급 등) 등급, 계단, 차별, 가지런하다, 같다, 기다리다
誚 (꾸짖을 초) 꾸짖다

사람은 어리석을수록 더욱 오만해진다.
The more foolish a man is, the more insolent does he grow.
(로마 속담)
무지는 철면피의 어머니다.
Ignorance is the mother of impudence.(서양 속담)
악명이 높은 사람은 이미 절반은 교수형을 당한 것과 다름없다.
He that has an ill name is half hanged.(서양 속담)
군중이 내리는 평가처럼 부정확하거나 무가치한 것은 없다.
Nothing is so uncertain or so worthless as the judgments of the mob.(리비우스)

■ 어울리는 동료 없이 혼자 공부를 하면 견문이 적어서 고루해진다. 예기에서는 "혼자 배워 친구들이 없다면 외롭고 속이 옹졸해서 듣는 것이 적다."고 했다(예기 학기 學記). 결국은 어리석고 무지몽매한 사람들마저도 와서 비난하게 된다.

孤陋寡聞

■ 형제자매가 많은 집안에 태어난 사람은 어려서부터 다투고 부딪치면서 자랐기 때문에 대체로 세상 무서운 줄도, 타협할 줄도 안다. 그러나 외아들이나 무남독녀는 성격이 어딘가 찌그러진 구석이 있기 쉽다. 이와 같이 독학으로 성공한 사람도 독선과 아집이 강하고 다른 사람과 타협하려는 경향이 매우 약하다. 그래서 사람들에게 빈축을 사기 쉬운 것이다.

누구에게나 의지력이 강하다는 것은 장점이 된다. 그렇다고 해서 그것이 절대적인 장점인 것은 아니다. 다른 사람들의 의견도 폭넓게 수용하는 아량이 갖추어졌을 때 강한 의지력은 비로소 그 효력을 발휘하는 것이다.

물론 어려운 환경에서 독학으로 성공하는 것은 참으로 장한 일이다. 그러나 성공 자체보다 성공한 뒤의 처신이 더 중요하다. 지혜롭게, 너그럽게 처신해야 더욱 칭송을 받는다. 자기를 시기하고 반대하는 세력마저도 아량을 베풀어 포용해야 참된 인물이 된다.

지식이란 누구에게나 한정된 것이다. 한 사람이 모든 것을 알 수도 없고 모든 일을 할 수도 없다. 가능한 한 많은 인재들의 도움을 받아야만 소기의 성과를 거둘 수가 있는 것이다.

그런데 고루한 인물은 그런 일을 하지 못한다. 그래서 무지몽매(無知蒙昧)한 사람들마저도 그를 비난하게 된다는 말이다. 비난하는 사람도 비난을 받는 사람도 결국은 모두 불행하다.

愚 蒙 等 誚

謂語助者 焉哉乎也

[249] 위어조자 | 말을 돕는 어조사(語助辭)에는

[250] 언재호야 | 언재호야 네 글자가 있다

謂 (이를 위) 이르다, 일컫다, 알리다, 가리키다, 이름하다
語 (말씀 어) 말, 말하다, 알리다, 가르치다, 설명하다
助 (도울 조) 돕다, 도움, 유익하다, 세금
者 (놈 자) 놈, 사람, 것, 곳,
焉 (어찌 언) 어조사(의문, 반어, 단정), 어찌, 이에, 이, 여기, ~보다
哉 (어조사 재) 어조사(영탄, 의문, 반어, 강조, 완료), 처음, 비롯하다, 재앙
乎 (어조사 호) 어조사(의문, 영탄, 반어, 호격), ~보다, 부사 어미
也 (어조사 야) 어조사(단정, 결정, 의문, 반어, 영탄), 또한

작은 것도 모두 도움이 된다.
Every little helps.(네덜란드 속담)
곡식 한 알은 자루를 채우지 못하지만 다른 알맹이들을 돕는다.
One grain fills not a sack, but helps his fellows.(포르투갈 속담)
너도 살고 남도 살게 하라.
Live and let live.(영국 속담)
합쳐진 것은 도움이 된다.
Things united are helpful.(로마 속담)

■ 어조사는 명사, 동사, 형용사 등을 연결시켜서 말의 뜻을 도와주는 문자이다. 문자에는 실제의 뜻을 나타내는 실자(實字)와 그것을 도와주는 허자(虛字)가 있는데 허자도 반드시 필요하다. 어조사는 허자를 말한다. 언재호야 이외의 어조사로는 이야여의혜(而耶歟矣兮) 등이 있다.

謂 語 助 者

■ 〈천자문〉이 어조사에 이르러 매듭이 지어지는 것은 참으로 심오한 의미를 내포하고 있다. 어조사란 결국 자기 혼자서는 독자적인 뜻을 나타내지 못하고 다른 글자를 도와야 비로소 제 구실을 하는 것이다. 얼핏 보면 아무런 힘도 없는 것 같지만, 힘이 없는 듯이 보인다는 바로 그 점 때문에 어조사는 없어서는 안 되는 것이고, 동시에 강력한 힘을 발휘하는 것이다.

세상에는 어조사와 같은 그런 보잘것없는 사람들이 대부분이다. 그들은 강한 자, 부유한 자, 권력을 휘두르는 자 등에게 무시당하고 짓밟히면서 산다. 그러면서 그들은 땀 흘려 일하고 세금을 내고 아이를 낳아 키우면서 세상을 유지시킨다. 어조사와 같이 보이는 무수한 사람이 없다면, 종말론 따위를 떠들 필요도 없이, 인류는 벌써 끝장을 보았을 것이다.

또한 어조사는 사람이란 혼자 힘만으로는 생존할 수가 없고 서로 도우면서 살아야 한다는 기본적인 인생 철학을 강조해 주는 것이다. 임금을 의미하는 왕(王)이라는 글자든 어조사든, 글자는 모두 글자이고 본질적으로 평등한 기호에 불과하다.

각 개인도 결국은 지구상에 존재하는 무수한 글자이다. 왕이든 용이든, 그런 글자들이 어조사를 무시하지 않고 어조사도 그런 글자들을 잘 도와준다면, 세상은 조화롭고 편안해질 것이다.

〈천자문〉이 가르치는 철학의 기본은 한마디로 '너도 살고 나도 사는' 상생(相生)의 원리인 것이다. 약육강식과 이전투구를 일삼는 현실에서 새록새록 가슴에 새겨야 하는 원리인 것이다. 바로 그런 이유 때문에 〈천자문〉은 위대한 가치를 지니고 누구나 반드시 배우지 않으면 안 되는 것이다.

焉 哉 乎 也

천자 가나다순 일람표
(숫자는 4자 구절의 일련번호)

可道重提書□

青□至玉伏戒□□

述一□南□陶王□

風□梅白□台塢

化被□□賴及萬□

□□方□五四十五

□□□□□□□□

發□□□□貞□□

敬書已不過以故得

然筆立閱彼經

麈柄已長後及西後

岂盡難畫墨也孫

清詩漫筆事了

維笑完毫雪瀧建

麈玉卸辭孝玉堂六